Pecado

A HISTÓRIA PRIMITIVA DE UMA IDEIA

Dados Internacionais de Catalogação na Publicação (CIP)
(Câmara Brasileira do Livro, SP, Brasil)

Fredriksen, Paula
Pecado : a história primitiva de uma ideia / Paula Fredriksen ; tradução de Gentil Avelino Titton – Petrópolis, RJ : Vozes, 2014.

Título original: Sin: the early history of an idea
Bibliografia
ISBN 978-85-326-4688-0

1. Cristianismo – História das doutrinas – Igreja primitiva, 30-600 2. Religião – Filosofia 3. Religião – História I. Título.

13-10498 CDD-241.3

Índices para catálogo sistemático:
1. Pecado : Cristianismo 241.3

PAULA FREDRIKSEN

A HISTÓRIA PRIMITIVA
DE UMA IDEIA

Tradução de Gentil Avelino Titton

Petrópolis

© 2012 by Princeton University Press

Título original inglês: *Sin – The Early History of an Idea*

Direitos de publicação em língua portuguesa – Brasil:
2014, Editora Vozes Ltda.
Rua Frei Luís, 100
25689-900 Petrópolis, RJ
Internet: http://www.vozes.com.br
Brasil

Todos os direitos reservados. Nenhuma parte desta obra poderá ser reproduzida ou transmitida por qualquer forma e/ou quaisquer meios (eletrônico ou mecânico, incluindo fotocópia e gravação) ou arquivada em qualquer sistema ou banco de dados sem permissão escrita da editora.

Diretor editorial
Frei Antônio Moser

Editores
Aline dos Santos Carneiro
José Maria da Silva
Lídio Peretti
Marilac Loraine Oleniki

Secretário executivo
João Batista Kreuch

Editoração: Maria da Conceição B. de Sousa
Projeto gráfico: Alex M. da Silva
Capa: Érico Lebedenco

ISBN 978-85-326-4688-0 (edição brasileira)
ISBN 978-0-691-12890-0 (edição inglesa)

Editado conforme o novo acordo ortográfico.

Este livro foi composto e impresso pela Editora Vozes Ltda.

Para minha irmã, Lisa
1957-2010

Sumário

Prólogo, 9

Capítulo 1 Deus, sangue e o templo – Jesus e Paulo a respeito do pecado, 15

Capítulo 2 A carne e o demônio – O pecado no século II, 59

Capítulo 3 Uma rivalidade de gênios – O pecado e suas consequências em Orígenes e Agostinho, 103

Epílogo, 147

Cronologia, 165

Agradecimentos, 167

Notas, 169

Glossário, 189

Obras citadas, 195

Índice das passagens, 205

Índice geral, 227

Prólogo

Jesus de Nazaré anunciou a boa-nova de que Deus estava prestes a redimir o mundo. Cerca de 350 anos mais tarde, a Igreja ensinou que a maior parte da humanidade estava condenada por toda a eternidade. A comunidade mais primitiva começou preservando a memória e a mensagem de Jesus; alguns decênios após sua morte, alguns cristãos afirmavam que Jesus nunca tivera um corpo humano carnal. A Igreja que reivindicava as escrituras judaicas como suas insistia também que o deus que disse "Sede fecundos e multiplicai-vos" queria realmente dizer "Sede sexualmente castos". Cerca de quatro séculos após a morte de Paulo, sua convicção de que "Todo o Israel será salvo" (Rm 11,26) servia para apoiar a crença cristã de que os judeus estavam condenados.

O que explica esta grande variedade nos ensinamentos cristãos antigos? A resposta concisa é: mudanças dramáticas nas ideias cristãs sobre o pecado. Assim como estas ideias cresceram e mudaram na turbulência dos quatro primeiros séculos de cristianismo, também cresceram e mudaram outras: ideias sobre Deus, sobre o universo físico, sobre a relação da alma com o corpo, sobre a relação da eternidade com o tempo; ideias sobre Cristo redentor – e, por conseguinte, ideias sobre aquilo *de que* as pessoas são redimidas.

No presente livro pretendo contar a história destas mudanças dramáticas, concentrando a atenção em sete figuras antigas que, juntas, representam pontos críticos na evolução das ideias cristãs ocidentais a respeito do pecado. O capítulo 1, "Deus, sangue e o templo", concentra-se em duas das figuras. A primeira, Jesus de Nazaré, não deixou nenhum escrito próprio; mas as tradições evangélicas provenientes dele ou escritas a respeito dele, e que sobreviveram em grego, nos proporcionam lampejos tanto da figura histórica quanto das várias refrações de seu legado entre quarenta e setenta anos após sua morte. Nossa segunda figura, Paulo, nunca conheceu o Jesus histórico; mas esteve em contato com diversos, talvez muitos, dos seguidores originais de Jesus e tornou-se um incansável porta-voz de sua própria compreensão da mensagem evangélica, que ele levou a públicos pagãos. Paulo escreveu (mais acertadamente, ditou) cartas para estas comunidades, sete das quais sobrevivem no Novo Testamento. Compostas pela metade do século I d.C., estas cartas representam os mais antigos escritos do movimento de Jesus. Junto com os evangelhos, as cartas de Paulo serão continuamente interpretadas e reinterpretadas à medida que os cristãos posteriores discutiam entre si a respeito da verdadeira mensagem e sentido da tradição.

O capítulo 2, "A carne e o demônio", nos leva para o século II, um período de vital e vigorosa diversidade. Entre todas as figuras cuja obra conhecemos ou a respeito das quais sabemos alguma coisa – e são muitas – concentro-me especificamente em três: Valentino, Marcião e Justino. Estes três pensadores viveram na primeira metade do século. Cada um representa uma maneira nitidamente diferente de ajustar a primitiva mensagem cristã a seus novos parâmetros culturais. Mas Justino, através de seu enérgico repúdio a Valentino e a Marcião, inaugurou uma interação dinâmica entre suas três teologias diferentes, uma interação que acabou estabelecendo as grandes linhas da tradição ortodoxa posterior. Justino insistiu que as escrituras judaicas, entendidas espiritualmente, codificam o cristianismo; que não só o culto pagão, mas também – e não menos – o culto judaico são pecaminosos e errados do ponto de vista religioso; que a salvação do pecado está disponível unicamente através de Cristo, compreendido unicamente pela "verdadeira Igreja"; que esta salvação requer a redenção do corpo: todas estas questões de princípio, que Justino articulou contra os seus concorrentes cristãos de meados do século, ecoarão ao longo de toda a tradição que vai evoluindo e reivindica para si o *status* de ortodoxia.

O capítulo 3, "Uma rivalidade de gênios", por fim, compara a obra de duas das mais eminentes inteligências da Igreja antiga: Orígenes de Alexandria e Agostinho de Hipona. Cada um deles utiliza intensamente as escrituras da ortodoxia, o Antigo e o Novo Testamento, e cada um utiliza não menos intensamente o patrimônio intelectual do platonismo tardio. Cada um permanece nos parâmetros da ortodoxia representada por Justino e, no entanto, cada um produz ideias a respeito do pecado – e, portanto, a respeito do mundo, da humanidade e de Deus – que não poderiam contrastar mais vivamente com as do outro. Destes dois, Orígenes representa o caminho não seguido pela Igreja, enquanto Agostinho tornou-se um manancial da doutrina cristã latina posterior. No epílogo, finalmente, reunirei todas as nossas figuras para ver mais uma vez como e onde elas diferem uma da outra, e para oferecer alguns breves pensamentos conclusivos sobre a maneira como a ideia de pecado, tão importante na antiguidade, parece figurar hoje na cultura americana contemporânea.

***

Este ensaio baseia-se em minhas três Spencer Trask Lectures, que tive o privilégio de dar na Universidade de Princeton em outubro de 2007. Embora eu tenha ampliado substancialmente minha apresentação original, mantive o foco nas sete figuras mencionadas acima, precisamente porque contrastam entre si e se assemelham de maneira tão viva e, penso eu, proveitosa. Um verdadeiro levantamento histórico das ideias antigas sobre o pecado deveria incluir necessariamente muitas outras figuras e seria bastante mais longo do que a presente obra. Uma investigação da mudança gradual – a transformação crescente de materiais e tradições anteriores – poderia também, num livro muito mais longo, seguir seu caminho imponente. E uma abordagem mais fenomenológica insistiria nas várias maneiras como os atores antigos expressaram a experiência do pecado, seus sentimentos em face do fracasso moral, da tristeza e do misterioso mundo despedaçado. Um tal estudo, em suma, seria um livro muito diferente.

Ao invés, optei aqui por esboçar uma história rápida das primeiras ideias cristãs sobre o pecado, focalizando aqueles momentos que representam saltos evolutivos – pontos de "equilíbrio pontuado", como dizem os biólogos evolucionistas. Não trato de reflexões sobre a experiência do pecado, mas, ao invés, das suas muito variadas conceitualizações; não trato de continuidades duradouras, mas de mudanças dramáticas. Evidentemente, a própria Bíblia, seja em sua forma judaica ou em sua forma cristã, representa uma linha fundamental de continuidade: todos os nossos pensadores sustentam suas ideias apelando para a autoridade da Bíblia. Mas cada um deles pensa de forma diferente sobre a tradição bíblica. E, embora os judeus da diáspora de língua grega já tivessem produzido várias fusões entre pensamento helenístico e pensamento judaico séculos antes de Paulo, aqui eu me concentro no próprio Paulo e nas maneiras como a mensagem apocalíptica do messias crucificado e retornante impregna e muda sua visão do cosmos helenístico e da psicologia moral estoica. Finalmente, enquanto várias comunidades cristãs podem expressar muitas nuanças de convicção sobre o *continuum* entre crença fervorosa no fim iminente de todas as coisas e crença (não menos) fervorosa na *longue dureé* da história, eu me concentro nos contrastes. O que quero realçar aqui são as *disjunções*[1].

Para começar a esboçar a rica e complexa história das ideias cristãs primitivas sobre o pecado, precisamos começar onde elas começaram: na matriz do judaísmo tardio do Segundo Templo. Três judeus do século I serão nossos guias: na terra de Israel, João Batista e Jesus de Nazaré; e, na diáspora ocidental de língua grega, o apóstolo Paulo. Nossa jornada através desta história primitiva começa num tempo em que a lepra e a morte contaminavam, o fogo e a água purificavam e a pessoa se aproximava do altar de Deus com purificações, oferendas de sangue e admiração reverente. Começamos com a mensagem de que o deus de Israel estava prestes a redimir seu povo e estabelecer o seu reino; e essa mesma mensagem, para o cristianismo, começa junto ao rio Jordão.

Capítulo 1
Deus, sangue e o templo
Jesus e Paulo a respeito do pecado

"Completou-se o tempo e o reino de Deus está próximo. Arrependei-vos e confiai na boa-nova". São estas as primeiras palavras da missão de Jesus, de acordo com o evangelho de Marcos (1,15). Mas Marcos modela a proclamação de Jesus iniciando seu relato com outra figura carismática, João "Batista", que ele introduz uns dez versículos antes. Ali Marcos afirma que também João pedia arrependimento. Mas sua missão estivera associada à imersão no Jordão "para o perdão dos pecados" e as pessoas que acorriam a João "confessavam" seus pecados enquanto ele as submergia (1,4-5). A imersão de Jesus feita por João – uma tradição atestada seguramente no material do evangelho – implica que ele aprovava a mensagem de João e concordava com ela e que sua própria missão era, em certo sentido, uma continuação da missão de João[1].

O "batismo" para a remissão do pecado passaria a ter um longo futuro como um sacramento da Igreja. A instituição posterior lança uma gigantesca sombra para trás, obscurecendo aquilo que Marcos nos diz nos primeiros versículos de seu evangelho. A afirmação singela de Jesus opõe-se muito simplesmente a qualquer ideia de um longo futuro. Ao anunciar a chegada iminente do reino de Deus, Jesus anunciava também o iminente fim da história normal: "reino de Deus" é um conceito apocalíptico. O chamado que o Batista faz aos pecadores penitentes parece ter sido motivado igualmente por suas próprias convicções apocalípticas. "Arrependei-vos, porque o reino de Deus está próximo", ensina o João de Mateus (3,2). E o Batista adverte sobre o iminente juízo final por parte do agente vindouro de Deus: "Ele está com a peneira na mão [...] recolherá seu trigo no celeiro, mas queimará a palha num fogo que não se apaga" (Mt 3,12/Lc 3,17). Por fim, a combinação específica que João faz de arrependimento *e* imersão evoca outras convicções religiosas perdidas para a Igreja posterior, mas vitalmente significativas para os judeus do início do século I: a importância de ritos de pureza como a imersão no processo de arrependimento, que, por sua vez, implicavam o templo em Jerusalém como lugar de expiação designado por Deus e também a função de oferecer sacrifícios ao fazer a expiação[2].

Fim dos tempos, arrependimento diante do iminente juízo final, pureza, culto, o templo: estes são alguns dos elementos constitutivos culturais com os quais João Batista e Jesus de Nazaré teriam elaborado suas ideias a respeito de pecado e arrependimento. Mas os evangelhos complicam a visão que temos sobre a visão deles a respeito desta questão, em parte porque todos os quatro evangelistas escreveram suas obras algum tempo depois – na verdade, talvez à luz – da primeira revolta judaica contra Roma. Ao recontar tradições sobre a vida, a missão e a mensagem de Jesus, os evangelhos relatam um contexto narrativo que corresponde aproximadamente ao primeiro terço do século I, dos últimos anos de Herodes o Grande (m. 4 a.C.) ao mandato de Pôncio Pilatos (26-36 d.C.). O contexto cultural dos próprios autores dos evangelhos – o terço final do século I –, porém, vai da destruição de Jerusalém pelos romanos em 70 d.C. até por volta do ano 100. Entre estes dois períodos situa-se uma traumática ruptura no culto tradicional de Israel. Os evangelistas sabem aquilo que o João e o Jesus históricos não sabiam: o templo de Jerusalém não existia mais[3].

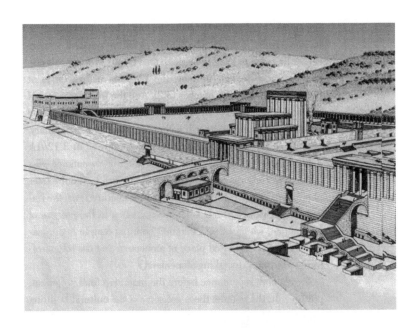

Figura 1. O Segundo Templo no antigo Império romano: Jerusalém, Monte do Templo de Herodes, reconstrução baseada em indícios arqueológicos e históricos. "Vai, mostra-te ao sacerdote e apresenta pela tua purificação o que Moisés prescreveu" – (Mc 1,44). O templo em Jerusalém – ao qual o Jesus de Marcos envia o leproso purificado – era o lugar principal para as oferendas de Israel. Estas podiam se trazidas por muitos motivos: para agradecer; para marcar o cumprimento de um voto; pela purificação, ou pelo pecado; ou (especialmente no Yom Kippur) para expiação. No tempo de Jesus, graças à construção e ao programa de embelezamento de Herodes o Grande (morto em 4 a.C.), o templo alcançou o ápice de seu tamanho e esplendor: o muro que circundava seu átrio maior, o Pátio dos Gentios, tinha quase nove décimos de uma milha de extensão. Quando Paulo, em sua carta à comunidade de Roma, exalta Deus pelos privilégios por ele concedidos a Israel, o apóstolo destaca o santuário do templo como morada da "glória" de Deus (*doxa* no grego de Paulo, apoiando-se no hebraico *kavod*) e como o lugar de seu culto sacrificial (grego *latreia*; Rm 9,4). Este desenho apresenta uma vista do Monte do Templo herodiano a partir do sudoeste. Note-se o tamanho das figuras humanas, o que dá uma ideia de suas proporções. Cortesia: Leen Ritmeyer.

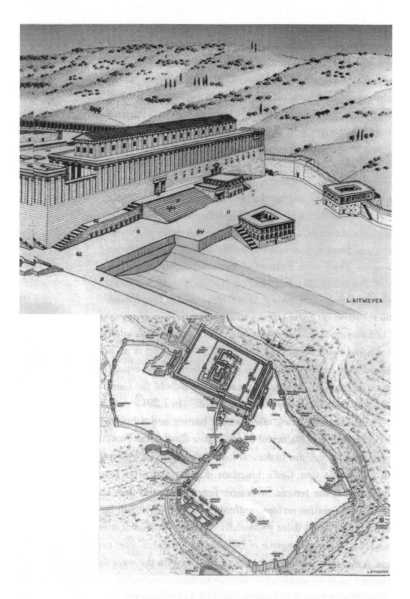

Tanto os evangelhos sinóticos ("vistos-em-conjunto") – Marcos, Mateus e Lucas – quanto o evangelho de João projetam o conhecimento da futura destruição do templo para trás, para o tempo da vida de Jesus. Eles interpretam a morte de Jesus à luz da "morte" do templo, e a "morte" do templo à luz da morte de Jesus. Marcos, por exemplo, apresenta Jesus como hostil ao templo. Numa cena tradicionalmente descrita como uma "limpeza" ou purificação, Jesus interrompe o funcionamento do templo (um ato que leva diretamente à sua própria morte; Mc 11,15-18) e prediz sua destruição: "Ao sair do templo, [...] Jesus disse: 'Não ficará pedra sobre pedra que não seja demolida'" (Mc 13,1-2; Mt 24,2 e Lc 21,6 dizem o mesmo). O tema da destruição e reconstrução do templo e o tema da morte e ressurreição de Jesus aparecem entrelaçados ao longo de toda a narrativa da paixão feita por Marcos. O quarto evangelista, mais corretamente, combina o fato de Jesus interromper os procedimentos no templo e predizer sua iminente destruição numa única profecia que de fato codifica a morte e a ressurreição de Jesus: "Mas [Jesus] falava do templo de seu corpo. Quando Jesus ressuscitou dentre os mortos, seus discípulos se lembraram que ele havia dito isto" (Jo 2,21-22). E numa combinação ainda mais ousada entre Jesus e o templo, o evangelista apresenta o próprio Jesus como um sacrifício pelo pecado: "Eis o Cordeiro de Deus que tira o pecado do mundo!" (Jo 1,29)[4].

Os evangelhos, em síntese, oferecem tanto uma barreira quanto uma ponte para reconstruir o Jesus histórico. Seus compromissos teológicos e o indubitável conhecimento histórico de seus autores – o fato de saberem que o reino de Deus não chegou durante a vida de Jesus, que o templo já não funcionava e, portanto, que sua própria geração já não oferecia sacrifícios – traçam o perfil dos retratos por eles pintados e os afetam profundamente. No entanto, mesmo assim os evangelhos continuam sendo nossa melhor fonte de informação sobre a vida, a missão e a mensagem de Jesus. Será que podemos, então, compensar a maneira como os evangelistas "atualizaram" os vários retratos para o período pós-70 d.C.? Será que podemos, de certa forma, recontextualizar historicamente suas tradições, a fim de interpretá-las dentro do período pré-cristão da vida do próprio Jesus? E, se o fizermos, podemos chegar a uma compreensão mais clara das convicções do próprio Jesus a respeito do pecado?

Neste ponto as cartas de Paulo podem ajudar. À primeira vista, isto pode não parecer óbvio. Afinal de contas, Paulo, como os evangelistas, está a uma distância bastante grande do Jesus de Nazaré histórico. Jesus teria ensinado em aramaico, um primo linguístico do hebraico; Paulo, como os evangelistas, pensava e ensinava em grego e, para fazê-lo, confiava numa tradução grega das escrituras hebraicas, a Septuaginta. Os evangelistas não tiveram conhecimento direto de Jesus, nem Paulo o teve, como ele afirma diretamente (1Cor 15,3). Por fim, para Paulo como também para os evangelistas, ocorreu uma importante mudança entre o público de Jesus e o público deles. Jesus havia ensinado no contexto predominantemente judaico da Galileia e da Judeia, e mais especificamente em Jerusalém. Seu público era composto em grande parte por compatriotas judeus de língua aramaica. Paulo, pelo contrário, ensinou nas cidades da diáspora ocidental de língua grega, o mais provável cenário também dos evangelistas; e seu público foi predominantemente (se não exclusivamente) gentio. Embora o contexto narrativo dos evangelhos os impeça de retratar Jesus engajado numa missão aos gentios, eles encontram várias maneiras de apresentá-lo antecipando essa missão; e os gentios provavelmente figuravam também entre as comunidades evangélicas. Finalmente, a convicção de que Jesus havia ressuscitado dos mortos impregna tudo o que Paulo ensinava. De todas estas maneiras e por todas estas razões, Paulo, assim como os evangelistas, é também um escritor "cristão" e não "pré-cristão"[5].

No entanto, Paulo viveu toda uma geração antes do mais antigo evangelista, Marcos. Suas cartas situam-se em meados do século I, fato este que une Paulo ao Jesus histórico e aos discípulos originais, apesar de todas as diferenças que existem entre eles. Dito em outras palavras, como Jesus de Nazaré e os discípulos originais, e diferentemente dos evangelistas, Paulo não tinha conhecimento da destruição do templo. Em suas referências ao templo, portanto, podemos ter uma vaga ideia da maneira como outros seguidores primitivos de Jesus – e, portanto, talvez até o próprio Jesus – podem ter pensado e ensinado a respeito dele. Com efeito, como logo veremos, o templo e seu culto continuaram sendo para Paulo dois dos privilégios permanentes concedidos por Deus a seu povo (Rm 9,4-5)[6].

Além disso, as cartas de Paulo apresentam outro dado importante que liga os discípulos originais de Jesus, e assim o próprio Jesus, de maneira positiva ao templo. De acordo com a carta de Paulo aos Gálatas, o movimento primitivo renunciou às suas raízes galilaicas e, em vez disso, após a crucificação, fixou-se permanentemente em Jerusalém (por exemplo, Gl 1,18; 2,1). Por quê? Lucas/Atos afirmam o que o relato de Paulo implica: os discípulos de Jesus continuaram prestando culto no templo (Lc 24,53; At 2,46). Por conseguinte, a suposta hostilidade de Jesus para com o templo, desenvolvida nos evangelhos posteriores, parece originar-se menos numa memória genuína preservada a respeito de Jesus e mais numa necessidade dos próprios evangelistas de explicar por que Deus permitiu que seu templo fosse destruído. (Resposta: O próprio Jesus havia condenado o templo. Ou: as autoridades do templo, ao condenar Jesus, levaram por sua vez Deus a condenar o templo. Ou: Jerusalém, ao não reconhecer Jesus, havia selado seu próprio destino.) Mas, se o Jesus histórico havia realmente repudiado o templo e seu culto, por que seus discípulos estavam ainda prestando culto ali nos decênios após sua morte? À luz de sua atividade, parece mais provável que nunca tenha ocorrido um tal repúdio. Outras tradições preservadas nos evangelhos, que sugerem a piedade de Jesus em relação ao templo – como a ordem dada a um leproso purificado para que fosse realizar ali as oferendas prescritas pelo Levítico (Mc 1,40-44 e par.), ou sua expectativa de que seus seguidores fariam oferendas em seu altar (Mt 5,24), ou sua crença de que Deus morava no templo (Mt 23,21) –, parecem, por conseguinte, mais seguras.

No entanto, algo mais do que o próprio templo mantinha os discípulos de Jesus em Jerusalém. Se colocarmos a proclamação deles – de que Jesus havia ressuscitado dos mortos e estava prestes a retornar – contra o imenso pano de fundo das tradições apocalípticas de cunho bíblico, veremos também que eles esperavam que Jerusalém – renovada, ampliada, embelezada – ocuparia o centro do novo reino de Deus. Já nos profetas clássicos, Jerusalém havia figurado de maneira proeminente como o lugar para onde, no fim dos tempos, toda a humanidade acorreria para adorar o deus de Israel.

> Naqueles dias, o monte da casa do Senhor
> estará firme no mais alto dos montes
> e se elevará acima das colinas.
> Para ele afluirão todas as nações.
> Muitos povos virão e dirão:
> "Vinde, subamos ao monte do Senhor,
> à casa do deus de Jacó, para que nos ensine seus caminhos
> e caminhemos em suas veredas" (Is 2,2-3).

À medida que evoluem as tradições apocalípticas no período final do Segundo Templo (c. 200 a.C.-70 d.C.), vemos como aumentam estas ideias proféticas de restauração e redenção. Uma batalha entre as forças do bem e do mal; a perseguição dos justos e sua justificação final; a reunião de todo o Israel; o repúdio das nações aos seus ídolos e o seu voltar-se para o deus de Israel; a ressurreição dos mortos e o juízo final; o estabelecimento da paz universal: todos estes temas ressoam em várias combinações e de várias maneiras nas tradições apocalípticas judaicas, inclusive naquelas conservadas posteriormente no Novo Testamento cristão. No período imediatamente posterior à morte de Jesus, portanto, seus discípulos tiveram sua fé na boa-nova da iminente redenção final reafirmada por sua experiência do Cristo ressuscitado. Puseram em prática esta fé estabelecendo-se em Jerusalém, o centro previsto do reino vindouro, vivendo seu compromisso com a profecia inaugural de Jesus: o reino de Deus *estava* realmente prestes a chegar[7].

Os compromissos apocalípticos do próprio Jesus estabeleceram o período de tempo de sua missão para chamar Israel ao arrependimento; mas qual era seu conteúdo? Jesus chamou seus ouvintes do quê para quê? A melhor maneira de reconstruir as ideias de Jesus sobre o pecado é recorrer a uma tradição central da aliança: os Dez Mandamentos. No tempo de Jesus, os judeus referiam-se a eles como "as duas Tábuas da Lei". Os primeiros cinco mandamentos regulavam a relação com Deus; os outros cinco regulavam as relações entre as pessoas. Quando Josefo, historiador judeu contemporâneo dos evangelistas, caracteriza a missão de João Batista, ele comunica sua mensagem empregando esta piedosa linguagem. "João exortava os judeus a levar uma vida justa" – escreve Josefo –, "a praticar a *justiça* [em grego: *dikaiosynê*] *para com seus companheiros* e a *piedade* [em grego: *eusebeia*] *para com Deus* e, ao fazer isso, entrar na imersão. [...] A imersão era para a purificação da carne, já que a alma havia sido previamente purificada através da reta conduta" (*Antiguidades judaicas* 18.116-119)[8].

Assim:

Primeira tábua: Piedade para com Deus	*Segunda Tábua: Justiça para com os outros*
1. Não adorar outros deuses.	6. Não matar.
2. Não esculpir imagens (ídolos).	7. Não cometer adultério.
3. Não abusar do nome de Deus.	8. Não roubar.
4. Guardar o Sábado.	9. Não mentir.
5. Honrar os pais.	10. Não cobiçar.

De acordo com Josefo, portanto, o chamado do Batista ao arrependimento – *teshuvah*, no hebraico da linguagem rabínica posterior: "volta" – significava assim, precisamente, *voltar* aos mandamentos de Deus revelados na Torá. Até que ponto era radicalmente nova esta mensagem? No contexto judaico pressuposto tanto por Josefo quanto pelos evangelistas, ela não era nova. E a ênfase do Batista em dedicar-se à dimensão interior do arrependimento ("purificar a alma através da reta conduta", na expressão de Josefo) antes dos protocolos exteriores da expiação ("purificação da carne" através da imersão) é um tema comum na tradição penitencial judaica de todas as épocas. Mas João uniu seu pedido de retornar à Torá tanto a uma purificação corporal quanto a advertências apocalípticas. Os que não atendessem a seus apelos ao arrependimento, diz o João de Mateus e de Lucas, iriam "queimar num fogo inextinguível": "O machado já está posto sobre a raiz das árvores. Toda árvore que não der bons frutos" – ou seja, o fruto do arrependimento em Mateus 3,8 – "será cortada e jogada no fogo [apocalíptico]" (Mt 3,10)[9].

A mensagem de João causou aparentemente um grande impacto em Jesus. Em todas as tradições evangélicas, Jesus começa sua missão pública somente após seu batismo de imersão realizado por João. E Jesus também, dizem os evangelhos sinóticos, norteou seu ensino moral pelo apelo às duas Tábuas da Lei. Quando lhe perguntaram qual era o maior dos mandamentos, Jesus responde com uma referência à Torá, citando Dt 6,4-5 (a primeira frase da oração judaica da Shemá) e Lv 19,18. "Ouve, Israel! O Senhor nosso Deus é o único Senhor. Amarás o Senhor teu Deus com todo o teu coração, com toda a tua alma e com todas as tuas forças" – *eusebeia*, piedade para com Deus (Dt 6,4-5); e "Amarás o teu próximo como a ti mesmo" – *dikaiosynê*, justiça para com os outros (Lv 19,18; Mc 12,29-31 e paralelos). No evangelho de Marcos, Jesus responde a uma pergunta sobre herdar a vida eterna, dizendo: "Conheces os mandamentos:

'não matarás; não cometerás adultério; não furtarás; não darás falso testemunho; não prejudicarás ninguém; honra teu pai e tua mãe'" (Mc 10,19). Por fim, como os homens judeus piedosos de então e de sempre, Jesus trazia franjas rituais – *tsitsiot* em hebraico, *kraspeda* em grego – cuja função era lembrar ao portador os mandamentos de Deus (Mc 6,56; cf. Nm 15,37-40, versículos incorporados também na Shemá). De tudo isto podemos deduzir que Jesus definia o viver corretamente como viver de acordo com a Torá, sintetizada nos e pelos Dez Mandamentos; que ele definia o pecado como uma violação dos mandamentos de Deus; e que definia o "arrependimento" como (re)tornar a esta aliança.

Mas, de acordo com os ensinamentos que aparecem no sermão da Montanha, Jesus pode ter sido até mais rigoroso a respeito da observância da lei do que a própria lei exigia. A lei dizia: "Não matarás"; o Jesus de Mateus ensina que mesmo qualquer um que se encolerizar estará sujeito ao juízo, "e quem chamar alguém de 'tolo' estará sujeito ao inferno de fogo" (Mt 5,21-22). A lei dizia: "Não cometerás adultério"; Jesus adverte contra o simples sentir luxúria: é melhor arrancar o próprio olho ou cortar a própria mão do que pecar desta maneira e ser lançado ao inferno (5,27-30). A lei, ao condenar o juramento falso, permite em princípio jurar; Jesus o proíbe terminantemente (5,31-37). O homicídio, o adultério e a mentira, todos proibidos pela lei, eram pecados. Quem evita até a cólera, como ensina o Jesus de Mateus, ou a luxúria "no coração" ou o juramento, nunca transgride a lei e, portanto, não peca[10].

A mensagem de Jesus e seu *modus operandi* parecem iguais e ao mesmo tempo diferentes dos de João. Tanto Jesus como João conclamaram proféticamente seus companheiros judeus ao arrependimento. Mas João evidentemente via as pessoas chegando até ele junto ao Jordão, ao passo que Jesus procurava as pessoas, levando sua mensagem pelos caminhos, encontrando ouvintes em aldeias, sinagogas e mercados, e até no templo de Jerusalém (uma única vez, de acordo com os sinóticos; muitas vezes, de acordo com o evangelho de João). E enquanto o Batista parece ter sido particularmente asceta e preocupado com a pureza, Jesus, ao contrário, parece não ter-se inclinado nem a purificações não bíblicas (como se relata confusamente, por exemplo, em Mc 7,1-23) nem ao ascetismo de João: "Veio João, que não comia nem bebia, e eles dizem: 'Ele tem um demônio'; veio o Filho do Homem, que come e bebe, e dizem: 'Vejam! Um glutão e beberrão!'" (Mt 11,18-19//Lc 7,33-34). De acordo (apenas) com o quarto evangelho, porém, e como o Batista, Jesus também batizou pecadores penitentes por imersão, como o fizeram seus discípulos (Jo 3,22.26)[11].

Por fim, e novamente como o Batista, Jesus parece ter ligado sua mensagem apocalíptica a ameaças de castigo divino. No material da fonte "Q" – tradições comuns a Mateus e Lucas que não se encontram em Marcos – Jesus pronuncia terríveis advertências contra as aldeias que o rejeitam: quando vier o reino, diz ele, "haverá mais tolerância nesse dia para Sodoma do que para essa cidade" (Mt 10,15//Lc 10,12). Ele invoca desgraças sobre Corozaim, Betsaida e Cafarnaum, aldeias da Galileia que não acolheram o seu chamado ao arrependimento: "Se os prodígios realizados entre vós tivessem sido realizados em Tiro e Sidônia" – ou seja, em cidades gentias – "há muito tempo ter-se-iam se arrependido e estariam vestidas de luto e cobertas de cinza" (Mt 11,21//Lc 10,13-15). No dia do juízo as pessoas serão julgadas por toda palavra imprudente, adverte Jesus (Mt 12,36-37). Os homens de Nínive, que se arrependeram ao apelo do profeta Jonas, julgarão os da geração de Jesus que não o atenderam (Mt 12,41//Lc 11,32). Peixes bons e peixes que não prestam, joio misturado ao trigo: tudo será selecionado no fim dos tempos, quando os justos serão separados dos malfeitores, que irão queimar no fogo do juízo, chorando e rangendo os dentes (Mt

13,24-50, um longo discurso escatológico). É melhor arrancar um olho, cortar uma mão ou um pé, do que ser levado por eles a pecar e assim arriscar-se a ser lançado todo inteiro no inferno, "onde o verme não morre e o fogo não se apaga" (Mc 9,42-48 e par.). Portanto, assim como acontece com João Batista, da mesma forma acontece com Jesus: ambos usaram a ameaça da abrasadora ira de Deus contra os pecadores e o rigor de seu juízo futuro, para estimular seus ouvintes ao arrependimento.

Mas os evangelhos conservam também relatos em que Jesus lança apelos aos pecadores, estimulando-os a considerar outros aspectos da índole do deus bíblico – a saber, seu amor, misericórdia, clemência e compaixão incomparáveis: "Se vós, que sois maus, sabeis dar coisas boas aos vossos filhos, quanto mais o vosso Pai, que está nos céus, dará coisas boas aos que lhe pedirem!" (Mt 7,11). O céu se alegra com o pecador arrependido, assim como uma mulher se alegra por encontrar uma moeda perdida, ou como um pai se alegra com o retorno de um filho pródigo (Lc 15,8-32). Misericordioso e também justo, Deus ama o pecador que o procura, não menos – ou talvez mais – do que ele ama o justo. Por conseguinte, o pecador que ouve o chamado de Jesus ao arrependimento, assim ensinou Jesus, não precisa temer a ira de Deus. (Na verdade, deveria temê-la menos do que deveria temê-la o justo que não acolheu a mensagem de Jesus a respeito do reino vindouro.) As prostitutas e os cobradores de impostos que acolheram Jesus entrarão no reino antes daqueles sumos sacerdotes que não o fizeram (Mt 21,31). Quando raiar aquele dia, muitos dos primeiros serão os últimos e muitos dos últimos serão os primeiros (Mc 10,31 e par.). Mas esta boa-nova do perdão de Deus, Jesus também ensinou, acrescentava uma exigência ética ao pecador penitente: como Deus o perdoou, assim ele devia perdoar os outros, "não sete vezes, mas setenta vezes sete" (Mt 18,22), generosa e sinceramente ("de todo o coração", Mt 18,35). Jesus ensinou seus seguidores a rezar: "Perdoa-nos os nossos pecados assim como nós próprios perdoamos a qualquer um que está em dívida conosco" (Lc 11,4). Em suma, o amor de Deus, e seu perdão ao homem pecador, exigem uma reciprocidade ética entre os seres humanos, que deveriam amar-se e perdoar-se mutuamente.

O fato de Deus perdoar os pecadores penitentes não deve ter chegado como uma mensagem nova aos ouvintes de João ou de Jesus: nesse tempo, já fazia quase um milênio que os judeus, enquanto povo, estiveram compondo e conservando escrituras e criando liturgias que encarnavam sua fé num tal deus. O princípio fundamentava a lógica religiosa do Yom Kippur ("um dia de expiação [...] um estatuto perpétuo válido para todos os vossos descendentes em todas vossas casas", Lv 23,27-31). Portanto, a novidade da mensagem de João e de Jesus, e a razão por que ela soava aos ouvidos de seus contemporâneos como uma profecia, não era por causa de alguma novidade em sua instrução moral. Ao contrário, era por causa de sua insistência – *o reino estava prestes a chegar* –, unida à sua pretensão de possuir uma autoridade singular conferida pelo céu para pronunciar esta mensagem, que os contemporâneos consideravam tanto João quanto Jesus como profetas[12].

João exercia sua autoridade profética imergindo pessoalmente os penitentes – prática esta que o Jesus sinótico considerava sancionada por Deus ("o batismo de João vinha do céu", Mc 11,30 e par.). Jesus, por outro lado, parece ter exercido sua autoridade e reforçado sua mensagem do iminente fim dos tempos especialmente através de exorcismos, uma forma de cura. "Se eu expulso os demônios pelo dedo de Deus [Mt: "do céu"], então o reino de Deus chegou até vós" (Mt 12,28//Lc 11,20). E de acordo com os sinóticos, a estratégia de Jesus funcionou: como a notícia de suas habilidades se espalhou, "Jesus já não podia entrar publicamente numa cidade, mas ficava fora em lugares desertos, e de toda parte as pessoas acorriam a ele" (Mc

1,45). Estas "obras prodigiosas" traziam as multidões, mas o objetivo era pregar o arrependimento antes da chegada do reino[13].

No tempo de Jesus, o arrependimento envolvia mais do que apenas uma genuína contrição e um propósito de mudar seus hábitos, por parte do pecador penitente. Estava ligado também a antigas tradições de purificação e sacrifícios, que, por sua vez, envolviam o templo. E a oferenda de sacrifícios pelo pecado – que Deus havia prescrito na aliança – exigia, por sua vez, purificação corporal. Será que Jesus aceitou estes ensinamentos bíblicos?

A respeito das oferendas pelo pecado, como tais, não temos nenhuma informação direta: em nenhum lugar nos evangelhos Jesus faz um apelo ao arrependimento, ou um pronunciamento de perdão, acompanhado de instruções explícitas aos (ex-)pecadores para que façam alguma oferenda no templo na próxima vez que forem a Jerusalém. (A oferenda não precisava ser levada imediatamente, e a grande maioria dos judeus que viviam na diáspora não podia fazer a viagem ou simplesmente não a fazia.) Muitas pessoas modernas pensaram, e muitos estudiosos do Novo Testamento argumentaram, que, já que Jesus não disse especificamente para fazer alguma oferenda no templo, ele na verdade repudiava o templo e seus sacrifícios. A assim chamada purificação do templo é muitas vezes usada para corroborar esta maneira de ver[14].

Mas, como já vimos, as cartas de Paulo sugerem, e Lucas/Atos afirmam, que os discípulos continuaram a prestar culto no templo. Disto podemos deduzir que Jesus nunca lhes ensinou a agir de outro modo. Mas o que se pode reconstruir positivamente das opiniões de Jesus sobre estas questões interligadas da centralidade do templo e de sua função como lugar para fazer expiação através do sacrifício?

Os evangelhos podem revelar algumas respostas; mas, antes de mais nada, só poderemos detectá-las se conhecermos algo das leis judaicas de pureza. Por exemplo, Marcos apresenta Jesus dando instruções explícitas a um leproso que ele limpa: "vai mostrar-te ao sacerdote e oferece [...] o que Moisés prescreveu" (Mc 1,40-44; note-se que Jesus *limpa* ou "purifica" o leproso, ele não o "cura"; a questão pertinente é a impureza, não a doença). Trata-se de um endosso bem simples de uma sequência muito minuciosa de abluções e sacrifícios (uma ave, dois cordeiros, uma ovelha de um ano sem defeito), detalhados em Lv 14, pelos quais o leproso passa da imundície à pureza e sai do isolamento para volta à vida na comunidade.

A adesão de Jesus às normas bíblicas de pureza, além disso, perpassa discretamente a apresentação que os evangelistas fazem da subida de Jesus a Jerusalém para sua Páscoa final ali. Todos os quatro descrevem a entrada de Jesus na cidade junto com uma multidão de outros peregrinos na semana anterior à festa, a assim chamada Entrada Triunfal. Por quê? Subjacente a este relato está a legislação dada no livro dos Números. Ordena-se ali que o peregrino coma a refeição pascal num estado de pureza, inclusive e especialmente pureza da contaminação com cadáveres (Nm 9,6). "Aquele que tocar o cadáver de qualquer ser humano fica impuro por sete dias. Ele deverá purificar-se com água no terceiro e no sétimo dia, e assim ficará limpo" (Nm 19,11-12). A "água" em questão era misturada com as cinzas de uma novilha vermelha imolada (Nm 19,9). Na época do Segundo Templo, os peregrinos que se dirigiam a Jerusalém para a Páscoa submetiam-se a este ritual, que era entremeado com aspersões no terceiro e no sétimo dia. Esta limpeza ritual devia estar completada no dia 14 de Nisã, quando começava a festa. Se Jesus entrou realmente na cidade com os outros peregrinos, e se ensinou às multidões no templo na semana anterior à festa, como descrevem os evangelhos, então ele estava ali, como estavam os outros, para este rito de purificação. Além disso, a refeição pascal celebrada por Jesus e seus discípulos, narrada nos sinóticos, pressupõe também que todos foram purificados a fim de celebrarem a festa. E, finalmente, um do grupo deles deve ter ido ao monte do templo de manhã bem cedo para oferecer o *corban Pesach*, o cordeiro para a refeição Pascal[15].

Foi nesta refeição que, de acordo com os sinóticos, Jesus apresentou o vinho abençoado por ele como "meu sangue da aliança, que é derramado por muitos para o perdão dos pecados" (Mc 14,24). Esta mesma tradição é refletida por Paulo em 1Cor 11,23-25; o pão é o corpo de Jesus, o cálice é uma nova aliança no sangue de Jesus: "Todas as vezes que comerdes deste pão e beberdes deste cálice, proclamareis a morte do Senhor *até que ele venha*" – isto é, até ele retornar a fim de estabelecer o reino de Deus (1Cor 11,26; cf. tb. 1Cor 15 *passim*). Se algo como este dito remonta realmente ao Jesus histórico, então temos outra resposta indireta à pergunta: "que conexões viu Jesus entre pecado, perdão, sacrifício e o reino vindouro?" Resposta: Uma conexão tão vital que ele resumiu sua obra exatamente nesses termos. Se Jesus não tivesse considerado o templo, seus protocolos de sacrifício baseados na Bíblia e sua função como lugar de oferendas de expiação para o perdão do pecado, ele não os teria usado como definitiva pedra de toque de sua própria missão.

***

Com as cartas de Paulo entramos num mundo diferente. Em primeiro lugar, é um mundo muito mais amplo, tanto do ponto de vista geográfico quanto demográfico. Jesus e seus discípulos originais haviam permanecido próximos ao Israel territorial e dirigido sua missão essencialmente a outros judeus. (O Jesus de Mateus chega a instruir seus discípulos dizendo: "Não sigais pelos caminhos dos gentios, nem entreis em cidades de samaritanos; ide, antes, às ovelhas perdidas da casa de Israel";

Mt 10,5-6.) Paulo, pelo contrário, percorreu a grande rodovia leste-oeste que ligava as cidades greco-romanas da Ásia Menor e da Grécia a Roma. E dirigiu sua missão não aos judeus, mas aos pagãos.

Se o mundo de Paulo é mais amplo que o de Jesus no sentido positivo de território maior e maior número de pessoas, é também mais amplo num sentido negativo: Os obstáculos espirituais de Paulo são muito maiores, muito mais poderosos e muito mais profundamente arraigados que os de Jesus. Nos evangelhos, Jesus combate "demônios" e "espíritos impuros", potências locais inferiores que causam doença mental e física. O diabo, Satanás, em relação estas outras forças desempenha apenas um papel secundário (cf., p. ex., Mc 1,13 e par.; Lc 22,3). Paulo e suas comunidades gentias também combatem estas forças menores: como os discípulos de Jesus (e, confusamente, até como os "malfeitores" cristãos que o Jesus de Mateus repudia; Mt 7,21-23) – Jesus e também estes outros curam, fazem prodígios e praticam o discernimento dos espíritos (identificando quais são bons e quais são maus, 1Cr 12,6-10; para os discípulos, Mt 10,7-8).

No entanto, Paulo combate também toda uma multidão de divindades pagãs, cujas forças se estendem desde a terra e debaixo da terra até os planetas e estrelas do firmamento (Fl 2,10). O "deus deste século", cegando as mentes dos fiéis, tenta frustrar a missão de Paulo (2Cor 4,4); os *archontes tou aiônos toutou*, "chefes deste século" astrais ou cósmicos, fortaleceram-se tanto a ponto de crucificar o filho do deus de Paulo (1Cor 2,8). Os *stoicheia*, "elementos" astrais cósmicos, outrora venerados pelos gentios de Paulo na Galácia (Gl 4,8-9), e os *daimones* que constituem os "deuses das nações" (1Cor 10,20-21; cf. Sl 96,5 LXX) são divindades que os gentios de Paulo devem repudiar de forma absoluta. Estas entidades podem não ser "deuses por natureza", mas ainda exercem domínio sobre os gentios de Paulo e ameaçam "escravizá-los" novamente (Gl 4,8-9). Para estabelecer o reino, o Cristo que retorna precisará derrotar estas forças cósmicas, que finalmente reconhecerão sua soberania e a do Pai "dobrando o joelho", quer estejam elas "no céu", "na terra" ou "debaixo da terra" (Fl 2,10-11)[16].

Enquanto isso, estas divindades tentam raivosamente fazer a missão de Paulo sair dos trilhos e ameaçam seus pagãos batizados. Por quê? Precisamente porque, como consequência da aceitação da mensagem de Paulo, estas pessoas abandonaram o culto a estes deuses e as devoções tradicionalmente prestadas prodigamente às suas imagens: "Embora haja muitos assim chamados deuses no céu ou na terra – como, de fato, existem muitos deuses e muitos senhores – para nós [ou seja, para Paulo e para seus gentios em Corinto] existe um só deus, o Pai, [...] e um só senhor, Jesus Cristo" (1Cor 8,5-6; note-se que Paulo não contesta a existência destes deuses, mas apenas insiste para que os coríntios não mais os venerem). Essa ruptura com suas religiões nativas era uma exigência inegociável da missão de Paulo a estes gentios. Se um membro da nova comunidade recaísse nas práticas religiosas ancestrais, devia ser evitado:

> Eu vos escrevi, em minha carta, que não vos associásseis com pessoas sexualmente imorais – eu não me referia aos imorais deste mundo, aos avarentos, aos ladrões ou aos idólatras – porque para isso deveríeis sair deste mundo! Mas vos escrevo agora para dizer que não vos associeis com ninguém que, trazendo o nome de "irmão" [ou seja, alguém que era membro batizado da *ekklêsia*], é sexualmente imoral, ou avarento, ou adorador de ídolos, ou caluniador, ou beberrão ou ladrão. *Com uma pessoa assim nem sequer comais!* (1Cor 5,9-11).

No contexto mais amplo da diáspora judaica, foi algo fora do comum Paulo fazer uma tal exigência. Durante séculos antes desta época e durante séculos após, as comunidades da diáspora estimulavam a admiração e o apoio de seus vizinhos pagãos e adotavam pagãos como benfeitores e até como participantes nas atividades da sinagoga. A afiliação de estranhos com a sinagoga da diáspora era *ad hoc* e voluntária: os pagãos afiliavam-se *enquanto pagãos*, continuando a participar também de seus cultos nativos. Somente se um pagão optasse por tornar-se um "ex-pagão" – ou seja, se ele optasse por afiliar-se com a comunidade sinagogal na qualidade de *proselytos*, um "convertido" pleno – precisaria repudiar seus deuses anteriores. Os simpatizantes, porém, não precisavam fazê-lo. Os Atos dos Apóstolos mencionam habitualmente essas pessoas como "tementes a Deus"; fontes pagãs, judaicas e cristãs posteriores empregam igualmente este termo, como também outro: "judaizantes". Ambos os termos são vagos, o que combina com o alcance da afiliação e com a atividade que descrevem. O importante é o sentido mais amplo: judeus e pagãos misturavam-se nas comunidades sinagogais da diáspora como também na instituição religiosa mais ampla, a cidade pagã antiga, que era sua matriz. Como ocorria com o templo em Jerusalém (onde os gentios tinham o átrio maior), assim também ocorria com as comunidades da diáspora: os judeus concediam espaço aos pagãos *enquanto* pagãos para mostrarem respeito ao deus de Israel[17].

Este arranjo social prático e estável entre comunidades sinagogais da diáspora e pagãos interessados provenientes da cidade mais ampla contrasta vivamente com uma igualmente longa tradição retórica judaica helenística, tradição esta que influencia imediatamente os escritos de Paulo. Esta retórica discursava abundantemente sobre as consequências imorais e aviltantes da idolatria, definindo o culto aos ídolos praticado pelos pagãos como seu pecado fundamental, e como a causa fundamental de seu pecado. "São desgraçados e depositam suas esperanças em coisas mortas os que dão o nome de 'deuses' às obras de mãos humanas", exclama o autor da *Sabedoria de Salomão*, em algum momento do século I a.C. (Sb 13,10). Essas pessoas matam crianças em suas cerimônias de iniciação e se entregam a orgias frenéticas: mancham seus próprios casamentos com adultério, suas sociedades com homicídios traiçoeiros; profetizam falsidades e cometem falsos testemunhos; mentem, trapaceiam e roubam (Sb 14,23-28). Vemos aqui, transposta para o grego, a repetição da velha polêmica bíblica anticananeia, em que o culto aos ídolos leva invariavelmente à fornicação e ao homicídio[18].

Paulo, o apóstolo dos gentios, repete e amplifica os temas da *Sabedoria*. Os pagãos, afirma ele, degradam-se a si mesmos com paixões e com atos sexuais contra a natureza; suas mentes são envilecidas, seus caminhos são maliciosos, suas sociedades são violentas, suas famílias são desregradas (Rm 1,18-32). Paulo consegue ser bem preciso no uso desta retórica: "Não sabeis que os malfeitores não herdarão o reino de Deus? Não vos iludais! Os fornicadores, os idólatras, os adúlteros, os efeminados, os homossexuais, os ladrões, os beberrões, os caluniadores, os assaltantes – nenhum destes herdará o reino de Deus. E alguns de vós éreis assim" (1Cor 6,9-11). Elementos dessas "listas de pecados" helenistas, que caracterizam (e caricaturam) a cultura pagã, reaparecem em toda a sua correspondência – em 1Cor 5,9-11; 2Cor 12,20-21; Gl 5,19-21, aqui como "obras da carne" ("eu vos previno novamente, como fiz antes: quem praticar tais coisas não herdará o reino de Deus!").

Para Paulo, como para a tradição a que ele recorre, a idolatria – o culto a representações visuais de deuses inferiores – e a constante companheira retórica da idolatria, a "fornicação", são *os* pecados pagãos paradigmáticos. Em 1Coríntios ele enfatiza este ensinamento, aludindo a um episódio do Êxodo, quando Israel há muito tempo pecara de maneira semelhante com o Bezerro de Ouro:

> Estas coisas aconteceram *como exemplos para nós*, para que não cobicemos as coisas más como eles

> cobiçaram. *Não vos torneis idólatras* como alguns deles se tornaram, como está escrito: "O povo sentou-se para comer e beber e levantou-se para folgar" [Ex 32,6]. Não devemos entregar-nos à fornicação [grego: *porneia*] como eles fizeram, e tombaram mortos vinte e três mil num único dia. [...] Estas coisas aconteceram a eles para servir de exemplo, *e foram escritas para advertir-nos a nós, para quem chegou o fim dos tempos.* [...] Por isso, meus amados, fugi do culto aos ídolos (1Cor 10,6-14).

Esta é uma passagem extraordinária. Embora Paulo entoe novamente a cantilena dos pecados associados da idolatria e da fornicação, ele os atribui a seu próprio povo, Israel, e não aos pagãos. Por quê? A fim de citar escrituras judaicas respeitadas – "os oráculos de Deus", como ele os chama em outro lugar (Rm 3,2) – como chave para compreender as condições pagãs atuais. (Novamente, como ele diz em ouro lugar: "Tudo o que foi escrito outrora, foi escrito para *nossa* instrução", Rm 15,4; cf. Rm 4,23-24 para a mesma ideia.) Enquanto judeu piedoso, Paulo simplesmente admite a historicidade do episódio do Bezerro de Ouro. Mas sustenta que a escritura preservou a memória do incidente *por escrito* precisamente para instruir seu próprio público gentio contemporâneo, situado como estava no vértice da grande mudança da história, o "fim dos tempos", que, como diz Paulo aqui, já começou. ("Chegou" é ação passada completada)[19].

Todo o ensinamento de Paulo está moldado por sua convicção de que o reino se aproximava. Este fato pode ajudar a explicar sua exigência sem precedentes: não só que os "seus" gentios abandonem completamente seu culto aos ídolos e aos deuses representados por esses ídolos (uma condição, por outro lado, apenas da conversão plena ao judaísmo), mas também que eles *não* "se convertam" ao judaísmo (ou seja, para os homens, receber a circuncisão; Gálatas, *passim*). Por que insistir que estes gentios ajam como convertidos judeus, abstendo-se de suas práticas ancestrais, enquanto ao mesmo tempo insiste também e com veemência que *não* ajam como convertidos, honrando práticas ancestrais judaicas? (circuncisão, leis referentes a alimentos e assim por diante)[20].

Porque, como diz Paulo em Coríntios e outros lugares, o "fim dos tempos" já havia chegado. O voltar-se das nações para o deus de Israel era ainda outro acontecimento prognosticado para o Fim. (Vimos isso acima, rapidamente, na passagem tirada de Is 2.) Bem-representada nos textos proféticos bíblicos – Is 25,6 (Israel e as nações, reunidos no monte do templo, compartilhando uma refeição comum); Mq 4,1-2 (um eco de nossa passagem de Isaías); e Zc 8,23 ("Naqueles dias, dez homens de todas as línguas faladas entre as nações agarrarão um judeu pelas vestes, dizendo: 'Vamos contigo, pois ouvimos dizer que Deus está convosco'") – esta expectativa transforma-se num tema importante em muitos escritos judaicos do período tardio do Segundo Templo. Assim o *Salmo de Salomão* espera que, no Fim, as próprias nações trarão os exilados de volta para Jerusalém (7,31-41). Repudiando seus ídolos, "todas as pessoas voltarão seus olhos para o caminho da retidão" (*1Enoc* 91,14). "Todas as nações voltar-se-ão com temor para o Senhor Deus [...] e sepultarão seus ídolos", profetiza *Tb* 14,6). Note-se: o termo *voltar-se* aqui não significa ou implica "converter-se". De acordo com estas tradições, no Fim as nações não "se transformam" em judeus. Ao voltar-se para o deus de Israel, estes gentios escatológicos conservam suas etnicidades particulares como gentios. Eles apenas já não prestam mais culto aos ídolos. É precisamente isto que os gentios de Paulo já fizeram: "Vós vos convertestes dos ídolos para Deus", diz ele à comunidade de Tessalônica, " a fim de servirdes a um deus vivo e verdadeiro", antes do Fim que se aproxima rapidamente (1Ts 1,9-10)[21].

Para quando esperava Paulo estes acontecimentos finais? "Muito em breve", é a resposta que ele dá tanto no início (em

1Tessalonicenses, a primeira carta que temos dele) quanto posteriormente (em Romanos, sua última carta conservada). Paulo espera que tanto ele quanto (a maioria dos membros de) sua comunidade em Tessalônica estarão vivos para presenciar a segunda vinda de Jesus, que dará início à ressurreição dos mortos e à transformação dos vivos. "Nós que estamos vivos", diz ele ali, "que ficamos vivos para a vinda do Senhor, não precederemos os que dormem" – ou seja, aqueles membros da comunidade que morreram antes do retorno de Cristo (1Ts 4,15). "Nem todos dormiremos" antes de Cristo retornar, diz Paulo pelo final de 1Cor (15,51). "O tempo é muito curto", diz ele em outro ponto desta carta, "a aparência deste mundo está passando" (1Cor 7,29.31). "A salvação está mais próxima agora do que quando abraçamos a fé", assegura ele aos cristãos gentios de Roma. "A noite está adiantada e o dia vem raiando" (Rm 13,11-12).

Jesus de Nazaré, a fonte última desta mensagem para o movimento cristão, havia anunciado o reino vindouro no fim dos anos 20 do século I e fora executado por volta do ano 30. De acordo com os evangelhos posteriores, as primeiras aparições da ressurreição começaram nos primeiros dias após o acontecimento. Segundo o cálculo dos especialistas, Paulo tivera sua própria visão do Cristo ressuscitado uns três anos após a experiência dos discípulos – ou seja, por volta do ano 33. (Cf. esp. 1Cor 15,3-8.) Mas as cartas de Paulo conservadas no Novo Testamento datam provavelmente de meados do século, cerca de quinze a vinte anos depois de Paulo ter tido sua visão, bastante tempo depois de o Jesus histórico ter proclamado a proximidade do reino. Em outras palavras, no tempo em que Paulo ditou suas cartas – os mais antigos documentos que temos do nascente movimento cristão – o reino de Deus já estava atrasado.

Donde, portanto, vem a constante convicção de Paulo, por volta do ano 50 d.C., de que a redenção estava chegando? Sua fonte inicial, de acordo com seu próprio testemunho, era que ele também vira o Cristo ressuscitado, um acontecimento que lhe revelou – por volta do ano 33 – que tempo era no relógio de Deus. Encontramos Paulo afirmando ainda esta interpretação em 1Coríntios: Se Cristo foi ressuscitado, afirma ele nesta carta – e ele *foi* ressuscitado, insiste Paulo – então a ressurreição geral, um acontecimento decisivo do fim dos tempos, não pode estar muito longe:

> Ora, se proclamamos que Cristo ressuscitou dos mortos, como podem alguns de vós dizer que não existe ressurreição dos mortos? [...] Mas, na verdade, Cristo foi ressuscitado dos mortos, como primícias dos que morreram. [...] Mas cada qual em sua ordem: Cristo como primeiro fruto, e em seguida, por ocasião de sua [segunda] vinda, os que pertencem a Cristo. Depois virá o Fim, quando ele entregará o reino a Deus Pai (1Cor 15,12-24).

Assim se expressa Paulo, em meados do século. *Como conseguiu ele sustentar sua convicção da proximidade do reino por quase duas décadas?* Através do constante reforço de sua interpretação escatológica da ressurreição de Jesus por causa do subsequente sucesso do novo movimento entre os pagãos. Estas pessoas – a quem Paulo se refere de modo muito casual e direto como "pecadores gentios" (Gl 2,15) –, no tempo em que ainda veneravam seus deuses, estavam "cheios de todo tipo de iniquidade, maldade, ganância e malícia. [...] Cheios de inveja, homicídios, rixas, fraudes e astúcias, eles são murmuradores, caluniadores, inimigos de Deus, insolentes, soberbos, jactanciosos, maquinadores do mal, rebeldes contra os pais. Insensatos. Infiéis. Sem coração. Sem misericórdia" (Rm 1,29-32). Seria necessário um milagre para que tais pessoas abandonassem seus ídolos – e é precisamente isto que Paulo acreditava estar presenciando.

Em outras palavras, a insistência de Paulo para que os gentios seguidores de Cristo não fossem circuncidados não tem nada a ver com sua prática pessoal do costume ancestral judaico, e nada a ver com qualquer suposto antagonismo entre a *ekklêsia* e a sinagoga. Ao invés, tem tudo a ver com sua visão do Cristo ressuscitado, com seu chamado a ser apóstolo e com a consciência que ele tinha de sua própria missão. *A própria existência desses gentios que abandonaram seus ídolos e assumiram um compromisso exclusivo com o deus de Israel é uma profunda e permanente validação da obra de Paulo.* Eles confirmam Paulo em sua convicção de que ele, afinal, sabe que tempo é no relógio de Deus. Eles são a razão por que ele pode afirmar, décadas após juntar-se ao movimento, que "a salvação está mais próxima agora do que quando abraçamos a fé; a noite está adiantada e o dia vem raiando" (Rm 13,11-12). Se ele pudesse simplesmente trazer a totalidade deles, os acontecimentos finais poderiam desenrolar-se (Rm 11,25-36). A furiosa impaciência de Paulo com os que praticavam a circuncisão na Galácia atesta a importância desses gentios para toda a sua cosmovisão e para sua autoidentidade. Deixando de venerar seus próprios deuses; chamando o deus de Israel de "Abba, Pai" e, através do Espírito, tornando-se filhos adotivos de Deus (Rm 8,15); e deixando de ser escravos do pecado, os anômalos e excepcionais pagãos de Paulo encenavam e reencenavam continuamente este importante acontecimento do fim dos tempos: o voltar-se das nações para o deus de Israel.

No entanto, esta repetição posterior da boa-nova diferia necessariamente da de Jesus num aspecto importante. A missão de Jesus que proclamava o reino havia terminado com sua execução. Seus seguidores, estimulados pela experiência justificadora de sua ressurreição, injetaram uma inovação específica, e especificamente cristã, na tradicional sequência dos acontecimentos dos últimos tempos: o messias, sustentavam eles agora, precisaria vir não uma vez, mas duas vezes. Sua primeira vinda consistira em sofrer e morrer (cf. Lc 24,26). Seria somente na sua *segunda* vinda – gloriosa, cheia de poder, à frente de uma multidão de anjos – que ele ressuscitaria os mortos, reuniria os eleitos e estabeleceria o reino de seu pai (Mc 13,26-27; cf. 1Ts 4,16-17, reconhecivelmente a mesma tradição que Paulo afirma possuir "em virtude da palavra do Senhor").

Embora próxima, a redenção final está, no entanto, ainda no futuro, insiste Paulo, tanto para o indivíduo, cuja carne mortal continua a mantê-lo "cativo da lei do pecado" (Rm 7,25), quanto para o universo inteiro, "que geme e sente dores de parto", sujeito ao cativeiro da corrupção (Rm 8,22). Não só os humanos precisam ser redimidos: toda a criação de Deus aguarda a redenção. Na visão de Paulo, o próprio tecido do cosmos foi dilacerado pelo poder do pecado, que habita não só na carne humana mortal, mas também nas esferas superiores do universo (Rm 8,38). Quando Cristo retornar – descendo do céu "com um grito de comando e à voz do arcanjo e ao som da trombeta de Deus" (1Ts 14,16) –, ele derrotará estas potências cósmicas, os governantes e autoridades, as divindades inferiores antes adoradas por seus pagãos, e finalmente destruirá a própria morte. Só neste momento Cristo "entregará o reino a Deus Pai" (1Cor 15,24) e Deus será "tudo em cada um" ou "tudo em todos".

Como foi que o cosmos inteiro, "toda a criação" (Rm 8,22), o céu e a terra, caíram nesta situação tão terrível? Paulo não apresenta nenhum suporte mítico para embasar suas opiniões, nenhuma narrativa explanatória de anjos errantes ou de uma queda primitiva para explicar a "escravidão" do mundo. Ele menciona sucintamente Adão como caminho do pecado, através do qual "o pecado entrou no mundo e, através do pecado, a morte" (Rm 5,12; cf. 1Cor 15,20-22: "Em Adão todos morrem"). Adão "cometeu uma transgressão", trazendo "condenação" para si e para a sua descendência (Rm 5,18; "Por um só homem todos se fizeram pecadores", 5,19). Cristo, o antítipo de Adão e remédio para o pecado de Adão, enfrenta – na verdade, desfaz – o "reino da morte" iniciado por Adão. "Assim como a transgressão de um só homem trouxe a condenação para todos os homens, assim o ato de justiça de um só homem trouxe a justificação e a vida para todos os homens; a desobediência levou ao pecado, a obediência levará à justiça (Rm 5,18-19); a morte dará lugar à vida.

A morte e a ressurreição de Jesus, o término de sua primeira vinda, foram redentores porque ele morreu *pelo* pecado (1Cor 15,3). Por causa de seu sacrifício, o seguidor gentio de Cristo, uma vez batizado, morre *para* o pecado (Rm 6,2). Como assim? O batismo "na morte de Cristo" capacita o gentio batizado a "caminhar em novidade de vida" – não mais pecador e idólatra, portanto "salvo [através de Cristo] da ira de Deus!" (Rm 5,9). O que o capacita é o "espírito" de Deus ou de Cristo que o batismo confere. Através da morte salvadora de Cristo (na qual o gentio é "batizado", Rm 6,3), o domínio do pecado sobre o crente é anulado e o gentio deixa sua situação de escravo do pecado (quando ele ainda adorava falsos deuses) e passa a ser escravo de Cristo, um escravo da justiça (Rm 8,9-15). Embora se encontre ainda num corpo carnal e mortal ("o corpo de pecado", Rm 6,6), o crente deveria considerar-se "morto para o pecado e vivo para Deus *em* Cristo Jesus. [...] Mas agora, libertados do pecado e feitos servos de Deus, [...] tendes a santidade e sua meta, a vida eterna. O salário do pecado é a morte, mas o dom de Deus é a vida eterna em Cristo" (Rm 6,11.22-23)[22].

Embora a carta aos Romanos, como outras cartas de Paulo, seja dirigida explicitamente a gentios-em-Cristo (Rm 1,5-6), Paulo também fala ali da universalidade do pecado: "Todos, tanto judeus quanto gregos, estão sob o poder do pecado" (3,9). Quando ele invoca o efeito que a lei exerce sobre o pecado – intensificando seu poder (7,7-8), aumentando sua transgressão (presumivelmente articulando a ofensa, 5,20) –, pode ser difícil dizer qual população ele tem em mente: Os judeus, cujo pecado é intensificado pela lei? Os gentios, que por causa da idolatria são abandonados à impureza e às indignidades da luxúria? (1,18-32). Ambas as populações "morrem", como consequência do pecado de Adão. Sobre quem a "lei do pecado" tem um efeito tão negativo?

E os leitores podem, além disso, ficar confusos pela passagem que ocorre no capítulo sétimo desta rica, e ricamente enrolada, carta – o "eu" moralmente paralisado:

> Sabemos que a lei é espiritual, mas eu sou carnal, vendido como escravo ao pecado. Não compreendo as minhas próprias ações. Pois não faço aquilo que quero, mas aquilo que detesto. E, se faço aquilo que não quero, reconheço que a lei é boa. Mas então já não sou eu que faço, mas o pecado que habita em mim. Eu sei que nada de bom habita em mim, ou seja, em minha carne. Posso querer o que é reto, mas não sou capaz de fazê-lo. Pois não faço o bem que eu quero, e sim o mal que não quero. [...] Deleito-me na lei do Senhor no meu íntimo; mas vejo em meus membros outra lei, que luta contra a lei de minha razão e me torna cativo da lei do pecado que habita em meus membros. Infeliz de mim! Quem me livrará deste corpo de pecado? Graças sejam dadas a Deus por Jesus Cristo, nosso Senhor! Portanto, sirvo à lei de Deus com a minha razão, mas com minha carne sirvo à lei do pecado (Rm 7,14-25).

De quem Paulo está falando aqui? Está ele representando o papel de um gentio, lamentando sua escravização pré-cristã ao pecado? (Em Gálatas, Paulo falara desses gentios que, quando não conheciam a Deus, estavam "escravizados a seres que por natureza não são deuses", 4,8.) Será que ele está falando de todos os seres humanos, tanto judeus quanto pagãos? (Os judeus, ao contrário dos pagãos, estavam em situação de conhecer "a lei de Deus" – ou seja, a Torá.) Será, então, que Paulo está falando de si mesmo, lamentando sua vida anterior como fariseu? (Esta foi a interpretação de Agostinho, não muito seguida hoje. A interpretação vai contra outras avaliações que Paulo faz de si mesmo como judeu excelente que observava perfeitamente a Torá: "Segundo a justiça da lei, eu era irrepreensível", Fl 3,6.)[23]

Todas estas interpretações são discutíveis, e de fato foram discutidas. Mas penso que elas desviam nossa atenção do quadro maior. Deixamos de perceber o alcance da visão de Paulo e a amplidão de sua mensagem se – seja por causa de sua comparação Adão/Cristo ou de sua descrição seguinte dos efeitos morais do pecado no capítulo sétimo – fizermos uma interpretação "psicológica", concentrando-nos estritamente demais nas dificuldades humanas. Paulo pensa grande. Não só o gênero humano, mas toda a criação está "sujeita à futilidade", presa das potências hostis. Como o pecado de Adão afeta não só os seres humanos, mas todo o cosmos criado? Donde vem a hostilidade das "potências"?

Neste ponto nossas edições modernas do Novo Testamento, com sua convenção de usar letras maiúsculas e minúsculas, podem atrapalhar-nos na hora de seguir o argumento de Paulo. Quando Paulo fala de pecado, carne e morte, deveríamos imaginá-los como *agentes* cósmicos: Pecado, Carne, Morte. Tão forte é o Pecado que mantém todos, "tanto judeus quanto gregos", sob seu poder (Rm 3,9); tão onipresente é o Pecado que sujeita todo o universo ao seu domínio de futilidade e corrupção (8,20-22). Agindo através da Carne, o Pecado chegou até a minar *ho nomos*, a lei dada por Deus, que Paulo considera um dos grandes privilégios de Israel (9,4). "Diremos, então, que a lei é pecado?", pergunta Paulo retoricamente. E ele responde enfaticamente: *Mê genoito!* "De modo algum!" (7,7). "A lei é santa, e o mandamento é santo, justo e bom" (7,12). "Aquilo que é bom me trouxe a morte? *Mê genoito!* [...] A lei é espiritual!" (7,13-14). Mas até a lei foi minada pela força cósmica do Pecado; até a lei foi "enfraquecida pela carne" (8,3).

O Pecado entrelaçou tão intimamente a Morte na Carne que o próprio corpo carnal, precisamente porque *é* carnal, não pode ser redimido. Somente Cristo pode libertar o pecador "deste corpo de morte" (Rm 7,24). Por esta razão, Paulo ensinou que "a Carne e o sangue *não podem* herdar o reino de Deus, nem o perecível herda o imperecível" (1Cor 15,50). Na ressurreição, os mortos ressuscitam e os vivos são salvos através de uma radical transformação, através da qual o corpo de carne, vivo ou morto, transforma-se de corpo físico num *sôma pneumatikon*, um corpo espiritual; não mais mortal, mas semelhante ao corpo do Cristo ressuscitado (1Cor 15,44). Enquanto isso, "toda a criação geme", aguardando sua redenção (Rm 8,23)[24].

Qual é, portanto, o mecanismo desta redenção? Como a morte de Cristo causada por estas potências cósmicas hostis funciona para efetuar uma salvação universal? Sobre esta questão Paulo mobiliza a linguagem do santuário, do sacrifício, da pureza e da santidade – em outras palavras, a linguagem do templo de Jerusalém. Cristo funciona como *o* sacrifício por excelência. Mas que tipo de sacrifício? Neste ponto Paulo é menos do que claro. Após uma análise, vê-se que sua referência a Cristo como um cordeiro pascal em 1Cor 5,7 é menos descritiva do que exortatória: nessa passagem, Paulo insiste que seus seguidores gentios se purifiquem do "fermento" do orgulho em vista do fato de que a festa (metafórica) da Páscoa já está chegando. A imagem pascal, em outras palavras, refere-se a uma cronometragem judaica (o fermento já devia estar longe por ocasião do início da Páscoa!), não a uma morte sacrificial por parte de Cristo. (E as oferendas pascais, em todo caso, não são "pelo pecado".) Por outro lado, 2Cor 5,21 e Rm 8,3 apresentam Cristo diretamente como um "sacrifício pelo pecado", mas também isto parece causar confusão: os sacrifícios pelo pecado não limpavam o pecador, mas o *sancta sanctorum* do templo. O *hilastêrion* de Rm 3,25, por fim, é um sacrifício de expiação; mas, mais uma vez, a imagem é extremamente causadora de confusão (e, a meu ver, confusa): No Levítico, os humanos penitentes trazem a oferenda (16,6-22); na carta aos Romanos, é Deus quem traz Jesus. No tempo de Paulo, a analogia mais próxima de um sacrifício que tiraria o pecado do pecador seria o bode expiatório do Yom Kippur (Lv 16,21). Mas em nenhum lugar Paulo usa esta imagem e, além disso – um aceno às tradições eucarísticas –, ninguém come bodes expiatórios. Resumindo, para apresentar a morte de Cristo como um sacrifício, Paulo retorna às fontes de sua tradição – Gênesis, Êxodo, Levítico, Números e Deuteronômio –, mas nenhum paradigma bíblico sozinho controla a metáfora[25].

Em comparação, a linguagem da "santificação" usada por Paulo em relação a seus pagãos-em-Cristo e as representações de seu próprio trabalho como "serviço sacerdotal" (*hierourgounta*, "trabalho de sacerdote") são surpreendentemente claras, como o é também sua referência aos rituais no altar de Jerusalém que lhe servem de padrão. Seus gentios tessalonicenses, por exemplo, ao deixarem seus ídolos e se voltarem para o deus vivo e verdadeiro, atingiram o *hagiasmos* [a santificação]. Quando a Revised Standard Version traduz "santificação", deveríamos entender igualmente "separação" ou "dedicação": a distinção entre o que era "comum" (*hol/koinos* no hebraico e no grego, respectivamente) e o que era "dedicado a Deus" (*kadosh/hagios*) era fundamental para os protocolos rituais do sacrifício judaico. Somente o que era ao mesmo tempo puro (ou "limpo") e santo (ou "separado" do comum) era apropriado para ser trazido ao altar de Deus. Os tessalonicenses de Paulo, que agora conheciam a Deus e corrigiam seu comportamento ritual e social, são separados ou distinguidos daqueles outros gentios, os idólatras que *não* conhecem a Deus (1Ts 4,4-5). Os que conhecem a Deus foram chamados "não à impureza" – a consequência moral da idolatria e da fornicação –, mas "à santidade" (4,7). Em outros lugares, Paulo refere-se simplesmente a estes pagãos ex-pagãos chamando-os de "santos" ou "santificados" (Rm 1,7; 1Cor 1,2).

Estas pessoas foram tornadas "santas" – separadas, dedicadas a Deus – por Deus, através do batismo e do espírito, em Cristo (1Cor 1,2). Em outras palavras, através desta linguagem de pureza e santificação Paulo transforma seus *gentios* num sacrifício agora aceitável, sendo ele próprio aquele que ajuda com a oferenda: através da graça de Deus, Paulo serve como "assistente do sacerdote" – *leitourgos*, a tradução da Septuaginta para "levita" – "sacrificando o evangelho de Deus", trazendo seus gentios a Jerusalém como uma oferenda santificada (Rm 15,16; cf. 12,1, onde ele exorta estes gentios a considerar seus próprios corpos como uma *thysia* viva e santificada, um "sacrifício dedicado a Deus"). Resumindo: Paulo usa a linguagem do culto sacrificial da Septuaginta para caracterizar a maneira como Cristo – que no enredo metafórico de Paulo serve como sacerdote/*cohen* para o levita de Paulo – introduz os gentios ao movimento da iminente redenção de Israel[26].

Em outras passagens, Paulo apresenta a santificação de seus gentios fazendo uma analogia com o próprio templo. Estas pessoas, da mesma forma que o templo de Deus, estão cheias do espírito de Deus: "Não sabeis que sois o templo de Deus, pois o espírito de Deus habita em vós? [...] Porque o templo de Deus é santo e vós sois esse templo" (1Cor 3,16-17); "O vosso corpo é um templo do espírito santo" (1Cor 6,19); "Nós somos o templo do deus vivo" (2Cor 6,16). Por conseguinte, a fornicação e o culto aos ídolos não têm lugar nessa comunidade/*ekklêsia*, cujos membros já estão "lavados" (e, portanto, tornados "limpos") e "separados" do comum ou do profano ("santificados", *hêgiasthête*, 1Cor 6,11) – falando agora dos gentios tanto como templo de Deus quanto como sacrifício adequado a ele. O batismo "na" morte de Jesus, em ambos os casos – gentios como oferenda, gentios como templo –, é o meio pelo qual os gentios de Paulo recebem o *pneuma*, o espírito.

Os especialistas em Novo Testamento aludem às vezes a estes versículos para argumentar que, para Paulo, o templo de Jerusalém foi suplantado por este "templo" novo e espiritual da comunidade cristã. A mim me parece mais provável o contrário: Paulo elogia a nova comunidade comparando-a com algo que ele tem no mais alto apreço. Se ele tivesse um apreço menor pelo templo, não o teria usado para mostrar as suas comunidades como exemplos; se ele tivesse contestado a função e a probidade das leis do sacrifício, não as teria usado como metáfora vinculante para sua missão. Para Paulo, o espírito de Deus habita *tanto* no templo de Jerusalém *quanto* no "novo templo" do crente e da comunidade. (Cf., novamente, Rm 9,4, onde *doxa*, "glória", refere-se especificamente à presença gloriosa de Deus no templo; para uma convicção semelhante atribuída a Jesus, cf. Mt 23,21.) Dito de outra maneira: para Paulo, a Eucaristia não substitui, desloca ou contesta os sacrifícios oferecidos a Deus pelos judeus no templo de Jerusalém. Para os gentios-em-Cristo de Paulo que se encontram na diáspora, porém, a Eucaristia substitui e, em certo sentido, anula seus sacrifícios anteriores aos falsos deuses.

Para Paulo a esfera de ação do pecado é universal. O pecado permeia o cosmos; define a condição humana (mas especialmente a pagã). A restauração do cosmos virá somente com a virada de época, quando Jesus, como messias triunfante que retorna, subjugará as potências hostis, e depois "entregará o reino a Deus Pai" (1Cor 15,24-28; Fl 2,10-11, com sua variedade de "joelhos" mais-que-humanos, implica o mesmo reconhecimento refinado por parte delas). A morte de Cristo como sacrifício pelo pecado, e o batismo em sua morte que confere vida, libera uma pequena porção da humanidade agora. (Na carta aos Romanos, Paulo referir-se-á a esta porção como um "resto escolhido pela graça" ao designar os judeus [11,5] e como "os que alcançaram a justiça" ao referir-se aos gentios batizados [8,30].)

E então no Fim, ao som da trombeta celestial, o Cristo retornante descerá "com um brado de comando" (1Ts 4,16) para triunfar de uma vez por todas sobre o Pecado, a Carne e a Morte.

Mas, e o resto da humanidade? E, especificamente, a imensa maioria de pagãos que ainda adoram seus deuses, que serão o objeto da "ira vindoura" de Deus (1Ts 1,10; Rm 1,18)? E os "infiéis que se encontram na Judeia" (Rm 15,31) e a grande maioria de Israel, que ignora ou é indiferente ou hostil ao *euangelion*? (Rm 11,28).

Quanto aos pagãos, Paulo parece estranhamente indiferente. Em sua última carta, escrita talvez de Corinto, ele anuncia seus planos de viajar para Roma, depois até à Espanha, dizendo simplesmente: "Agora não tenho mais campo [para a missão aos gentios] nestas regiões" (Rm 15,23). E continua:

> Em Cristo Jesus, tenho motivo para orgulhar-me de meu trabalho ao serviço de Deus. Eu não ousaria falar de nada senão daquilo que Cristo realizou através de mim, para obter a obediência dos gentios por palavras e por obras, pela força dos sinais e prodígios, pela força do espírito santo; assim, desde Jerusalém até a Ilíria, preguei o evangelho de Cristo plenamente, embora empenhando-me seriamente para não pregar o evangelho onde Cristo já foi anunciado, a fim de não construir sobre um fundamento lançado por outro (Rm 15,17-20).

Todas estas regiões, do Mediterrâneo oriental até a Ásia Menor, não se tornaram cristãs de repente. É difícil, portanto, saber o que Paulo quer dizer com esta afirmação, exceto talvez que ele se sente pressionado e que pode ser mais útil na Espanha. Mas, se ele está convencido, como afirma na carta aos Romanos, que "a salvação está mais próxima agora do que quando abraçamos a fé; a noite está adiantada, e o dia vem raiando" (13,11-12), o que ele espera que acontecerá a todos estes pagãos?

E o que dizer do resto dos "judeus"? Sobre esta questão os estudos paulinos sofreram uma mudança sísmica desde a década de 70. O paradigma dominante havia sido (e com leves modificações, infelizmente, ainda é) que Paulo, ao tornar-se um apóstolo de Cristo, repudiou o templo e a Torá, substituiu a lei pela graça, condenou a circuncisão e imaginou suas comunidades gentias como um "novo Israel" ou como "o Israel de Deus" (Gl 6,16). Somente aqueles judeus que concordavam com Paulo, que igualmente repudiavam a lei e que também entraram no novo movimento cristão – assim reza esta interpretação – serão "salvos". Segundo esta visão, em outras palavras, o cristianismo, enquanto religião gentia distinta do judaísmo e hostil a ele, já estava plenamente constituído na primeira geração do novo movimento.

No entanto, quando os estudiosos começaram a prestar mais atenção à intensa escatologia de Paulo e também ao seu foco explícito nos gentios, a perspectiva mudou e mudou também a interpretação de suas cartas. A fúria de Paulo em Gálatas, por exemplo, dirige-se não aos judeus em geral ou ao judaísmo em geral, mas aos missionários cristãos concorrentes, que defendem que os gentios-em-Cristo de Paulo sejam circuncidados. Ele repudia a posição deles como profundamente desatinada, uma posição que interpreta erroneamente (assim insiste Paulo) aquilo que Deus realizou através de Cristo em favor dos gentios, em conformidade com sua antiga promessa feita a Abraão: em Abraão "todos os gentios serão abençoados" (Gl 3,8; Gn 12,3). Se todos os gentios foram feitos para "tornar-se" judeus através da conversão/circuncisão, eles já *não* "serão" mais gentios, anulando com isso a promessa (Gl 3,17): "Ora, se a herança vem pela Lei, ela já não vem pela promessa. Mas Deus a concedeu a Abraão através da promessa" (Gl 3,18). Paulo, por conseguinte, não se opõe sem mais à circuncisão – ou seja, para os judeus ou para os judeus-em-Cristo; de fato, nenhum destes temas é abordado nesta carta ou em qualquer outra. Pelo contrário, Paulo opõe-se à circuncisão para os gentios-em-Cristo. Neste novo cenário, surpreendentemente, é Paulo que surge como uma figura judaicamente tradicional, e seus rivais que circuncidam são os inovadores radicais. Nem nas circunstâncias quotidianas nem nas tradições escatológicas os judeus adotaram ou previram a prática de "missionar" os gentios para transformá-los "em" judeus[27].

O mesmo se pode dizer do sarcasmo e da irritação de Paulo em 2Cor 10–11. Outros missionários – judeus pertencentes ao movimento de Jesus, como o próprio Paulo – instalaram-se em Corinto e questionaram a autoridade de Paulo: "Eles são hebreus? Eu também sou. São israelitas? Eu também sou. São descendentes de Abraão? Eu também sou. São ministros de Cristo? [...] Eu sou um ministro melhor" (2Cor 11,22-23). Em outras palavras, a mais dura condenação feita por Paulo aos "judeus" é dirigida àqueles judeus que são seus companheiros de apostolado. Talvez seja também sua experiência com estes apóstolos rivais, que, em sua opinião, se intrometem em suas comunidades, aquilo que influencia a sensibilidade do próprio Paulo de "não construir sobre o fundamento lançado por outros", o que ele explicitamente desaconselha (Rm 15,20).

A mesma coisa, finalmente, se pode dizer também a respeito da "lei". Em vez de insistir que Paulo via a Torá como um entulho "carnal" que não tem lugar no novo movimento, os estudiosos começaram a prestar atenção à complexidade dos usos deste termo por Paulo. A "lei do pecado" que atua na carne, por exemplo, é claramente diferente e oposta à "lei de Deus" (Rm 7,21-25). "Destruímos a lei com esta fé?", pergunta ele retoricamente aos seus leitores gentios de Roma. "É claro que não! Pelo contrário, confirmamos a lei" (Rm 3,31). "Esta fé" refere-se aos versículos 21-30. Nesta interpretação, o versículo 28 – "Sustentamos que a pessoa é justificada pela fé [ou seja, a fé no sacrifício de Cristo] independentemente das obras da lei" – refere-se aos gentios-em-Cristo, e *não* à humanidade em geral. E, ao longo de todas as suas cartas, Paulo fundamenta sua autoridade em sua interpretação "da lei e dos profetas". Ele exorta seus gentios a "cumprir a lei" (entendendo, especificamente, os Dez Mandamentos; Rm 13,8-10). Além disso, insistindo com seus gentios para que abandonem totalmente o culto a seus deuses nativos, Paulo exige que eles apresentem publicamente o único comportamento que a cultura da maioria, e os próprios judeus, associavam universal e exclusivamente aos judeus[28].

Esta nova perspectiva sobre Paulo afetou profundamente a maneira como os estudiosos interpretam agora a carta aos Romanos, especialmente os capítulos 9–11. Nestes capítulos, Paulo aborda o destino último não só dos pagãos "não filiados a uma igreja", mas também do "meu próprio povo, meus compatriotas" – ou seja, os judeus não cristãos. Para fazê-lo, ele reinterpreta ousadamente a Bíblia.

Paulo começa confessando sua "grande dor e tristeza" por seus compatriotas. Depois de bendizer a Deus pelos privilégios concedidos por ele a Israel – seu *status* familiar de filhos dele, a gloriosa presença divina no templo de Jerusalém (reduzida apenas a "glória" na maioria das traduções inglesas!), as alianças, a doação da Torá, o culto no templo [muitas vezes traduzido palidamente como "a veneração"], as promessas, os patriarcas e o messias (Rm 9,4-5) – Paulo passa a traçar uma distinção entre "israelitas" e "Israel": "Nem todos os israelitas pertencem a Israel e nem todos os filhos de Abraão são seus verdadeiros descendentes". Em seguida Paulo traça um rápido esboço da história de Israel abrangendo o Gênesis, o Êxodo e os profetas, apontando aqueles tempos em que Deus, por suas razões soberanas, conduziu essa história. Nem todos os filhos de Abraão eram Israel, apenas aqueles procedentes de Isaac; nem todos os filhos de Isaac, mas apenas Jacó, e não Esaú, decisão esta que

Deus tomou antes de eles nascerem. (Por quê? Para que "o propósito da escolha de Deus pudesse continuar", Rm 9,11.) É Deus injusto ao fazer isso? – pergunta Paulo retoricamente ("Claro que não!", 9,14), aludindo em seguida ao endurecimento do coração do faraó por obra de Deus. Deus pode ter misericórdia de quem ele quiser e pode endurecer a quem ele quiser, porque ele é Deus, que explicou ao faraó: "Eu te suscitei com o propósito de mostrar em ti o meu poder, *a fim de que meu nome seja proclamado em toda a terra*" (9,17). Acenando para Isaías e Jeremias, Paulo continua: Deus é o oleiro e a humanidade são os vasos, todos feitos da mesma massa de barro. Deus pode fazer todo tipo de vasos que ele quiser: "Quem és tu, ó homem, para discutir com Deus?" (9,19-25). Este retrospecto esquadrinha o lamento de Paulo por seu povo, que causa a Paulo "grande tristeza e incessante dor" (9,2); nas palavras de Isaías, Deus irá "salvar" apenas um resto de Israel (9,27).

Romanos capítulo 9 colocou um fio de prumo nas antigas interpretações tradicionais de Paulo, forçando a interpretação do restante da carta: os judeus como Paulo que "têm fé" são o "resto salvo"; os que não têm fé "tropeçaram" e não serão salvos a não ser que mudem (9,27). A maior parte de Israel, diz Paulo, é composta por ignorantes, insubordinados ao plano de Deus, incompreensivos, desobedientes (10,1-21). As coisas vão mal para os judeus (não cristãos).

Se a carta terminasse aqui, esta interpretação mais antiga – de que Paulo pensa que todos, judeus e gentios, precisam ser "cristãos" para ser salvos – seria mais convincente. Mas a carta não termina aqui. O argumento de Paulo prossegue no capítulo 11, onde ele coloca a pergunta em sua forma mais aguda: "Por acaso Deus rejeitou seu povo?" Novamente, a pergunta é retórica ("Claro que não!", 11,1). Deus "não rejeitou seu povo que de antemão conhecera". Ele trabalha escolhendo livremente um resto para si. "Assim também *no tempo presente* existe um resto, escolhido pela graça" (11,5; Paulo apontou para si mesmo como sendo obviamente um membro deste grupo, 11,1): escolha significa eleição (11,7). O que dizer de todo o resto de Israel? Eles estão endurecidos, mas foi *Deus quem os endureceu* (11,7-10).

Por quê? Aqui a linguagem de Paulo está em sintonia com sua anterior referência à história do faraó (Rm 9,17). Novamente, Deus "endureceu" alguém – neste caso, a maior parte de Israel – pela mesma razão que teve para endurecer o faraó: "a fim de que meu nome seja proclamado em toda a terra". Quando seu nome será assim proclamado? Quando seu filho retornar (11,26), quando seu reino chegar – o que significa, para Paulo, muito em breve: "Se a rejeição deles significa a reconciliação do *cosmos*, o que significa seu acolhimento, senão a vida que vem dos mortos!" (11,15, obviamente uma referência a acontecimentos iminentes do fim). Em sua agitação Paulo continua, misturando metáforas (corridas a pé, massa, oliveiras) enquanto tenta explicar o plano de Deus. Israel ainda está muito na "corrida". Seu "tropeço" provocado por Deus não os desqualificou (11,11); pelo contrário, foi estratégia de Deus para trazer "riquezas para os gentios" – a saber, a salvação em Cristo (11,12). A parte da massa que um judeu traz para Deus é santa, e santifica toda a massa (uma alusão à oferenda dos primeiros frutos aos sacerdotes, 11,16). A raiz e o tronco da oliveira cultivada ainda são santos, mesmo que alguns galhos tenham sido cortados para dar lugar a enxertos de oliveira selvagem (11,17-24; não se orgulhem disto, avisa Paulo a seus ouvintes gentios: os ramos "judeus" cortados serão enxertados de volta na árvore). Paulo vai então ao que lhe interessa:

> Não quero, irmãos, que ignoreis este *mystêrion*, para não pensardes que sois sábios. Um endurecimento veio sobre parte de Israel, até que chegue o *plêrôma* dos gentios, de modo que *todo o Israel seja salvo*, como está escrito: "De Sião chegará o Libertador;

ele afastará de Jacó a impiedade. E esta será minha aliança com eles, quando apagarei os seus pecados" (Rm 11,25-27)[29].

Por enquanto, Israel é o "inimigo do evangelho" por causa dos gentios. (A maioria das traduções inglesas, inconscientemente, traduz esta expressão como "inimigos de Deus", mas o grego de Paulo não tem esta construção: em parte alguma ele menciona "Deus" aqui, 11,28.) Mas a eleição de Israel nunca esteve em dúvida, seu *status* de "bem-amado" sempre esteve assegurado. Isto porque Israel – todo o Israel – baseia-se nas promessas que Deus fez há muito tempo a Abraão, Isaac e Jacó, "os pais", e Deus é constante, suas promessas são seguras. "*Os dons e o chamado de Deus são irrevogáveis*", afirma Paulo, e:

> Da mesma forma que vós [gentios] fostes outrora desobedientes a Deus, mas agora recebestes misericórdia através da desobediência deles, assim também eles, agora desobedientes, podem receber misericórdia agora por causa da misericórdia mostrada a vós. *Pois Deus encerrou a todos na desobediência, para poder mostrar misericórdia a todos* (Rm 11,30-32).

Pensando nesta redenção universal, Paulo irrompe em louvor:

> Ó profundidade da riqueza, sabedoria e ciência de Deus! Quão insondáveis são os seus juízos, quão impenetráveis os seus caminhos! Pois quem conheceu a mente do Senhor? Quem foi seu conselheiro? Quem lhe deu um dom para receber dele um dom em troca? Dele e por ele e para ele são todas as coisas. Glória a ele para sempre! (Rm 11,33-36).

Desta afirmação máxima de convicção ditosa, Paulo passa a dar à comunidade de Roma instruções sobre comportamento: amai-vos e apoiai-vos uns aos outros e abençoai os que vos perseguem (Rm 12); respeitai as autoridades do Estado, pagai os impostos; amai o vosso próximo, a fim de cumprirdes a lei (aceno a Lv 19,18) e não ajais como os gentios idólatras (nada "de orgias e bebedeiras, de devassidão e libertinagem, de rixas e ciúmes", Rm 13,13). Não julgueis a respeito de quem come o quê: o que importa é a comunidade (Rm 14). Depois, encaminhando-se para a conclusão, Paulo invoca novamente a autoridade das escrituras judaicas: "Tudo foi escrito outrora para *nossa* instrução, a fim de que, pela constância e estímulo das escrituras, possamos ter esperança" (Rm 15,4). Em seguida, numa hábil sentença, Paulo resume a argumentação dos capítulos 9 a 11: "Cristo tornou-se servidor da circuncisão [Israel] para mostrar a veracidade de Deus, a fim de confirmar as promessas feitas a Abraão, Isaac e Jacó [relativas à redenção de Israel] e a fim de que os gentios glorifiquem a Deus pela sua misericórdia" (15,8-9). Em seguida, Paulo cita uma série de versículos bíblicos que celebram o voltar-se dos gentios para Deus, seu culto prestado junto com Israel e sua subordinação ao messias de Deus (a "raiz de Jessé", 15,12). E termina sua carta com uma imagem: os gentios (batizados) serão o sacrifício santificado que ele trará a Jerusalém.

Portanto, na visão de Paulo, o que acontece com todos aqueles outros pagãos não batizados? E o que acontece com seus compatriotas não convertidos, o Israel *extra ecclesiam*? Rm 11,25-26 contém nossa resposta. Neste breve intervalo no tempo normal, o momento entre a ressurreição de Cristo e sua segunda vinda, diz Paulo, só um resto de Israel e só uma fração dos gentios receberam a boa-nova de que o reino está a caminho. Entendendo a limpidez da Bíblia sobre os acontecimentos atuais, estes grupos vivem na expectativa. Etnicamente distintos – os judeus são judeus, e os gentios, afirma Paulo, deveriam permanecer gentios e não se converter ao judaísmo –, estes dois povos são reunidos na *ekklêsia* neste momento escatológico, operando sinais e prodígios, profetizando, curando (maior prova, como seu abandono dos ídolos, de que estes gentios "escatológicos", assim como seus colegas judeus "escatológicos", estão cheios do espírito de Deus).

O endurecimento (da maior parte) de Israel à mensagem da iminente redenção, endurecimento operado por Deus, é temporário e providencial. Deus lhe porá fim quando seu objetivo for finalmente alcançado, quando seu nome tiver sido proclamado em toda a terra. Então a "medida completa" ou "número completo" ou "plenitude" – *plêrôma* – das nações irá "entrar" e "todo o Israel será salvo" (11,26). Mas quando será este momento? Paulo continua, citando Isaías: "De Sião virá o Libertador", que eliminará os pecados de Israel (11,26-27). Novamente, quando será? Isto, afirma Paulo, é um *mystêrion*, um mistério divino (11,25). A expressão "redentor que vem de Sião" é uma referência à segunda vinda de Jesus como messias: Paulo espera que isto ocorra a partir de Jerusalém. O momento desse acontecimento é desconhecido e incognoscível: como diz Paulo em outro lugar: "O dia do Senhor chegará como um ladrão à noite" (1Ts 5,2). Mas chegará em breve.

As cláusulas de Paulo nesta passagem dão um nó apertado: Que sequência destes acontecimentos ele prevê? Primeiro "entram" os gentios, depois "todo o Israel", depois será a segunda vinda? Primeiro Cristo retorna, iniciando a entrada daqueles pagãos que até então estiveram fora do evangelho, e depois "todo o Israel"? Em sequência? Simultaneamente? No final das contas, este é um *mystêrion*[30].

No entanto, a visão que Paulo tem da redenção não é menos ampla do que as tradições apocalípticas judaicas mais antigas por ele utilizadas, nas quais todas as nações se voltam para o deus de Israel e todo o Israel é reunido quando finalmente raiar o dia do Senhor. As peculiaridades do movimento de Jesus – a mensagem de um messias que morreu e foi ressuscitado antes de estabelecer o reino – deram origem a este duplo laço na sequência dos acontecimentos salvíficos. Em vez da vinda do messias, depois a redenção de Israel e em seguida a volta das nações, como pretendiam os padrões mais clássicos, Paulo vê duas vindas do messias, a eleição de alguns de Israel e alguns dos gentios e, depois, escatologicamente, uma segunda aparição messiânica reunindo o resto de Israel e o resto das nações. Paulo improvisa. A escritura fornece-lhe aqui a partitura, mas a urgência dos tempos, entre a ressurreição e a segunda vinda, força as impressionantes variações de Paulo. E o tema principal de sua cadência teológica ressoa claramente: Deus enviou seu filho para morrer, a fim de redimir o mundo do pecado – ou, antes, do Pecado, e de todas as outras forças cósmicas rebeldes agrupadas entre Deus e sua criação. "Se Deus é por nós", proclama Paulo aos seguidores gentios de Cristo em Roma, "quem será contra nós?"

> Aquele que não poupou seu próprio filho, mas o entregou por todos nós, não nos dará também com ele todas as coisas? [...] Quem nos separará do amor de Cristo? A tribulação? Ou a angústia? Ou a perseguição, ou a fome, ou o perigo, ou a nudez, ou a espada? [...] Não! Em todas estas coisas nós somos mais do que vencedores através daquele que nos amou. Pois estou certo de que nem a morte, nem a vida, nem os anjos, nem os principados, nem as coisas presentes, nem as coisas futuras, nem as potestades, nem a altura, nem a profundidade, *nem qualquer outra criatura* conseguirá nos separar do amor de Deus em Cristo Jesus, nosso Senhor (Rm 8,31-39).

Paulo imagina assim uma divina comédia, um final cósmico feliz. E ele – como João Batista e como Jesus antes dele – está convencido de que estes acontecimentos ocorrerão *em breve*.

No entanto, o reino não veio, embora as tradições estabelecidas por estes três homens tenham continuado. O que aconteceu, então, à mensagem de Paulo, à mensagem deles, quando o Tempo não terminou na hora indicada?

Capítulo 2
A carne e o demônio
O pecado no século II

Tanto Jesus como Paulo, apesar de seus públicos muito diferentes, elaboraram suas respectivas ideias sobre pecado, e sobre redenção do pecado, a partir de uma herança bíblica comum. O pecado como violação da aliança (para os judeus); o remédio do pecado como arrependimento, oração, imersão (e, portanto, purificação); sacrifício: ensinamentos que podemos reconstruir a partir dos materiais dos evangelhos sinóticos colocam Jesus seguramente no mundo do judaísmo do final do Segundo Templo. Pecado como idolatria com todas as suas concomitantes violações da decência (para os pagãos), remédio do pecado como um compromisso de venerar unicamente o deus de Israel e de viver segundo padrões comportamentais que tal compromisso implica: ensinamentos que podemos colher das cartas de Paulo colocam Paulo seguramente no mundo da esperança apocalíptica do final do Segundo Templo. Os mais antigos sinais do que se tornaria o cristianismo são incontestavelmente – e até idiossincraticamente – judaicos.

Mas o mundo de Paulo não era o mundo de Jesus. Sua tradição bíblica era grega, não aramaica ou hebraica. Sua formação retórica e a arquitetura imaginária de seu cosmos eram indiscutivelmente pagãs. Isto teve vantagens reais durante toda a sua vida: Paulo podia comunicar-se de maneira apaixonada e persuasiva por linhas étnicas com suas comunidades gentias. (Não que ele não pudesse ser mal-entendido: como mostram suas queixas, não raro ele o foi.) E isto teve também vantagens reais para a importância permanente de Paulo *após* a sua vida, em termos de sua rica reinterpretabilidade (e interpretabilidade errônea). Sua retórica, e a arquitetura cósmica implicada em suas cartas, continuaram a ressoar junto a públicos posteriores muito tempo depois que sua urgente convicção escatológica, devido à simples força maior do tempo, revelou-se impossível de ser mantida.

Paulo espalhou seu evangelho na estrutura espacial fornecida pelo mapa do cosmos proporcionado pela antiguidade. Herdado de Aristóteles e dos astrônomos helenistas, este mapa situava a terra no centro do universo. Ao redor da terra, em graus ascendentes de perfeição, giravam as sete esferas da lua, do sol e dos cinco planetas conhecidos. Acima destes, em nível ainda mais alto – o mais alto de todos em termos de beleza, perfeição e estabilidade – a esfera luminosa das estrelas fixas demarcava a extremidade última do universo visível. Conscientes, inteligentes, estes seres celestiais em suas categorias ordenadas eram geralmente considerados (pelos judeus não menos do que pelos pagãos) como divinos. Em seu comentário sobre o Gênesis, Fílon de Alexandria, um filósofo judeu helenista e contemporâneo mais velho de Paulo, refere-se a estes seres chamando-os de *theoi*, "deuses". De acordo com Fílon, o firmamento celeste era "a morada mais santa dos deuses manifestos e visíveis" (*Sobre a criação do mundo* 7.27). Quando Paulo fala do "deus deste mundo" (2Cor 4,4), ou dos *archontes*, *exousiai* e *dynameis* ("principados", "autoridades" e "potências", cf. 1Cor 2,8; 15,24); quando ele adverte suas comunidades gentias para que não se deixem atrair pelos "elementos" (*stoicheia*, Gl 4,8-9) cósmicos nem comam à "mesa dos demônios" (1Cor 10,21); quando ele reconhece que "há muitos deuses e muitos senhores" (1Cor 8,5), são estes seres, *inter alia*, que ele tem em mente[1].

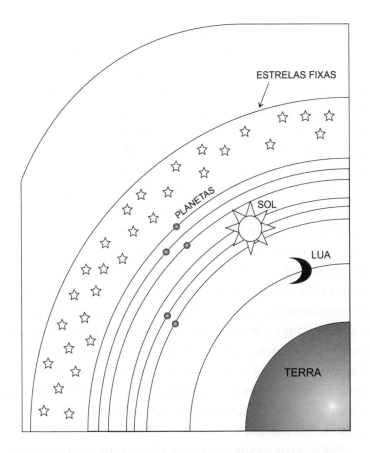

Figura 2. Ilustração do cosmos ptolomaico. O filósofo judeu Fílon de Alexandria, em seu comentário ao livro do Gênesis, observa que o firmamento celeste era "a mais santa morada dos deuses manifestos e visíveis" (*Sobre a criação do mundo* 7.27). Estas divindades celestiais, já que possuem corpos visíveis, são "inferiores" e menos importantes que o deus de Israel, que para Fílon é incorpóreo, o deus supremo e a fonte de todo o resto da criação. Em outras palavras, a arquitetura geocêntrica do cosmos helenístico codificava um valor moral: o que estava "acima" era "bom" – "melhor" tanto em sentido metafísico quanto em sentido moral do que o que estava "embaixo". O apóstolo Paulo carrega este quadro do universo físico com polaridades apocalípticas: "elementos" astrais e cósmicos (*stoicheia*, Gl 4,3) representam os deuses demoníacos venerados outrora e de maneira errada por seus gentios batizados, divindades a serem submetidas pelo Cristo triunfante ao retornar por ocasião de sua segunda vinda (1Cor 15,24; cf. Fl 2,10-11). Cerca de dois séculos depois de Paulo, Orígenes invocaria as consequências do pecado como a causa fundamental desta estrutura do universo físico.

Estas formas de alta cultura greco-romana, que devem quase tudo a Platão, podiam ver neste universo congestionado de deuses o traço de uma única divindade suprema, "o Uno" ou "o Pai", ou, simplesmente, *ho theos*, "o deus", que era a fonte última do mundo. Radicalmente transcendente, perfeito, imutável, bom, sem qualquer tipo de corpo (já que o corpo implica limite), este deus só podia ser "visto" com a mente. No extremo oposto ou como extremo oposto (e nocional) de deus estava a *hylê*, matéria informe coeterna: imperfeita, radicalmente instável, mutável, inteiramente sem forma. "Entre" eles, como resultado de sua "interação", estava o cosmos visível. Na medida em que o cosmos era belo, bem-ordenado, racional e bom, ele refletia os atributos do deus supremo. Na medida em que o cosmos estava sujeito ao movimento e à mudança, ele expressava as consequências de seu substrato material instável. Quanto mais alta sua posição no cosmos, tanto maior a beleza e a estabilidade das esferas; quanto mais baixa sua posição no cosmos, tanto maior o grau de movimento e mudança. Abaixo da lua, as condições deterioravam-se rapidamente. A matéria se tornava espessa, obstinada e funesta; o acaso, a mudança e o destino regiam a vida na terra[2].

Embora o deus supremo fosse a fonte última do *kosmos* – a palavra em si significa "ordem" – ele não era seu criador. Essa função teria comprometido sua perfeição, envolvendo-o na mudança. A organização do cosmos cabia, portanto, a uma divindade inferior, descrita de modo variado como um "artífice" (*dêmiourgos*) ou como o "senhor do mundo" (*kosmokratôr*) ou como "razão divina" (*Logos*). Quando Paulo ensina que Cristo era o agente preexistente de Deus na criação, "por meio do qual todas as coisas existem" (1Cor 8,6), ou quando o evangelho de João apresenta Cristo como o Logos de Deus, "por meio do qual todas as coisas foram feitas" (Jo 1,1-3), eles falam a partir de dentro deste sistema. Ainda mais abaixo estavam aquelas divindades ligadas às estrelas e aos planetas. Algumas divindades podiam também estar ligadas a lugares na terra (fontes sagradas, grutas ou montanhas) e presidiam ao bem-estar de certas cidades (por exemplo, Atená para Atenas, Diana para Éfeso, Afrodite para Aphrodisias e assim por diante). Havia também divindades ligadas a povos, particularmente a grupos étnicos: na antiguidade, os deuses, não menos que os humanos, eram "étnicos". (Os judeus eram peculiares a este respeito, pois afirmavam que seu deus era étnico, o "deus de Israel" que presidia à história judaica, e *ao mesmo tempo* insistiam que ele era o senhor de todo o universo. Veremos em breve como os gentios cristãos intelectuais irão interpretar esta pretensão.) Outros deuses étnicos, os "deuses das nações", dizia a tradução grega de um salmo, eram "demônios", o que significava "deuses inferiores" (*daimones*, Sl 96,5 LXX). Estes "deuses inferiores" podiam também ser chamados de *angeloi*, a raiz de nossa palavra "anjos". Serviam como mensageiros entre o céu e a terra[3].

Todas estas muitas personalidades divinas eram próprias do monoteísmo antigo, a visão de que abaixo da infinidade de níveis e manifestações da divindade no cosmos estava uma única fonte absoluta. O monoteísmo antigo, em outras palavras, abordava a questão da arquitetura do céu, não sua população absoluta. Já que um único deus se encontrava no ápice absoluto da santidade e do poder, os monoteístas pagãos, judeus e finalmente cristãos podiam acomodar e acomodavam grande número de divindades menores situadas abaixo[4].

Estes deuses inferiores dispensavam o serenamente distante deus supremo dos negócios da vida celeste e terrestre. E estes intermediários divinos, como a própria matéria, desempenhavam uma função apologética vital, providenciando uma teodiceia pronta, uma explicação para a existência do mal que não comprometia a bondade absoluta do deus supremo. Se e quando aconteciam coisas ruins – e coisas ruins acumulavam-se rapidamente na região situada abaixo da lua – estas forças cósmicas inferiores, ou a labilidade e as deficiências da própria matéria, podiam responder por elas. A imponente ordem das esferas superiores correspondia à sua relação mais estreita com o deus supremo e refletia essa relação, o caos e os males da terra correspondiam ao capricho dos deuses inferiores e à instabilidade da recalcitrante matéria sublunar e refletiam este capricho e instabilidade.

Figura 3. Zodíaco mosaico da sinagoga de Beit Alpha. O monoteísmo antigo continha uma multiplicidade de deuses. Enquanto um único deus supremo se encontrava no pináculo da santidade e do poder, uma grande quantidade de divindades inferiores podia existir abaixo. O próprio zodíaco era um guia ecumênico para conhecer a realidade, invocado na arte e na arquitetura pagãs, judaicas e cristãs. Os cristãos valentinianos, de acordo com Clemente de Alexandria, associavam os doze apóstolos com "os doze signos do zodíaco. Porque, assim como o nascimento é regulado por elas [ou seja, pelas divindades astrais], assim o *renascimento* é conduzido pelos apóstolos" (*Excertos de Teódoto* XXV, 1). No chão de sua sinagoga, no final da Palestina romana, os judeus representaram esta roda dos céus girando ao redor da carruagem do deus-sol, Helios. Cortesia: Granger Collection/Alinari Archives.

A arquitetura humana era um eco da arquitetura cósmica. Assim como o universo, o ser humano era um composto de aspectos superiores e inferiores: um corpo carnal animado por uma alma inferior, que os humanos tinham em comum com os animais; e uma parte superior da alma, o receptáculo ou ancoradouro do "espírito" ou "mente" (o "olho" da alma). A parte superior e racional do ser humano mantinha uma comunhão com as estrelas, essas expressões sensíveis da beleza eterna, e era ao campo das estrelas – especificamente, à Via Láctea – que as almas dos bons, após deixar o corpo carnal, podiam dirigir-se após a morte. A parte inferior e não racional do ser humano, a alma sujeita à paixão que unia o espírito à carne física, permanecia no lugar onde a alma era nativa, no campo sublunar[5].

Os dipolos desta arquitetura cósmica ecoavam também dentro dos opostos binários que moldavam a *paideia*, a alta cultura educacional grega: especulação filosófica, retórica e teoria literária. O Um/os muitos; inteligível (visto com a mente)/sensível (percebido através dos sentidos); espírito/matéria; alma/corpo: estes dipolos não só moldavam o universo, mas codificavam valores. O espírito era "melhor" do que a matéria não só metafisicamente, mas também moralmente; e a tentação de ver o termo inferior como "mau" pelo fato de o termo superior ser obviamente "bom" era inerente a este mesmo sistema. Contudo, esta jogada continha perigos. Podia resvalar para a impiedade, pondo em dúvida o caráter absoluto do deus supremo. (Se ele era totalmente bom e todo-poderoso, por que o seu envolvimento, mesmo que atenuado, com um meio tão desamparado como a matéria?) E podia comprometer a ética. (Se a alma de alguém procedia mal porque seu corpo carnal era "mau", que espaço ou papel restava para a livre vontade? Os rodeios retóricos de Paulo a respeito de pecado, carne, espírito e lei no capítulo 7 da carta aos Romanos ilustram muito bem o problema.)

Os filósofos podiam tentar evitar esse pensamento polarizado, mas os retóricos o abraçaram positivamente. Construir um argumento através de agudos contrastes dava beleza ao discurso, ensinavam os antigos gramáticos. E se, no argumento retórico, alguém podia persuadir o público de que seus adversários eram *completamente* maus, e que sua própria posição era impecável – de fato, a única posição que qualquer pessoa razoável podia adotar –, então, qual era o objetivo do argumento senão a persuasão? (As violentas críticas de Paulo contra seus concorrentes na Galácia mostram este tipo de retórica[6].)

Por fim, a própria abordagem adotada pelo leitor sério, que procurava o sentido nos textos, era moldada pelas estruturas pressupostas pelos antípodas da cosmologia. O sentido óbvio de um texto, a narrativa imediatamente acessível até ao leitor mais simples, correspondiam ao seu "corpo" ou "carne". Mas abaixo ou acima deste nível óbvio estava o sentido interior, espiritual ou escondido, um sentido que apontava para verdades superiores. Todos os tipos de estratégias de leitura sugeriam maneiras de extrair as verdades que um texto poderia conter daquilo que ele simplesmente dizia. Os pensadores antigos comprometidos tanto com a alta cultura filosófica quanto com as narrativas tradicionais herdadas sobre a divindade resolviam habilmente a tensão que podia resultar, desenvolvendo várias compreensões "espirituais" de suas literaturas.

Quanto pior era o texto para comunicar conhecimento responsável e respeitável acerca do divino, tanto mais claro era seu convite ao leitor piedoso e bem-instruído a procurar sua *hyponoia*, seu "sentido subjacente". Assim Salústio, um platônico pagão do século IV d.C., que escreveu:

> Que os mitos são divinos, isto pode ser visto por aqueles que os usaram – poetas inspirados, os melhores filósofos e os próprios deuses nos oráculos. [...] Mas por que eles contêm histórias de adultério, roubo, sacrifício de pais e todos os outros absurdos? Não é talvez uma coisa digna de admiração, feita para que, por meio do absurdo visível, a Alma possa

perceber imediatamente que as palavras são véus e que acreditar na Verdade é um mistério? (Salústio, *Sobre os deuses e o cosmos* III).

De maneira semelhante, e por uma razão semelhante, Fílon de Alexandria no século I defendeu o relato inicial em sua Bíblia:

> Ora, estes [relatos de Gn 2-3] não são ficções míticas como as que os poetas e sofistas apreciam. Pelo contrário, são maneiras de tornar visíveis as ideias, convidando-nos a recorrer à interpretação alegórica (*Sobre a criação do mundo* 56.157).

Traçando correspondências entre cosmos, texto, inteligência humana e antropologia antiga, o grande sábio cristão Orígenes de Alexandria sintetizou estas técnicas de leitura como um princípio pedagógico:

> O homem simples deveria ser edificado por aquilo que podemos chamar de "carne" da escritura, ou seja, sua interpretação óbvia; enquanto o homem que fez algum progresso pode ser edificado por sua "alma", por assim dizer; e o homem que é *teleios* ["maduro" ou "perfeito"] pode ser edificado pela lei espiritual. Pois, assim como o homem consiste de corpo, alma e espírito, a mesma coisa acontece com a escritura (*Sobre os primeiros princípios* IV, ii, 4; cf. 1Cor 2,6-7).

Um homem "carnal" era simplesmente incapaz de captar os significados mais nobres e espirituais de um texto; falando em termos espaciais, esse homem estava imobilizado na região abaixo da lua, da qual a "carne" era nativa. O homem espiritual, porém, lia num nível "elevado": para ele, um texto sagrado era uma janela que abria para a eternidade.

Este é o contexto cultural no qual precisamos interpretar uma estranha afirmação que está escondida em dois textos tardios do Novo Testamento, uma afirmação que atesta certo nível de instrução por parte de alguns cristãos do final do século I e início do século II. Num grupo de escritos conhecido como epístolas joaninas, o autor adverte seu público a tomar cuidado com alguns outros cristãos:

> Amados, não acrediteis em qualquer espírito, mas examinai os espíritos para ver se eles são de Deus; pois muitos falsos profetas surgiram no mundo. Nisto conhecereis o espírito [que é] de Deus: todo espírito que confessa que *Jesus Cristo veio na carne* é de Deus e todo espírito que não confessa Jesus [desta forma] não é de Deus (1Jo 4,1-2).

> [Jesus Cristo] veio pela água e pelo *sangue*; não pela água somente, mas pela água e pelo *sangue* (1Jo 5,6).

> Muitos impostores têm saído pelo mundo, homens que não reconhecem *a vinda de Jesus Cristo na carne*. Um desses é o Impostor e o Anticristo (2Jo 7).

Não sabemos quase nada a respeito destes cristãos repudiados. Mas sua afirmação de que Jesus não tinha um corpo carnal fazia um sentido evidente. Era coerente com e corroborava outra afirmação – feita já nos testemunhos mais antigos que possuímos, as cartas de Paulo – de que Jesus era o divino representante preexistente de Deus na criação, seu demiurgo ou (de acordo com o quarto evangelho) seu Logos (cf. p. 62).

Paulo, em meados do século I, fizera reivindicações muito eminentes para Jesus como filho de Deus. Antes de aparecer "na forma [*morphê*] de um escravo, vindo na semelhança [*homoiômati*] dos seres humanos, sendo encontrado na figura [*schêma*] de um humano", diz Paulo, Cristo estava "na forma [*en morphê*] de Deus", não considerando um roubo ser *isa theô*, "equivalente a Deus" (Fl 2,6-8). A tradução desta passagem é difícil. Quatro séculos depois de Paulo, os concílios da Igreja imperial irão declarar que Cristo é "plenamente Deus" – ou seja, tão divino como Deus Pai. Mas Paulo não parece afirmar a mesma coisa aqui: toda a passagem apresenta Deus como superior de Cristo. Cristo obedece a Deus, Cristo é humilhado até à morte, Deus é aquele que exalta Cristo, Deus é aquele que é finalmente "glorificado" (2,9-11). Evidentemente, porém, Cristo é a entidade divina mais próxima a Deus.

Deixando de lado a questão do grau de divindade de Cristo – Paulo considera claramente que Cristo é um deus, aqui e em outros lugares de suas cartas –, esta passagem difícil levanta outra questão: até que ponto Cristo era humano na concepção de Paulo? Aquelas palavras gregas que realcei falam de semelhança ou aparência exterior ("forma", "figura"). "Dando a impressão de que ele era humano" seria uma tradução que capta o espírito dessas expressões. Assim, de maneira semelhante: "Pois Deus fez aquilo que a lei, enfraquecida pela carne, não podia fazer: enviando seu próprio filho *na semelhança* [novamente, *homoiômati*] da carne pecadora e como uma oferenda de pecado [ou: por causa do pecado], ele condenou o pecado na carne" (Rm 8,3). Este último versículo compõe o problema da en-carnação de Cristo. Não só sua carne humana (como a carne animal que ela é) está limitada pela órbita da lua, mas essa carne, diz Paulo aqui, é também pecadora. Se a carne é modesta demais para ser levada a uma íntima união com a divindade, a carne *pecadora* – o tipo de carne que morre; carne mortal (Rm 7,24) – é tanto menos apropriada, e até absurda. Pelas coordenadas da *paideia* greco-romana, quanto mais alta a divindade de Cristo, tanto mais difícil imaginá-lo encarnado.

No entanto, em outros lugares e com facilidade Paulo fala do "sangue" de Cristo e da "morte" de Cristo, termos que com certeza implicam firmemente que seu corpo era mortal, portanto normalmente humano. E o Cristo de Paulo é "nascido de uma mulher" (Gl 4,4), descendente de Davi "segundo a carne" (Rm 1,3). Portanto, o que ele queria dizer? O melhor que podemos concluir, em minha opinião, é o óbvio: quando Paulo fala de Cristo, seja de alguns aspectos da divindade de Cristo ou de sua humanidade, ele não fala nem de forma categórica nem de forma coerente. Visionário apocalíptico judeu de meados do século I, Paulo não estava vinculado por uma obrigação de formular uma cristologia sistemática e coerente da maneira como estarão os teólogos posteriores. Ele proclama seu evangelho a fim de preparar seu público para o reino que estava se aproximando rapidamente.

Os leitores posteriores de suas cartas, porém, estavam por definição numa situação diferente. O reino havia tardado. As tradições fundamentais da primeira geração do movimento precisavam ser reinterpretadas para continuarem a ter sentido. Sabemos que, pelo final do século I e início do século II, estavam circulando coleções da correspondência de Paulo. E sabemos que elas confundiam as pessoas. "Nelas há alguns pontos difíceis de entender", advertia um autor pseudoepigráfico da segunda ou da terceira geração, "que os ignorantes e instáveis torcem, para sua própria perdição" (2Pd 3,16)[7].

Será que os cristãos repudiados na correspondência joanina haviam lido Paulo? Não podemos saber. Mas a opinião pela qual João os condena – afirmar que Cristo não tivera um corpo carnal – podia certamente encontrar apoio nas cartas de Paulo. Os estudiosos modernos chamam a opinião deles de *docetismo*, do verbo grego "parecer" (*dokein*): a cristologia docética é uma cristologia de "aparência". A opinião funcionava bem dentro dos opostos binários retóricos através dos quais Paulo construiu seus argumentos: espiritual/carnal, graça e espírito/pecado e carne, espírito e vida/carne e morte. E era facilmente coerente com o mapa do universo da antiguidade.

Outros pares binários também moldavam as cartas de Paulo: contrastes entre evangelho e lei, entre graça e "obras da lei", entre gregos e judeus, entre os incircuncisos e os circuncisos. Formas gentias de cristianismo, tais como se desenvolveram no decurso do século II, polarizaram estes pares: evangelho, graça, incircuncisos e gregos eram "bons"; lei, obras da lei, circuncisão e judeus eram "maus". Uma virada muito surpreendente nos acontecimentos militares e na política imperial exerceu mais tarde uma tremenda influência sobre essas leituras polarizadas, validando-as e reforçando-as. Em 70 d.C., após uma longa e sangrenta revolta judaica, Roma esmagou a Judeia e destruiu completamente o templo em Jerusalém. Cerca de seis décadas mais tarde, em 132, novamente a Judeia explodiu numa revolta. Por volta de 135, a própria Jerusalém foi riscada do mapa; e sobre suas ruínas Adriano construiu uma nova cidade, pagã, chamada Aelia Capitolina. Altares dedicados a divindades romanas fumegavam agora sobre a planície arruinada onde antes se erguia o templo. Os deuses de Roma haviam derrotado o deus dos judeus[8].

Que efeito tiveram todos estes fatores – cosmológicos, antropológicos, retóricos, políticos – sobre as ideias cristãs de pecado que iam se desenvolvendo?

***

Antes de podermos pesquisar o segundo século do cristianismo, precisamos olhar para frente para os acontecimentos do século IV. Em 312 d.C., pelo final de uma breve e brutal luta entre chefes militares no império romano ocidental, um Constantino vitorioso começou a transformar o cristianismo numa forma de cultura imperial romana posterior. Colocou seu prestígio, sua autoridade e uma grande generosidade de fundos públicos numa das seitas da Igreja, possibilitando na prática que seus bispos suprimissem seus rivais. Começou assim uma nova etapa na perseguição dos cristãos por parte do império, desta vez levada avante pelos próprios cristãos. Pelo final do século IV, a batalha dos bispos contra a diversidade cristã resultara praticamente numa vitória da Igreja "ortodoxa" (ou seja, da Igreja agora apoiada pelo Estado).

A vitória afetou não só o futuro, mas também o passado. Banindo os textos dos cristãos "desviantes", queimando seus livros ou simplesmente impedindo que fossem copiados, os bispos conseguiram reconstituir o passado cristão à sua própria imagem: os únicos documentos que sobreviveram foram os que eles aprovaram. Esta antiga triagem jogou inúmeros evangelhos, atos apócrifos, sermões, orações, cartas, liturgias, comentários e tratados teológicos na lata de lixo da história. Em poucas palavras, o registro do passado cristão foi apagado pela própria Igreja.

A vigorosa retroprojeção das definições de ortodoxia do século IV, feita pelos vencedores, compromete nossa visão da evolução ocorrida no século II, um período de diversidade cristã particularmente rica. Para mapear apenas uma pequena área deste terreno muito variado, proponho fazer uma triangulação usando a obra de três grandes teólogos do século II. Dois deles eram tão importantes e influentes durante sua vida, e fundaram comunidades tão vitais, organizadas e duradouras no seu tempo e para o futuro, que seus escritos, vigorosamente repudiados por outros contemporâneos cristãos, acabaram sendo suprimidos por seus adversários ortodoxos do século IV – no caso de um desses teólogos, com pleno sucesso.

À luz do quanto unia os três, esta acrimônia pode parecer surpreendente. Os compromissos intelectuais dos três dependiam de princípios baseados na *paideia* pagã. Todos os três aplicaram estes princípios para orientar-se no enorme patrimônio escrito do judaísmo ocidental, a Septuaginta. E todos os três precisaram compreender aquelas tradições de Jesus e sobre Jesus, e de Paulo, à luz da destruição de Jerusalém e da necessidade de reinterpretar a intensa expectativa escatológica proclamada nesses textos do século I.

Além disso, seu deus supremo não era o senhor da história judaica, mas a divindade suprema da filosofia pagã: única, imutável, perfeita, radicalmente transcendente; e, para todos os três, esta divindade perfeita era o pai de Jesus Cristo. Todos os três afirmavam, à luz de seu compromisso com esta ideia do deus supremo, que a inteligência divina que organizava o cosmos material só podia ser um deus inferior. E todos os três concordavam que este deus inferior era a divindade criadora descrita no Gênesis e atuante em toda a Septuaginta. Por fim, todos os três sustentavam que a Septuaginta, interpretada "corretamente" – ou seja, com um discernimento espiritual –, proporcionava uma compreensão fundamental da revelação cristã[9].

Não obstante estas profundas áreas de concordância, permanecia um amplo espaço para discussão. Comparando a obra destes três contemporâneos – Valentino (fl. 130), Marcião (fl.140) e Justino Mártir (fl.150) – obteremos uma visão da maneira como as novas comunidades gentias entendiam sua comum herança judaica, elaboraram suas próprias identidades cristãs e interpretavam as ideias de redenção e, portanto, de pecado[10].

***

Valentino e o cristianismo valentiniano eram mais fáceis de ser descritos quando os estudiosos sabiam menos. Dependentes do testemunho hostil de autores proto-ortodoxos – Ireneu, Hipólito, Tertuliano, cujas obras de modo geral sobreviveram à triagem do século IV – as descrições acadêmicas modernas ecoavam mais ou menos as ideias apresentadas nestes autores eclesiásticos antigos. Assim, o alexandrino Valentino, rejeitado pela Igreja romana proto-ortodoxa, passou a fundar seu próprio movimento, que era uma forma cristianizada de gnosticismo. O próprio gnosticismo era uma forma teosófica e radicalmente dualista de religião, que misturava elementos do platonismo, do judaísmo apocalíptico e de outras formas mais orientais de mitologia. Estes gnósticos eram dualistas radicais: acreditavam em dois deuses – um deus supremo, desconhecido antes da revelação de Jesus Cristo, e um deus inferior e malévolo, o deus dos judeus, que era o autor da matéria. Consequentemente, depreciavam não só o deus judeu, mas também os livros judaicos, que eles sujeitavam a interpretações fantásticas. Entre estas interpretações estava seu rebuscado mito de uma queda pré-cósmica da divina sabedoria (*Sophia* em grego), cujas perambulações sem rumo deram origem inadvertidamente ao deus criador do Gênesis. Em síntese, este cosmos material era fundamentalmente o produto de um acidente fatídico. Por conseguinte, Cristo, quando apareceu na esfera material inferior, não possuía realmente um corpo de carne, já que a matéria era a criação do deus mau. Mais exatamente, ele era um fantasma, uma espécie de ilusão ótica, apenas parecendo possuir um corpo inferior. O Cristo docético nunca sofreu ou morreu; ele apenas pareceu sofrer e morrer.

Para salvar-se da esfera material hostil era preciso ter o conhecimento esotérico trazido por Cristo e comunicado secretamente a seus discípulos. Somente homens "espirituais" (*pneumatikoi*), aqueles seres humanos com um suficiente grau da centelha divina dentro de si, podiam receber tal conhecimento; para os outros era difícil, senão impossível. Era assim porque a humanidade refletia a ordem cósmica: alguns eram *sarkikoi* ou *hylikoi*, "carnais' ou "materiais", e totalmente incapazes de salvação. Os *psychikoi*, "psíquicos" ou "anímicos", podiam receber algum conhecimento, mas sua própria natureza traçava o limite até onde podiam avançar. Só os *pneumatikoi* eram verdadeira e plenamente salvos, e eram salvos por causa de sua natureza: os gnósticos, rigidamente deterministas, negavam qualquer campo de ação à livre vontade. Por fim, a ética gnóstica podia assumir uma de duas formas extremas. Muitos gnósticos eram ascetas rigorosos, atenuando o envolvimento com a matéria através de jejum, celibato e mortificação da carne. Mas outros, valendo-se da mesma noção de alienação da esfera inferior, eram notórios libertinos, abomináveis por suas orgias e imoralidade sexual[11].

Com a descoberta (em 1948) e a publicação (na década de 1970) da Biblioteca de Nag Hammadi, que incluía diversas traduções coptas do século IV de textos valentinianos gregos de meados do século II, os estudiosos já não precisavam mais depender apenas da heresiologia hostil como ponto de partida para reconstruir Valentino e sua igreja. A interpretação (como veremos logo mais) mudou. Infelizmente, não aconteceu nenhuma descoberta espetacular como esta para ajudar-nos a entender Marcião: todos os seus escritos se perderam. Para sua obra, ainda dependemos de afirmações e fragmentos conservados nas polêmicas de seus inimigos[12].

Marcião, um homem bem-instruído e rico, saiu em 140 do Ponto, sua terra natal, situada junto ao Mar Negro, e dirigiu-se para Roma. Por volta de 144, a Igreja romana excomungou-o por causa de suas ideias heréticas. Marcião, como os gnósticos, ensinava a doutrina de dois deuses e um Cristo docético. Mas, enquanto os valentinianos haviam chegado a esta concepção baseando-se numa enorme e eclética coleção de livros – a Septuaginta (especialmente o Gênesis), diversos evangelhos, cartas apostólicas e apocalipses, e um considerável número de seus próprios escritos inspirados –, Marcião deduziu sua doutrina quase exclusivamente das cartas de Paulo. Entendendo como opostos polarizados os pares contrastantes que moldavam a retórica de Paulo, Marcião concluiu que lei e evangelho, carne e espírito, judeu e gentio apontavam para dois domínios morais e cósmicos diferentes. O deus criador do Gênesis e a divindade principal da Septuaginta eram o deus dos judeus. O deus do evangelho, o deus redentor, desconhecido até a revelação de Cristo, era o deus dos cristãos.

Desta constelação de posições teológicas Marcião extraiu uma lição escriturística completamente sem precedentes. A Septuaginta, concluiu ele, enquanto livro judeu, devia ser deixada aos judeus. Essas escrituras falavam de um messias militar e de uma reunião de Israel novamente em Jerusalém. Escrevendo na esteira das duas desastradas revoltas da Judeia contra Roma, Marcião podia apontar o óbvio: esse messias, evidentemente, estava ainda por chegar. Para os cristãos [gentios], os *únicos* textos a serem considerados escritura sagrada deviam ser uma nova coleção, que Marcião passou a produzir: uma coleta de dez cartas paulinas e uma versão do evangelho de Lucas. Estes, afirmava ele, haviam sido corrompidos pelos judaizantes (daí as passagens nas quais Paulo incoerentemente parecia elogiar a lei, ou nas quais Lucas havia aparentemente ligado a figura de Cristo aos profetas do deus judeu). Consequentemente, Marcião expurgou estas passagens – ou, em sua opinião, restaurou estes textos – produzindo com isto uma escritura desjudaizada, um testamento "novo"[13].

As figuras de Valentino e de Marcião foram há muito tempo cobertas pela espessa névoa da retórica anti-herética antiga. Mas os historiadores tornaram-se mais conscientes das implicações dessa retórica, à medida que o campo das religiões antigas comparadas evoluiu ao longo dos últimos quarenta anos. Por exemplo, hoje os estudiosos questionam a utilidade analítica de termos como *gnóstico* (especialmente no que diz respeito a Valentino) ou *herético*. Ambos os termos apoiam-se em ideias de "verdadeira religião" como religião pura, sem mistura, cronologicamente anterior e assim por diante – que os heresiólogos reivindicam para suas próprias comunidades, condenando as comunidades cristãs rivais como suas adversárias morais e doutrinais. A polêmica acalorada raramente produz uma descrição confiável[14].

As histórias contadas acerca da rejeição tanto de Valentino quanto de Marcião por parte da igreja romana, avaliadas sob esta luz, embora continuem sendo boa retórica, são mais provavelmente má história: no século II, não havia em Roma ou em qualquer outro lugar nenhuma "ortodoxia", apenas uma ampla variedade de comunidades diferentes, todas elas representando diferentes trajetórias que se desenvolviam no decorrer do tempo e nenhuma exercendo uma autoridade reconhecida de modo geral. Desde o momento em que temos escritos provenientes daquilo que finalmente se tornará o cristianismo – ou seja, com as cartas de Paulo, por volta do ano 50 – temos indícios de uma forte diversidade. Em outras palavras, nunca houve um tempo (na verdade, nem mesmo após a ascensão de Constantino) em que prevaleceu uma única interpretação do cristianismo. Expresso de uma terceira maneira: no início do século II não havia algo como "a" igreja. Expresso de uma quarta maneira: *todas* as formas de cristianismo do século II diferem de *qualquer* forma do movimento do século I, não em último lugar por causa dos ajustes necessários para a escatologia exigidos pelo simples decorrer do tempo.

A difamação relativa ao sexo era também moeda corrente da retórica antiga. As acusações possibilitavam ao acusador elaborar um autorretrato idealizado à medida que dirigia a acusação de libertinagem contra "o outro". Diferença étnica, diferença de gênero, diferença doutrinal: tudo podia ser e era elaborado imputando desvio sexual e promiscuidade ao "não-eu". (Já vimos como os autores judeus helenistas da *Sabedoria* e da carta neotestamentária aos Romanos usaram este tropo ao arquitetarem "pagãos retóricos", p. 34-37.) Quando historiadores modernos pintam os "hereges" como libertinos, eles repetem calúnias antigas; não apresentam uma descrição histórica[15].

Com estas advertências em mente, como devemos avaliar as ideias de pecado que moldaram estas comunidades cristãs desaparecidas? A partir de um texto valentiniano, a *Carta a Flora*, de Ptolomeu, sabemos que os Dez Mandamentos eram avaliados como "legislação pura não misturada com o mal [...] que o Salvador veio não para destruir, mas para cumprir – pois aquilo que ele cumpriu não era alheio a ele" (*Carta a Flora* V, 1). Esta lei foi ordenada pelo "Demiurgo e Artífice de todo este universo e do que nele existe" (VII, 4), um deus de justiça que, embora distinto do deus supremo que é o pai do salvador, é não obstante também distinto do adversário, o diabo (III, 2; VII, 3). Assim, o *status* moral da matéria não é em si a causa fundamental do mal, nem as escrituras judaicas são rejeitadas como fontes positivas de instrução moral.

Examinar as concepções valentinianas de Cristo – especificamente, a respeito de como e do que o Cristo enquanto salvador salva – é outra forma de rastrear estes conceitos de pecado. Sobre esta questão, as descrições (ou queixas) patrísticas a respeito da cristologia "docética" podem ser extremamente enganadoras. Os heresiólogos desenvolvem essa retórica a fim de realçar o que *eles* pensavam ser essencial à redenção, a saber, os aspectos sacrificiais da carne e do sangue de Cristo. O "docetismo" apresentava a acusação principal deles: se Cristo não teve carne humana real, então sua crucificação foi uma "fraude", a assim chamada ressurreição foi uma trapaça e assim por diante. (Tertuliano, em seu tratado *Da carne de Cristo*, fornece um exemplo perfeito deste tipo de argumento polêmico.) Para os proto-ortodoxos, um Cristo sem carne humana significava um Cristo que não podia funcionar como um sacrifício, portanto um Cristo que não redimia. (Tertuliano, novamente: *Contra Marcião* 3.9.) Mas Valentino, ao falar do corpo de Cristo, salienta sua "continência" e "divindade": já que "não possuía corruptibilidade", Jesus "comia e bebia de maneira especial, sem evacuar a comida. Tão grande era seu poder de continência que o alimento não se corrompia nele" (*Excertos de Teódoto* LIX, 3). Valentino salienta aqui a qualidade *moral* do corpo de Jesus, que por sua vez se expressa fisiologicamente. E mais fundamentalmente, para Valentino o que conta para a redenção cristã é a mensagem de Cristo e o conhecimento do Pai divino que ele traz, e não seu veículo corporal como tal.

As metáforas fundamentais de Valentino para elaborar a salvação em e através de Cristo diferem das metáforas usadas por seus críticos proto-ortodoxos. Cristo salva do quê? Do pecado, certamente; mas isto é apresentado, em *O evangelho da verdade*, como erro (ou, antes, como "Erro": neste evangelho, o cosmos experimenta estados emocionais e intelectuais, que são personificados). O Pleroma (uma região espiritual, sobre a qual cf. mais adiante), embora proceda do Pai, ignora-o. Desta ignorância surge uma desorientação febril: Medo, Terror "como uma densa névoa", Erro, Esquecimento (XVII, 5-10). O Erro é a fonte que leva a esquecer e temer (XVII, 30); ele (ou ela; a palavra grega *Planê* é feminina) leva algumas pessoas a pecar (XXXII, 35). Jesus veio iluminar os que estão nas trevas do Esquecimento, irritando com isso o Erro, que pregou Jesus numa cruz/árvore (XVIII, 20).

Exatamente neste ponto, o evangelho de Valentino reúne uma espantosa coleção de associações: referências à árvore do conhecimento no jardim do Éden, à cruz de Cristo, à Eucaristia cristã, aos princípios da ética e da epistemologia platônicas tardias. A atuação do "Erro", por exemplo, narrativiza um ponto da ética platônica: as maldades são equívocos, causados por não conhecer ou não pensar "corretamente", de acordo com o que, no sentido mais profundo, é verdadeiro. E uma meta última do filósofo nesta tradição é o autoconhecimento, a famosa instrução de Sócrates *gnôthi seauton*, "conhece-te a ti mesmo". (O Erro não pode conhecer-se a si mesmo: vindo ao ser numa névoa, ignorando o Pai, ele não tem nenhuma "raiz", XVII, 30.) Refratando a tradição evangélica, Valentino descreve Jesus como crucificado pelo Erro. Deste modo, Jesus serve *não* como um sacrifício, mas como "o fruto do conhecimento do Pai" (XVIII, 20-25): a cruz torna-se a árvore do Éden. Comendo Jesus/o fruto da árvore do crucificado/a Eucaristia, o cristão obtém um conhecimento salvador do Pai, conhecimento que traz verdade, luz, perfeição.

Valentino, em resumo, vira de cabeça para baixo as interpretações mais familiares de Gn 3 e das narrativas da Paixão. Enquanto nestas interpretações o comer o fruto da árvore por parte de Adão e Eva é o primeiro pecado da história, punido com o sofrimento e a morte, e a crucificação de Cristo é o ato máximo de um delito religioso, punido finalmente com a destruição do templo, Valentino vê as coisas de maneira diferente. Sendo "pregado numa árvore", Jesus se torna "o fruto do conhecimento do Pai", ao mesmo tempo que traz igualmente aos que participam deste fruto/dele mesmo a revelação da verdadeira identidade deles. Alguém só pode conhecer a Deus através de Cristo, e só pode conhecer-se a si mesmo conhecendo a Deus e a Cristo:

> [O fruto/Jesus] não provocou ruína por ter sido comido. Pelo contrário, quanto aos que dele comeram, concedeu a possibilidade de que todo aquele que ele descobriu dentro de si pudesse ficar contente por tê-lo descoberto. E, quanto a ele, eles o descobriram dentro deles – o inconcebível, o incompreensível, o Pai, o Perfeito que criou o *Plêrôma* (*O evangelho da verdade* XVIII, 25-35)[16].

Assim, a ignorância do Pai parece não culpável em e por si mesma, mas leva ao pecado. Valentino, como vimos, imagina esta ignorância não apenas numa escala humana, mas também numa escala cósmica, captando com isso também uma importante dimensão da mensagem de Paulo. A palavra que deixei acima em itálico sem traduzir, *Plêrôma*, significa "plenitude" ou "tudo". Para Valentino indica uma região imaterial, espiritual, um céu invisível acima dos céus visíveis, cuja fonte última é, novamente, o Pai. Nisto, novamente, vemos a maneira como Valentino narrativiza certas ideias platônicas. No platonismo, o mundo inferior, material – o mundo onde habitam os humanos – é uma imagem inferior do mundo espiritual, um mundo imaterial superior das ideias, que é sua fonte. O que é invisível é real; o que é visível (encarnado, material) é, em comparação, irreal. Expressando a mesma ideia de maneira diferente: para Platão, o Uno – puramente transcendente e imaterial – é superior aos muitos (o mundo material) e os precede. *O Evangelho da verdade* relaciona estes princípios através de sua história. Os acontecimentos ou situações no Pleroma (espiritual, superior) correspondem aos acontecimentos ou situações no mundo humano: em ambos atua o Erro; a ignorância do Pai, espessa como a névoa, causa medo e angústia; Cristo é crucificado por engano; sua manifestação eucarística transmite conhecimento redentor. Em última análise, tanto os "éones" acima (aquelas entidades/estados mentais que povoam o Pleroma) quanto o crente humano abaixo, liberto das perturbações da ignorância, são juntados, na unidade do conhecimento, ao Uno (XXV, 1–XXVIII, 1)[17].

Quem são estes éones? Para uma resposta mais completa, precisamos recorrer àqueles fragmentos de Valentino e de seus seguidores que foram conservados pelos heresiólogos proto-ortodoxos. De acordo com Ireneu, os éones do Pleroma valentiniano procediam do Uno em pares ligados de masculino-feminino ("sizígias", como no hebraico moderno *zug*, um "casal"; os nomes gregos, como os franceses ou alemães, têm gênero; os ingleses não). Assim o abismo (*Bythos*, um nome masculino) unido a Silêncio (*Sigê*, um nome feminino) formavam, juntos, o primeiro par de gênero a emanar do Pai. Deles, por sua vez, emanou outra sizígia, *Nous* e *Alêtheia* ("Mente" e "Verdade"), que por sua vez produziram *Logos* e *Zôê* ("Vida") e assim por diante: estas ideias ou entidades ou estados mentais dão ao Pleroma sua estrutura complexa (Ireneu, *Contra as heresias*, I.1, 1–I.2, 2).

O último ou mais jovem dos éones femininos produzidos foi Sofia ("sabedoria"). Ela teve uma paixão de conhecer o Pai mais intimamente do que podia e esta paixão impeliu-a a emigrar de seu lugar próprio no Pleroma e ir em busca dele:

> Diz-se que esta paixão é a busca pelo Pai, pois ela desejava [...] compreender sua grandeza. Como ela era incapaz de fazer isso, [...] caiu numa angústia muito profunda, por causa da grandeza do abismo da insondabilidade do Pai e por causa de seu amor por ele.

Encontrando o Limite (*Horos*, também personificado como um agente ativo), Sofia renunciou "ao seu propósito original, junto com a paixão que brotara de sua admiração estupefata" (*Contra as heresias* I.2, 2). Purificada, ela retornou ao seu lugar próprio com seu "consorte" próprio (I.2, 4)[18].

A queda de Sofia tem consequências cósmicas. Em última análise, ela é responsável pela geração de uma divindade inferior, o Demiurgo, que por sua vez cria o mundo inferior, material (*Contra as heresias* I.5, 1-4). Tanto este deus quanto sua criação estão relacionados com o mundo superior, mas como imagens distorcidas ou imperfeitas dele. É aqui, neste mundo inferior, que as pessoas lutam (como fizera Sofia) com as aflições desorientadoras da ignorância e da paixão. Estas últimas, novamente, não parecem ser pecaminosas em e por si mesmas, embora resultem de uma "queda"; são, antes, uma condição que inibe o conhecimento de Deus. Renunciar à paixão – para o crente não menos que para este éon errante – é o primeiro passo de volta à restauração e à unidade. De acordo com Teódoto, um seguidor de Valentino, "o Salvador desceu para arrancar-nos das paixões e levar-nos à união com ele" (*Excertos de Teódoto* LXVII, 4)[19].

O que dizer das concepções de Marcião sobre o pecado? Neste caso só temos as pistas que sobraram na imponente refutação de sua obra, os cinco livros do volumoso *Adversus Marcionem* de Tertuliano. Neste tratado, os silêncios de Tertuliano são tão significativos como os temas que ele examina. Por exemplo, apesar da costumeira retórica do abuso dirigida contra a ética dos concorrentes cristãos – que os pretensos ascetas eram na verdade libertinos, ou que a cristologia docética solapava toda a ideia de salvação em Cristo –, "nem mesmo Tertuliano consegue encontrar qualquer censura à moral de Marcião ou de seus adeptos", cuja ética do celibato e do martírio heroico até mesmo os "ortodoxos" reconheciam de má vontade[20].

O melhor que Tertuliano pode fazer é lamentar que a ética (louvável) de Marcião parece logicamente incompatível com a separação que ele faz entre lei e evangelho (1.19). Por que viver eticamente, queixa-se ele, por que evitar o pecado, se você não acredita que Deus castiga os pecadores? É muito bom amar a Deus, mas pode você amar verdadeiramente a Deus se você também não o teme? Os marcionitas, observa Tertuliano, recusam-se a atribuir ao deus supremo, o pai de Jesus, "aquelas emoções da mente que eles desaprovam no Criador. Porque, se ele não mostra nem hostilidade nem ira, se ele nem condena nem julga, que firmeza pode ter sua lei moral?" (1.26). Mas, se esse era o caso, "como você amará", provoca ele, "a não ser que você tema não amar? [...] Se você se recusa a temer seu deus porque ele é bom, o que impede você de entregar-se inteiramente a todo tipo de vício? [...] Por que, durante a perseguição, você não oferece de uma vez seu incenso?" (1.27).

A estas questões, observa Tertuliano com exasperação, os cristãos marcionitas respondem: "*Absit, absit!*" A versão moderna clássica desta obra para o inglês traduz a exclamação deles como: "Oh, não, longe disso!" ("Oh no, far from it!"). Isso deixa escapar a ressonância paulina da expressão. O latim *absit*, neste contexto, traduz a exclamação grega de Paulo *Mê genoito*, que significa algo como: "Deus não permita!" ou "De modo nenhum!"

> Será que Deus é injusto quando descarrega sua ira sobre nós? *Mê genoito*! (Rm 3,5-6).

Vamos permanecer no pecado para que a graça seja abundante? *Mê genoito!* (Rm 6,1-2).

Vamos pecar porque não estamos sob a Lei, mas sob a graça? *Mê genoito!* (Rm 6,15).

Pergunto, portanto: Por acaso Deus rejeitou seu povo? *Mê genoito!* (Rm 11,1).

As perguntas repetitivas e incisivas de Tertuliano (insinuações, na verdade, e isso é o melhor que ele pode fazer) ecoam metade do argumento apresentado por Paulo em Romanos capítulos 5 e 6: será que morrer para o pecado – o efeito do ser batizado em Cristo – corrige o pecar? Com Paulo, Marcião responde: se compartilhar a vida eterna com Jesus significa que morremos para o pecado, isto significa também que agora nós controlamos nossas paixões carnais. Nós nos tornamos "escravos da justiça" (Rm 6, *passim*)[21].

Para concluir nosso breve exame destes dois teólogos suprimidos, retorno à primeira de nossas perguntas anteriores: como estes pensadores gentios do século II entenderam seu legado judaico comum do século I? Sob certos aspectos, Valentino e Marcião conservaram este legado de maneira semelhante. Ambos viram Cristo ("o messias") como o agente do deus supremo. Ambos consideraram a ética como algo conforme à vontade do deus supremo. Ambos evitaram reverenciar divindades pagãs com algum culto, um comportamento que, antes da primeira geração daquilo que viria a ser o cristianismo, estava associado universal e exclusivamente ao judaísmo. Eles viram o deus supremo e seu filho ativamente empenhados no projeto da redenção humana. Ambos definiram o pecado de maneiras que repercutiam os Dez Mandamentos, o Sermão da Montanha de Mateus e a instrução moral paulina. Todos estes princípios nós poderíamos considerá-los "judaizantes", e ambos, Valentino e Marcião, os mantiveram associados (*mutatis mutandis*) a Jesus de Nazaré e a Paulo.

Em outros aspectos, evidentemente, estes dois teólogos sujeitam seu legado judaico a uma revisão radical. Ambos abandonam o vibrante apelo escatológico da primeira geração. Para eles, a redenção não é temporal, corporal e comunitária, mas antes espacial, espiritual e individual, uma ascensão do verdadeiro eu ou espírito do crente salvo, que sobe do cosmos inferior para uma região mais elevada. (Podado de sua escatologia, o comentário de Paulo em 1Cor 15,50 – "A carne e o sangue não podem herdar o reino de Deus" – os favorece aqui.) Nenhum deles associa seu deus superior ao deus da escritura judaica. De acordo com a criteriosa associação de determinados deuses com determinados grupos étnicos, típica da antiguidade mediterrânea, Marcião vê o deus do Gênesis, o deus venerado pelos judeus em Jerusalém, não como uma espécie de divindade universal, mas antes (e muito convenientemente) como o deus dos judeus; Valentino o vê como um acidente cósmico, o inadvertido produto divino da paixão rejeitada de Sofia. Por isso, conclui cada um deles, esta divindade demiúrgica *não* era o pai do messias/Cristo. E ambos eliminam a Septuaginta de uma relação diretamente positiva com o evangelho deles – Valentino pela exegese, Marcião "desjudaizando" as cartas de Paulo e dando sua versão própria do evangelho de Lucas, apresentando esta nova coleção de textos como escritura especificamente cristã e abandonando a Septuaginta aos judeus.

E o que dizer de suas respectivas identidades cristãs? Como Valentino e Marcião as elaboram? A destruição completa dos escritos de Marcião realizada pela ortodoxia torna ilusória qualquer resposta definitiva a esta pergunta. Da polêmica de Tertuliano podemos conjecturar seguramente apenas que Marcião utilizou abundantemente Paulo – novamente, menos a vigorosa escatologia de Paulo – e que esboçou coerentemente a lei a partir do evangelho, como ele imaginava que Paulo deve ter feito. A mensagem original de Paulo, como vimos, havia sido fortemente "étnica": ele havia fundamentado seu evangelho em grande parte em sua compreensão da promessa de Deus a Abraão, em sua leitura dos profetas de Israel, em sua visão da irrevogável eleição de Israel e em sua fundamentada manutenção da distinção entre judeus e pagãos/gentios, que seriam ambos reunidos, distintos mas juntos, na redenção universal final (cf. p. 36-38.) Na direção oposta, também o evangelho de Marcião não era menos étnico. Desjudaizando seu evangelho e as cartas de Paulo, abandonando qualquer ligação entre as escrituras de Israel e a mensagem cristã de salvação, ele tornou sua igreja um empreendimento explicitamente "gentio". Presumivelmente, qualquer judeu que quisesse ligar-se à sua igreja teria que abandonar seus textos e práticas ancestrais, quase como Marcião muito provavelmente imaginou que Paulo deve ter feito.

Mas, em notável contraste tanto com alguns traços da tradição gnóstica cristã conservada na Biblioteca de Nag Hammadi quanto com todos os gêneros conhecidos de proto-ortodoxia e de ortodoxia do século II até o século XXI, a desjudaização que Marcião faz do evangelho não parece tê-lo levado a deslegitimar ou rebaixar o judaísmo. A aliança dos judeus com seu próprio deus, ensinava Marcião, permanecia. Os judeus entendiam suas próprias escrituras de maneira correta: eles aguardavam corretamente a vinda de seu próprio messias, que reuniria sua nação e restabeleceria um reino judeu na Judeia (*Contra Marcião* 4,6). O judaísmo era para os judeus; a mensagem de Jesus e de Paulo, porém, era para a salvação dos gentios. Em resumo, Marcião não parece ter usado "judeu" como um antítipo para reforçar sua definição de "cristão"[22].

A elaboração valentiniana da identidade cristã utilizou o legado de Paulo de maneiras diferentes. Para os valentinianos como para Marcião, o "outro" contrastante por meio do qual eles articulavam seu próprio sentido do eu não eram os judeus.

Pelo contrário, eles distinguiam-se a si mesmos e a sua igreja daqueles que eram "materiais" (*hylikoi*) ou "carnais" (*sarkikoi*), os quais, de acordo com Paulo, não eram capazes de receber "a sabedoria misteriosa e oculta de Deus" da maneira como os "perfeitos" (*teleioi*) ou "espirituais" (*pneumatikoi*) podiam fazê-lo (1Cor 2,6-3,3). A pessoa "psíquica" (*psychikos*) podia também ter dificuldade para discernir as verdades espirituais (2,14), mas estava numa posição intermédia entre os extremos do *pneuma* e da *sarx* ou *hylê*: era possível trabalhar com ela. Este esquema tripartido correspondia à constituição de uma pessoa individual (composta de espírito, alma e corpo carnal), às categorias constitutivas do cosmos e até mesmo aos níveis de sentido disponíveis num único texto. (Assim Orígenes, citado na p. 67.) A identidade étnica particular dos empedernidamente réprobos – pagãos? judeus? certos cristãos não valentinianos? – estava subordinada ao seu rótulo diagnóstico: essas pessoas estavam presas a maneiras carnais, materiais, inferiores de ser, de pensar e de agir. Elas nunca iriam ascender à região superior, livre da carne, à qual o cristão pneumático ou psíquico podia aspirar[23].

Tanto para Valentino quanto para Marcião, portanto, o pecado era uma ação contrária à vontade divina e um estado de quem está separado do deus supremo, de quem vive *kata sarka*, "de acordo com a carne". O termo *carne* como um elemento constitutivo tanto do ser humano quanto do cosmos inferior constava em seu discurso como sinônimo de pecado, de ignorância, de qualquer estado letal de ser que se opunha à redenção acessível através de Cristo. A vida *na carne* era a sina de toda a humanidade que habitava a região sublunar; mas, recebendo o espírito divino através do batismo, aprendendo a vontade do Pai através da revelação de seu Filho, lendo os textos sagrados com compreensão espiritual, o cristão podia mitigar esta terrível situação. O evangelho possibilitava ao cristão batizado viver *kata pneuma*, "de acordo com o espírito", apesar de ainda viver no corpo carnal até o momento de, largando este empecilho moral e mental na morte, poder ultrapassar as esferas planetárias e os soberanos hostis deste século e ascender ao reino do Pai. "Salvação", tanto para os valentinianos como para os marcionitas, significava redenção *em relação à* carne (ou seja, ser redimido ou arrancado da carne).

Para os proto-ortodoxos, porém, salvação significava redenção *da* carne (ou seja, a carne era redimida). Deste princípio seguia-se todo o resto: a maneira de eles interpretarem sua herança judaica, a maneira de elaborarem sua identidade cristã, a maneira de entenderem o pecado e a redenção. Podemos ver como isto foi assim examinando a obra do jovem contemporâneo de Valentino e Marcião, Justino Mártir.

***

"Aquilo que sempre mantém a mesma natureza, e da mesma maneira, e é a causa de todas as outras coisas – aquilo, na verdade, é deus", afirma Justino, invocando os agora familiares traços da divindade suprema da filosofia (*Diálogo com Trifão* 3). Para ele, tanto quanto para Valentino e Marcião, este deus não podia, por definição, ser a divindade atarefada tão atuante em toda a Bíblia judaica. Quem foi, então, que falou a Moisés da sarça ardente? Quem apareceu a Abraão em Mambré e, posteriormente, a Jacó? "Todos os judeus, ainda hoje, ensinam que o deus sem nome falou a Moisés!", observa Justino, com irritação (*1 Apologia* 63). Discutindo o mesmo ponto com Trifão, ele comenta: "Até a pessoa menos inteligente nunca afirmaria que o Criador e Pai de todas as coisas, deixando os negócios acima dos céus, se tornou visível num pequeno canto da terra" (*Trifão* 60). Evidentemente, o protagonista divino da Septuaginta devia ser um *heteros theos* – um outro deus, inferior (*Trifão* 56). Como, então, pode alguém discernir a verdadeira identidade deste deus judeu? Novamente com Valentino e Marcião, responde Justino: interpretando as escrituras com uma compreensão espiritual. Mas a interpretação de Justino produz uma resposta diferente da resposta deles. O deus de Abraão, Isaac e Jacó, conclui ele, o deus que apareceu ao longo da história judaica, é o *filho* do deus supremo, Cristo antes de sua encarnação (*1 Apologia* 63; cf. *Trifão* 38; 56-62).

Esta interpretação inicia uma radical reinterpretação das escrituras judaicas. Antes de investigarmos o que Justino muda, porém, devemos observar o que ele mantém. Em primeiro lugar, mantendo uma ligação positiva entre o deus supremo e a Bíblia, em oposição à relação contrastante que Valentino e Marcião haviam introduzido, Justino afirma uma posição mais semelhante à de Paulo. O mesmo se pode dizer também de sua insistência em que Jesus era o messias prometido nas escrituras judaicas; Paulo concordaria. Justino denuncia a idolatria como drasticamente errônea em termos que teriam sido imediatamente familiares a qualquer um de seus contemporâneos judeus. E, por fim, as concepções de Justino sobre a natureza e até sobre o local da redenção final – examinaremos alguns detalhes mais adiante – estão em sintonia ainda mais estreita com as tradições das expectativas escatológicas judaicas do que as concepções do próprio Paulo.

Justino é um apologista para sua comunidade, que ele define em termos tirados da filosofia (pagã). Concepções intelectuais errôneas de Deus, como as apresentadas por filósofos pagãos, resultam em comportamento humano mau: libertinagem no falar, agir de qualquer maneira, indiferença para com a prática do mal (*Trifão* 1). Os cristãos comprometidos com a versão que Justino dá do cristianismo, pelo contrário, são cidadãos castos, prudentes, piedosos e bons – virtudes, todas estas, tradicionalmente atribuídas aos "bons" filósofos. O pecado ocorre quando alguém faz algo "contrário à reta razão" (*Trifão* 141): o erro intelectual precede o erro moral. E, enfaticamente, Justino insiste em que todos os filósofos pagãos que alguma vez disseram algo verdadeiro (como Sócrates ou Platão) eram na verdade devedores do Cristo pré-encarnado, o Logos de Deus no mundo: "Todas as coisas ditas corretamente entre todos os homens são propriedade de nós cristãos" (*2 Apologia* 13; cf. 7 e 10). O cristianismo de Justino, em suma, é a verdadeira filosofia[24].

Mas Justino afirma a identidade de sua comunidade num campo cheio de impugnadores: outros cristãos, pagãos hostis, judeus céticos. Ele critica severamente cada um deles, enquanto defende sua própria identidade insistindo nos pecados destes outros. Uma antiga tradição judaica ajuda-o a formular sua crítica: o relato dos anjos caídos de Gn 6,1-4 e sua descendência demoníaca, os deuses das nações (cf. Sl 96,5 LXX). Estas potências divinas, sustenta Justino, prestam ajuda aos cristãos rivais, enganam os pagãos e seduzem os judeus[25].

Justino identifica os membros de igrejas diferentes da sua como "ateus, ímpios, iníquos e pecadores, que confessam Jesus apenas de nome [...] e, no entanto, denominam-se a si mesmos 'cristãos'". Na realidade, eles são muito semelhantes aos adoradores de ídolos gentios, que se entregam a ritos nefandos e ímpios. Justino continua: "Alguns são chamados marcionitas, alguns valentinianos, [...] outros por outros nomes", identificados segundo aquele que deu origem às suas opiniões particulares, de maneira semelhante como são conhecidas as escolas pagãs de filosofia (*Trifão* 35; cf. 2). "Alguns que são chamados cristãos, mas na verdade são hereges perversos e ímpios", continua Justino, "ensinam doutrinas que são totalmente blasfemas, ateias e insensatas". (Justino cita, como um caso ilustrativo, os falsos cristãos que blasfemam o deus de Abraão, Isaac e Jacó, que afirmam não haver ressurreição dos mortos e que pensam que, quando eles morrem, suas almas sobem ao céu.) Estas pessoas devem ser distinguidas nitidamente dos verdadeiros cristãos, como Justino e os de sua comunidade, que são "honrados" (*Trifão* 80). Como então Justino explica o sucesso destes outros grupos? Existe uma atuação demoníaca. Marcião, em particular, "um homem do Ponto que até hoje está vivo [...] com a ajuda dos demônios levou muitos de todas as nações a falar blasfêmias" (*1 Apologia* 26; cf. tb. 58). Orgulho e pensamento medíocre inauguram heresias; depois, forças demoníacas as impulsionam. O pecado, especialmente o da blasfêmia, é o resultado invariável e óbvio; fornicação, canibalismo e ritos noturnos secretos e sinistros, sugere Justino, espreitam às escondidas (*1 Apologia* 26).

O que dizer dos pagãos? Sobre este tema, Justino enfeita e exagera velhas histórias judaicas sobre os "anjos decaídos" de Gn 6. Estas potências celestiais, depois de unir-se impropriamente a mulheres humanas, produziram os demônios; estes, então, passaram a subjugar a humanidade através da magia, através do medo e do castigo e ensinando as pessoas a oferecer sacrifícios, incenso e libações, "coisas estas de que necessitavam após serem escravizadas por paixões libidinosas". Não contentando-se em parar por aqui, estes seres e sua prole demoníaca passaram a "semear assassinatos, guerras, adultérios, ações descontroladas e todo tipo de perversidade", enganando os poetas e mitólogos, que confundiram estes seres sobrenaturais com deuses (*2 Apologia* 5). O filho do deus supremo entrou na história humana, portanto, "para o bem dos crentes e para extermínio dos demônios": só o exorcismo cristão derrota estas criaturas (*2 Apologia* 6). Em resposta, os demônios retaliaram instigando perseguições dos pagãos contra os cristãos (*2 Apologia* 13). Por este pecado, ambas as "raças", a divina e a humana, serão merecidamente consideradas responsáveis, adverte Justino, porque Deus criou ambas as espécies racionais, portanto com livre vontade: o fato de elas cometerem o mal é sua própria escolha (*2 Apologia* 7; cf. *1 Apologia* 28).

Para Justino, como para as tradições judaicas em que ele se baseia, o pecado pagão paradigmático é o culto aos falsos deuses e às suas imagens – um tema fortemente presente também nas cartas de Paulo. Os evangelhos sinóticos, pelo contrário, com suas histórias situadas predominantemente no contexto judaico da Galileia e da Judeia, tinham relativamente pouco a dizer sobre ou contra o paganismo. Os pecados "judaicos" – uma ruptura dos termos da aliança entre Deus e Israel – dominam suas narrativas, como acontece também com as exortações a viver de acordo com os mandamentos (cf. p. 24-26). Nas raras passagens em que o Jesus dos evangelistas se encontra com um pagão (o geraseno possuído pelo demônio em Mc 5 e paralelos, a mulher siro-fenícia em Mc 7 e Mt 15, Pôncio Pilatos em todas as narrativas da Paixão), prevalece uma surpreendente delicadeza: nenhuma menção é feita ao paganismo da pessoa. E em Atos, que é a segunda parte do evangelho de Lucas, de maneira semelhante o autor anda na ponta dos pés ao falar da idolatria, não mencionando o paganismo do eunuco etíope (supondo que este personagem é visto como um temente a deus e não como um prosélito, At 8,27-28), nem o dos tementes a deus ligados às sinagogas tanto na Judeia (o centurião romano Cornélio, At 10,1-2) como habitualmente em outros lugares (por exemplo, em Antioquia da Pisídia, At 13,16; em Filipos, 16,14; em Tessalônica, 17,4; em Corinto, 18,7)[26].

O tema do culto pagão aos ídolos e falsos deuses aparece na história de Lucas somente quando o contexto narrativo dos Atos se desloca da Judeia para a diáspora. Mas, mesmo então, Lucas menciona este culto aos ídolos só raramente, e de maneira superficial. O assim chamado concílio apostólico de Jerusalém, ao enviar uma carta aos fiéis gentios em Antioquia, aconselha-os a "abster-se das coisas sacrificadas aos ídolos, do sangue, das carnes sufocadas e da fornicação" (At 15,29). Paulo, ao viajar para Atenas, fica "profundamente indignado ao ver que a cidade estava cheia de ídolos" (17,16) e insiste para que os atenienses se arrependam antes do dia do juízo (17,16.29-31). Finalmente, em Éfeso, um irritado fabricante de ídolos se queixa a outros de sua corporação acerca do sucesso de Paulo: "Este Paulo persuadiu e afastou um número considerável de pessoas dizendo que os deuses feitos por mãos humanas não são deuses" (19,26). A denúncia do culto pagão lançada a plenos pulmões, que soava tão forte nas cartas paulinas, cai para um diminuendo nos Atos.

Os Atos, contudo, denunciam o culto aos ídolos de maneira dramática e vigorosa. Mas a identidade étnica dos idólatras mudou. Na narrativa de Lucas, a idolatria se torna o pecado *judeu* por excelência. Recordando, como fez Paulo, o incidente do Bezerro de Ouro descrito em Ex 32 (cf. 1Cor 10), Lucas mobiliza o relato para servir não como uma advertência aos pagãos a respeito dos perigos do culto aos ídolos, mas como uma descrição de uma tendência permanente dos judeus. Lucas toca este novo acorde numa passagem altamente dramática, quando Estêvão, "cheio de graça e de poder", conclui sua recapitulação da história israelita diante do Sinédrio hostil em Jerusalém.

Israel sempre foi obstinado, observa Estêvão, rejeitando Moisés depois que Deus o enviou para salvá-los do Egito (At 7,35), voltando novamente seus corações para o Egito em vez de obedecer a ele (7,39). "Em vez disso, rejeitaram-no, [...] dizendo a Aarão: 'Faze-nos deuses que caminhem à nossa frente'. [...] E fabricaram um bezerro, ofereceram um sacrifício ao ídolo e deleitaram-se com *as obras de suas mãos*" (7,39-41). Deus afastou-se deles, continua Estêvão, e "entregou-os ao culto do exército dos céus" (estrelas, planetas e as divindades a eles associadas, 7,42); ou seja, escreve Lucas, passando do período do deserto para o período da monarquia e do Primeiro Templo, Deus entregou Israel ao culto de deuses estrangeiros:

Como está escrito no livro dos profetas:

> "Acaso me oferecestes vítimas e sacrifícios, durante quarenta anos no deserto, ó casa de Israel? Não! Levastes a tenda de Moloc e a estrela do vosso deus

Refan, *as imagens que fizestes* para adorar; por isso, vos deportarei para além da Babilônia" (At 7,42-43; cf. Am 5,25-27).

Depois Estêvão critica a construção do próprio templo, que é (ou foi, no tempo em que Lucas compõe seu relato, cerca do ano 100) o lugar dos sacrifícios de Israel. "O Altíssimo não habita em casas *feitas por mãos humanas*", continua Estêvão, citando Is 66,1-2: "Feitas por mãos" e frases semelhantes, que acima coloquei em itálico, servem de código para os ídolos de deuses estrangeiros; mas na acusação de Estêvão, através da concisa justaposição de Lucas, a frase serve *também* de código para o templo. Quando Israel *não* venerou ídolos e falsos deuses? Quando os israelitas *não* desonraram a Deus? Este pecado fundamental, a clamorosa violação do primeiríssimo mandamento, era toda a razão para Deus ter enviado seus profetas a Israel. Mas Israel usou este chamado ao arrependimento como uma oportunidade para pecar ainda mais:

> Ó gente teimosa, incircuncisos de coração e de ouvidos, vós resistis sempre ao espírito santo, *exatamente como os vossos antepassados costumavam fazer*. Qual dos profetas vossos antepassados não perseguiram? Eles mataram os que anunciavam a vinda do Justo [Jesus], do qual agora *vos tornastes traidores e assassinos*. Vós recebestes a lei [...] e, no entanto, não a guardastes (At 7,51-53).

Desde os primeiros inícios da nação até o momento presente, diz Estêvão/Lucas, nunca Israel *deixou de ser* atraído para os ídolos. Repetidamente os profetas vieram desviá-los do falso culto, e repetidamente Israel os rejeitou, e até os matou. Mas aqui Lucas ligou esta acusação a uma outra, mais terrível: foram os judeus que mataram Jesus[27].

Em seu longo *Diálogo com Trifão*, Justino repete estas acusações. Como Lucas, ele muda a "etnicidade" do culto aos ídolos. Culto aos demônios, idolatria e sacrifícios de sangue – agora pecados paradigmáticos *judaicos* – resultam na rejeição homicida de Israel aos profetas, a Cristo e ao cristianismo (de Justino). Estes argumentos servem a uma função vital, possibilitando a Justino interpretar a Septuaginta como uma obra de revelação *exclusivamente* cristã. (Como ele diz a seu interlocutor judeu ao recapitular passagens cristológicas dos salmos e dos profetas: "És versado nestas passagens, Trifão? Elas estão contidas nas tuas escrituras – ou, melhor, *não tuas, mas nossas*", Trifão 29.) Se Cristo era o deus mediador tão ativo na Bíblia, então Cristo era e sempre foi o objeto próprio do culto *judaico*. Com efeito, os grandes heróis espirituais de Israel – Moisés, Davi, Isaías – haviam percebido isto, e foi por isso que suas obras, quando lidas com verdadeira compreensão espiritual (como Justino e sua comunidade as interpretavam), permitem tantas referências simbólicas e proféticas à sua verdadeira fonte divina, o próprio Cristo (*Trifão* 29, e *passim*, esp. 127).

Mas a maioria dos judeus, ao longo das gerações, havia perdido o sentido fundamental de sua própria lei. Em vez disso, ignorando o verdadeiro referente da lei, puseram em prática uma revelação *kata sarka*, de maneira carnal, executando seus princípios espirituais como atos físicos: circuncisão, purificações, protocolos do sábado, leis alimentares e especialmente sacrifícios de sangue. Mas a verdadeira circuncisão, corrige Justino, não é do corpo e sim do coração (*Trifão* 15-16, e frequentemente); a verdadeira purificação só vem através da fé no sangue de Cristo (*Trifão* 13) e assim por diante. Quando Trifão, finalmente, objeta que Justino seleciona e cita "tudo o que vós quereis dos escritos antigos, mas não se referem aos que expressamente exigem observância", Justino responde com uma retumbante acusação: "Vós [judeus] sois um povo de coração duro e sem compreensão, ao mesmo tempo cegos e coxos, crianças nas quais não há nenhuma fé, como ele próprio diz, que o honrais apenas com vossos lábios, afastados dele em vossos corações, ensinando doutrinas que são vossas e não dele" (*Trifão* 27).

Os judeus, afirma Justino, são e sempre foram relapsos e espiritualmente cegos. Expressaram estes defeitos intrínsecos desde seu nascimento como nação, logo após serem redimidos do Egito, quando fabricaram e veneraram o Bezerro de Ouro (*Trifão* 19-23). A permanente inclinação judaica à idolatria e os corações proverbialmente empedernidos dos judeus explicam, por sua vez, a segunda grande função da lei: não só profetizar a Cristo, mas também corrigir e castigar o Israel carnal. Seus inumeráveis detalhes acerca das oferendas eram o esforço feito por Deus para desviar Israel do culto aos ídolos. ("Vossa ingrata nação [...] fabricou um bezerro no deserto, onde Deus, acomodando-se a essa nação, prescreveu-lhe que também oferecesse sacrifícios *como se fosse* ao seu nome, a fim de não servirdes aos ídolos", *Trifão* 19; cf. 43.) A mesma coisa vale para o templo: Deus não precisava de uma casa, mas permitiu-a "para não venerardes os ídolos" (*Trifão* 22). A mesma coisa vale para as leis sobre os alimentos (e novamente o bezerro):

> Foi-vos ordenado que vos abstivésseis de certos tipos de alimento para poderdes manter Deus diante de vossos olhos ao comer e beber, já que éreis propensos a desviar-vos de seu conhecimento, como o próprio Moisés afirma: "O povo comeu e bebeu e levantou-se para se divertir" (Ex 32,6; *Trifão* 20).

Mas por que, então, questiona Trifão, muito tempo depois do incidente do Bezerro de Ouro, os profetas continuaram a proclamar como vontade de Deus os mesmos mandamentos que ele dera através de Moisés? Pela mesma razão, responde Justino: "Por causa de vossa dureza de coração e de vossa ingratidão para com ele [...] de modo que, se vos arrependerdes, podereis agradar a ele e não *sacrificar vossos filhos aos demônios*, [...] nem deixar de fazer justiça ao órfão e à viúva, nem encher vossas mãos de sangue" (*Trifão* 27, transição de Justino para Is 1-2; para repetidas acusações de tal sacrifício, cf. 19; 73; 133). A questão, na verdade, é: quando Israel alguma vez *não* adorou ídolos?

A apresentação que Justino faz de Israel como sempre e em toda parte propenso à idolatria permite-lhe adaptar e mobilizar ainda outra tradição judaica, esta conservada no livro pseudoepigráfico *Vidas dos profetas*. Estas lendas do final do Segundo Templo, amplificando as queixas dos profetas canônicos acerca da resistência à sua mensagem, relatam histórias terríveis de assassinatos dos profetas por seu próprio povo recalcitrante. Justino evoca-as para desenvolver um motivo de "trilha de sangue": a obtusidade dos judeus e sua permanente ligação com o culto aos ídolos levaram-nos primeiro a matar os profetas, e depois a matar aquele que eles profetizaram – ou seja, Jesus. Não contentes com isto, prossegue Justino, os judeus continuam até o presente a perseguir os cristãos, amaldiçoando-os nas sinagogas e difundindo calúnias a respeito deles entre os pagãos, "de modo que vós sois a causa não só de vossa iniquidade, mas também da iniquidade de todos os outros homens" (*Trifão* 16-17).

Os judeus são tão cegos para o sentido verdadeiro da escritura, tão estupidamente apegados às suas interpretações carnais da lei, que não se arrependeram de ter matado Jesus nem mesmo após a sua ressurreição; em vez disso, espalharam boatos de que seus discípulos haviam roubado seu corpo. Acusaram Jesus de ser a fonte de "doutrinas ímpias, contrárias à lei e pecaminosas" – uma referência às acusações populares de canibalismo e libertinagem sexual dos cristãos – e com isso incitavam a fúria dos pagãos. E ainda assim, continua Justino, os judeus perseveram em sua malícia e em sua obstinação, apesar das esmagadoras derrotas impostas a eles por Roma. "Vossa cidade foi conquistada e vossa terra devastada", afirma ele (*Trifão* 108), aludindo tanto à destruição de Jerusalém e do templo no ano

70 pelos romanos quanto aos acontecimentos mais recentes da revolta de Bar Kokhba em 132-135, que é o cenário temporal do diálogo (*Trifão* 1). Os fatos da história, insiste Justino, corroboram seu argumento. Deus nunca desejou sacrifícios de sangue. Ele os iniciara apenas por causa da permanente tendência de Israel ao pecado ao venerar os ídolos; ele levou a lei a um final definitivo em Cristo (*Trifão* 43). Deus não tem mais paciência com as interpretações carnais que os judeus dão à revelação bíblica e, através da atuação dos romanos, tornou impossível a interpretação carnal da lei. Em nenhum lugar Israel deixou de oferecer sacrifícios.

No entanto, a revelação profética, assegura Justino, prediz também que Jerusalém não ficará em ruínas para sempre. Citando Isaías e Ezequiel, Justino confirma vigorosamente a declaração de Trifão de que Jerusalém será reconstruída, ampliada e adornada, e que os patriarcas, profetas e prosélitos serão ali reunidos junto com muitas pessoas para regozijar-se com o messias (*Trifão* 80). Ali reinarão com Cristo por mil anos, após o que acontecerá a ressurreição geral e o juízo final (*Trifão* 81; Ap 20,4-5). Justino apresenta esta ideia em explícito contraste com os "blasfemadores" cristãos que negam a ressurreição corporal e sustentam que a redenção diz respeito apenas à alma e não também ao corpo físico (*Trifão* 80). A própria carne, insiste Justino, será redimida.

Esta visão da redenção representa o ponto nodal onde convergem a interpretação bíblica e a cosmologia de Justino, sua cristologia encarnacional e sua apropriação da herança judaica do cristianismo. Conceitualizando Cristo como o filho do deus supremo *e também* como agente desse deus na fabricação do cosmos material (portanto, como a divindade atuante na Septuaginta), ele domesticou a carne para a mensagem cristã. A carne não era intrinsecamente alheia à redenção; não era o produto de uma ruptura ou acidente nos céus superiores. A carne foi o instrumento escolhido pela divindade boa. (Não que o deus de Justino tenha criado a matéria: pelo contrário, ele trabalhou com matéria informe preexistente, *hylê*; *1 Apologia* 10, 59.) E se a carne não era alheia à divindade bíblica e ao seu pai, então, quando eles criaram a humanidade, podiam criar a humanidade encarnada. Em outras palavras, embora Justino, não menos que seus rivais teológicos, visse os humanos como tripartidos em sua natureza – espírito ou mente / alma / corpo carnal –, ele podia afirmar que a carne era também uma parte essencial do ser humano. Os humanos não eram apenas seu espírito ou mente, mas também, e não menos, sua carne.

E novamente, já que o criador e modelador da carne era o agente imediato do deus supremo, nada impedia Cristo de assumir de fato a carne ao aparecer finalmente na história: "Cristo, que apareceu por nossa causa, tornou-se o ser racional completo, corpo, razão e alma" (*2 Apologia* 10). "Jesus Cristo [...] assumiu a carne e o sangue para nossa salvação" (*1 Apologia* 66). Mas por quê? Porque o pecado de desobediência de Adão e Eva tornara mortal a carne humana (*Trifão* 88). Morrendo e ressuscitando na carne, Cristo venceu a morte, tornando imortal a carne (*Trifão* 63). Os que nele foram salvos ressuscitarão imortais em sua própria ressurreição. E neste ínterim indefinido, o cristão poderá ser alimentado e transformado pela Eucaristia, "a carne e o sangue de Jesus, que se tornou carne" (*1 Apologia* 66). Nem a carne nem a matéria, portanto, eram algo de que o cristão precisava livrar-se para ser salvo[28].

Parece que tanto Valentino quanto Marcião imaginaram a salvação como a passagem do indivíduo através do cosmos para uma esfera transcendente situada além, a esfera do deus supremo. A visão que Justino tinha da carne, pelo contrário, o induzia a considerar a salvação como um acontecimento público e histórico, a realizar-se nos últimos dias (*Trifão* 80). Neste aspecto, seu pensamento era ao mesmo tempo igual e diferente do pensamento de Paulo, ao mesmo tempo igual e diferente de outro pensamento apocalíptico judaico. A dimensão pública e histórica da redenção que Justino esboça no *Trifão* corresponde àquilo que Paulo ensina em 1Tessalonicenses e 1Coríntios 15. O tom de urgência de Paulo, porém, sumiu completamente. Paulo havia esperado que estes acontecimentos finais se desenrolassem durante sua vida. Justino, embora afirme um roteiro escatológico, lida com um período temporal muito mais amplo, diversos ciclos de mil anos (que, admite ele, são "vaticinados obscuramente", *Trifão* 81). Justino não parece antever que os "dias finais" ocorram durante sua vida[29].

Paulo havia afirmado enfaticamente que o corpo de ressurreição seria *pneumatikon*, "espiritual", indiscutivelmente não de carne e sangue (1Cor 15,44.50). Os ressuscitados encontram Cristo "nas nuvens, [...] nos ares" (1Ts 4,17). Os santos de Justino, pelo contrário, reúnem-se na terra – para que outro lugar poderiam ir a carne e o sangue? –, e reinam na Jerusalém restaurada. Neste ponto, Justino está mais próximo da escatologia rabínica posterior do que Paulo. A localização terrestre do reino de Cristo permite a Justino aproveitar-se da rica imaginação dos profetas, como Is 65 ("Haverá um novo céu e uma nova terra [...] e vou rejubilar-me por Jerusalém", *Trifão* 81). E esta apropriação era outra maneira de provar que a Septuaginta era um livro de revelação cristã e que as promessas da escritura feitas a Israel a respeito de sua redenção final – as promessas a que Paulo se referiu em Rm 15,3 – seriam realizadas não pelo "velho" Israel, *vetus Israel*, mas pelo "verdadeiro" Israel, a comunidade do próprio Justino, o *verus Israel* da igreja (*Trifão* 123).

Assediado por seus rivais cristãos; questionado, talvez, por judeus céticos; finalmente perseguido por pagãos enfurecidos: Justino não está muito inclinado a definir ou discutir os pecados de sua própria comunidade. Pelo contrário, estende-se longamente sobre os pecados dos outros, definindo seu grupo como a única sociedade inocente – e que pensa corretamente. Os hereges, vítimas de seu próprio orgulho e raciocínio imperfeito, blasfemam contra Deus e secretamente cometem flagrantes indecências e homicídios. Os pagãos – talvez os menos culpados destes três grupos de estranhos – são involuntariamente desencaminhados pelas trapaças dos demônios. Os judeus, os piores de todos, são por natureza sanguinários, fervorosos idólatras, infratores reincidentes em cada geração.

Os pecados de todos estes outros nos dão uma imagem inversa (e idealizada) da comunidade do próprio Justino: sóbria, casta, piedosa, autodisciplinada – em resumo, genuinamente filosófica. Só eles, com efeito, *não* pecam. O Cristo de Justino, por conseguinte, salva o verdadeiro crente não do pecado como tal (a crença correta já fez isso), mas da contaminação causada pelo pecado (*Trifão* 13, referindo-se especificamente à pureza obtida através do sangue de Cristo). E, escatologicamente, Cristo salvará os que nele creem da consequência universal do pecado: vindo na carne e morrendo na carne, Cristo venceu e irá vencer o último inimigo da humanidade, a própria morte.

Capítulo 3
Uma rivalidade de gênios
O pecado e suas consequências em Orígenes e Agostinho

Para Jesus de Nazaré e para seus seguidores posteriores, o pecado era um acontecimento ou uma atividade que rompia a relação entre uma pessoa e Deus. Os judeus eram orientados em seus esforços a evitar o pecado e agradar a seu deus por sua revelação no Sinai, e especialmente pelos Dez Mandamentos. Mas o deus de Israel não esperava evidentemente a perfeição, porque sua Torá dava também diretrizes sobre a maneira como o seu povo devia lidar com o pecado. Entre estas estavam o arrependimento, a restituição onde fosse possível (especialmente se a vítima da maldade do pecador fosse outra pessoa), a expiação e o sacrifício.

Jesus, convencido de que o reino de Deus estava próximo, convidou seus ouvintes a preparar-se para esse acontecimento renunciando especificamente aos seus pecados: "Arrependei-vos, porque o reino de Deus está próximo! Arrependei-vos e crede na boa-nova" – a boa-nova de que Deus estava prestes a redimir seu povo (Mc 1,15). Mas redimi-lo do quê? Não do pecado como tal (o arrependimento fazia a pessoa abandonar o pecado), mas das consequências do pecado: doença, morte, dispersão. Com efeito, do ponto de vista da profecia apocalíptica, a instauração do reino de Deus representava, para Israel e para todos os povos, uma redenção em relação à história (ou seja, ser redimidos da história).

Figura 4. Retrato de Paulo em Ravena. Tertuliano o havia chamado de *Apostolus haereticorum*, "apóstolo dos hereges". As cartas de Paulo, nos séculos que se seguiram à sua morte, mostraram-se suscetíveis a um número surpreendente de interpretações, servindo de apoio para as perspectivas teológicas de uma ampla série de comunidades cristãs rivais. Nos séculos III e IV, mesmo no interior da igreja que se autodesignava "ortodoxa", a interpretação das cartas de Paulo, especialmente a carta aos Romanos, tornou-se cada vez mais indisciplinada. Vemos as linhas gerais desta batalha interpretativa comparando as teologias contrastantes de Orígenes de Alexandria (185-254) e de Agostinho de Hipona (354-430). E nas obras deles vemos também o ponto final da transição do pecado, que passou de delito individual para uma condição universal. Cortesia da foto: Scala/Art Resource, Nova York. Palácio arquiepiscopal de Ravena, Itália.

Aqui o contexto contemporâneo mais amplo da teologia judaica da restauração, como vimos, ajuda-nos a interpretar estas escassas tradições evangélicas (cf. p. 22). Muitos de seus temas podem ser encontrados nos escritos do profeta Isaías. No Fim, prevê o profeta, o monte da casa de Deus se erguerá acima de todas as montanhas: atrairá todos os povos para adorarem o deus de Jacó (Is 2,2-4). Os pagãos abandonarão seus falsos deuses e Israel retornará das terras de sua dispersão – da Assíria, do Egito, da Etiópia; na verdade, dos quatro cantos da terra (11,11-16). Surgirá um rei davídico para governar tanto o Israel novamente congregado quanto as nações: "As nações o procurarão" (11,10). No Fim, Deus fará uma festa para todos os povos, que convergirão para o templo, na cidade dele, Jerusalém (25,6).

Jesus limitou sua missão a Israel. Sua mensagem a respeito desta iminente redenção só entrou nas sinagogas da diáspora nos anos que se seguiram à sua morte e à experiência de sua ressurreição por parte dos discípulos. (A expectativa da ressurreição dos mortos foi outro elemento proeminente na escatologia judaica. A percepção que seus discípulos tiveram de Jesus como ressuscitado nos dá a medida de suas convicções apocalípticas: a ressurreição de Jesus confirmou que o reino estava realmente próximo; 1Cor 15,3-8.12; cf. At 1,6.) Especialmente com sua introdução na diáspora veio o interesse gentio pela missão, e o interesse da missão pelos gentios. Assim também, por consequência, veio a ênfase que encontramos nas cartas de Paulo no pecado dos *gentios*: o culto a outros deuses, aos ídolos que os representavam, e a tolerância da *porneia*, a transgressão sexual, que a tradição judaica considerava um invariável acompanhamento da idolatria.

Na opinião de Paulo, todo o universo estava sob o poder do pecado – ou, antes, do Pecado. Entretanto, capacitados pelo espírito através do batismo, os pagãos de Paulo haviam abandonado seu culto pecaminoso a estas potências cósmicas e se dedicado ao evangelho. Eles viviam de acordo com os princípios da lei de Deus e "aguardavam do céu seu Filho" (1Ts 1,10), cujo retorno marcaria a sujeição destas potências e o reconhecimento universal do deus de Israel (1Cor 15,23-28). No presente (abreviado), Cristo como sacrifício eucarístico substituiu para estes pagãos batizados os sacrifícios anteriores oferecidos aos seus deuses e habilitou-os a abandonar o pecado; no futuro próximo, Cristo como guerreiro triunfante que retorna iria literalmente derrotar "o último inimigo, a Morte" (1Cor 15,26). A humanidade salva e toda a criação seriam "libertadas do cativeiro da corrupção" (Rm 8,21); os corpos carnais tanto dos mortos quanto dos vivos seriam transformados em "corpos espirituais" (1Cor 15,44). No Fim, em todo o cosmos, Deus reinaria supremo.

Estas ideias apocalípticas judaicas sobre pecado e redenção, refratadas através do prisma da cultura erudita greco-romana do final do século II, mostraram-se capazes de ser interpretadas de maneira ampla. Vimos como Valentino, Marcião e Justino, três teólogos cristãos gentios da primeira metade desse século, chegaram às suas respectivas ideias de pecado interpretando a mensagem cristã dentro do contexto mais amplo da *paideia* pagã. Fazendo isso, todos os três reinterpretaram, e dessa forma diminuíram, o compromisso do movimento mais antigo com um fim dos tempos iminente. Associados como estavam a formas não judaicas de alta cultura, todos os três alteraram também a identidade étnica de Deus. O deus de Jesus e de Paulo havia sido, enfaticamente, o deus de Abraão, de Isaac e de Jacó, o deus da história judaica, o deus de Israel. O deus supremo destes teólogos gentios, pelo contrário, era a divindade não-étnica, não-historicamente atuante, radicalmente transcendente da filosofia. O deus criador da Septuaginta, por outro lado, mantinha para eles sua identificação étnica como o deus de Israel. Para Valentino, como para Marcião, este deus judeu pouco tinha a ver com a redenção realizada através de Cristo. Para Justino, este deus judaico *era* Cristo, antes de sua encarnação.

Para os três teólogos – como para Paulo antes deles – "carne" era uma expressão retórica para "pecado". Para Justino, porém, os pecados da carne, e especialmente a idolatria, estavam expressos da maneira mais significativa não tanto na cultura pagã quanto em toda a cultura judaica não cristã: para Justino, o culto aos ídolos era o pecado *judaico* por excelência. Aqueles sacrifícios de sangue, que Jesus e Paulo haviam visto positivamente como um estágio ordenado por deus no processo de expiação pelo pecado, Justino os via como uma permanente acusação da constante inclinação dos judeus à idolatria. Na visão de Justino, tanto Jesus quanto Paulo, como também os profetas hebreus que haviam falado de Cristo, haviam pregado todos contra os sacrifícios e contra o culto do templo. O único sacrifício verdadeiro era o do próprio Cristo.

Para os três pensadores, finalmente, Cristo redimiu da morte e, portanto, do pecado; mas cada um imaginava esta redenção de maneira diferente. O cristão valentiniano ou marcionita salvo escapou da esfera da carne pecadora na e através da morte física, subindo como espírito vivo através dos céus para a esfera do deus supremo e de seu Filho. De acordo com Justino, porém, o cristão redimido recebia de volta novamente a carne numa ressurreição corporal, numa Jerusalém restaurada, no fim dos tempos: quando viesse, o reino chegaria sobre a terra.

Com Orígenes de Alexandria (187-254), nosso teólogo do século III, e com Agostinho de Hipona (354-430), nosso pensador do final do século IV e início do século V, este antigo discurso cristão sobre o pecado muda notavelmente. Ao contrário de nossos personagens do século II, que recorreram cada qual a diferentes conjuntos de textos sagrados, tanto Orígenes quanto Agostinho compartilhavam do mesmo cânone escriturístico, o Antigo e o Novo Testamento, que para eles expressavam juntos uma única iniciativa divina de redenção. Ambos viam-se pertencendo e falando à mesma "verdadeira igreja" da ortodoxia cristã. E estavam situados de maneira semelhante, do ponto de vista intelectual e polêmico: Orígenes escrevia tendo as teologias rivais de Valentino e de Marcião em vista; Agostinho tendo os maniqueus – um avatar do século IV destas comunidades anteriores – no seu encalço e em sua mente.

Mas o que distinguia tão decisivamente a obra destes teólogos posteriores da obra de seus colegas do século II era seu alcance e sua riqueza, tanto do ponto de vista qualitativo como quantitativo. Suas respectivas interpretações da Bíblia incorporavam improvisações extraordinariamente criativas da tradição platônica posterior na qual ambos se situavam. E ambos estes homens eram prodigiosamente produtivos. Orígenes, de acordo com Jerônimo, escreveu mais de dois mil tratados, dos quais conhecemos os títulos de cerca de oitocentos. Orígenes comentou todos os livros da Bíblia, cujo texto veterotestamentário ele procurou oficializar numa edição crítica (a *Hexapla*). Escreveu uma apologia decisiva em favor do cristianismo contra o paganismo (*Contra Celso*) e compôs inúmeros sermões e escólios (breves investigações sobre passagens difíceis). Por fim, concebeu e redigiu *Sobre os primeiros princípios*, a primeira teologia sistemática da igreja, que tentava apresentar uma interpretação coerente da doutrina cristã. Agostinho, não menos produtivo, deixou um *corpus* de cerca de cinco milhões de palavras: comentários, tratados teológicos, panfletos polêmicos, sermões, cartas – o equivalente, segundo o cálculo de um biógrafo recente, a produzir um moderno livro de 300 páginas por ano ao longo de quase quarenta anos[1].

Por fim, ambos estes teólogos posteriores estavam agudamente sintonizados com o problema de unir as representações de Deus do Antigo Testamento com as do Novo Testamento. A rivalidade com os hereges impôs-lhes o problema. Ambos, por conseguinte, recorreram a Paulo como uma importante autoridade para a perspectiva ortodoxa – não em último lugar porque Paulo ocupava um lugar tão proeminente nas teologias de seus rivais como justificativa para rejeitar as escrituras judaicas e o deus judeu. Para recuperar Paulo destes outros cristãos, para apresentar uma interpretação coerente do duplo cânon da ortodoxia e para dar uma explicação mais global ao problema do mal – se o deus criador era um deus bom, então por que o mundo feito por ele é tão mau? – cada um colocou a ideia do pecado bem no centro de sua teologia. Para Orígenes, o pecado explicava até a organização do cosmos físico: seus exércitos de estrelas e planetas, suas potências celestes e terrestres, seu núcleo centrado na terra, sua população de almas encarnadas. Para Agostinho, o pecado explicava os próprios processos da consciência humana, cada detalhe da intimidade sexual humana, a própria estrutura da linguagem, e até de uma única palavra.

Não obstante seu foco comum em Paulo e sua mútua adesão aos princípios do platonismo posterior, porém, estes dois gênios da igreja antiga também divergiam nitidamente. De acordo com Orígenes, a mensagem de Paulo era que todos serão salvos; de acordo com Agostinho, a mensagem de Paulo era que todos deveriam ser condenados. De acordo com Orígenes, todos os seres racionais têm, por definição, vontade livre; de acordo com Agostinho, a humanidade deixada aos seus próprios desejos só pode pecar. De acordo tanto com Orígenes quanto com Agostinho, os dois grandes atributos morais de Deus são a justiça e a misericórdia. Mas o deus de Orígenes expressa estes atributos universalmente e simultaneamente: Deus é *ao mesmo tempo* justo *e* misericordioso. O deus de Agostinho expressa estes atributos em série e seletivamente: ele é *ou* justo *ou* misericordioso. Para Orígenes, até Satanás obterá por fim a redenção; para Agostinho, até as crianças, se não forem batizadas, vão para o inferno. E seu destino último como doutores da igreja diferiu não menos nitidamente do que divergiram suas opiniões teológicas características. Agostinho, o posterior bispo latino e renomado polemista, tornou-se um santo, e uma das principais autoridades da cristandade ocidental. Orígenes, intelectual leigo e mártir cristão, acabou sendo condenado como herege e seu grande legado literário foi destruído.

Como estes dois teólogos, apesar de todos os seus compromissos comuns, chegaram a tão diferentes avaliações da natureza e das consequências do pecado? Para nossa resposta começaremos com Orígenes e com a vasta visão que ele expõe em sua fragmentada obra-prima *Sobre os primeiros princípios*[2].

***

Sobre os primeiros princípios é uma teologia sistemática, um esforço de compreender de maneira coerente e coordenada todo o campo da relação de Deus com o universo, desde sua criação fora do tempo até sua redenção final. Para apresentar sua visão, Orígenes expõe em quatro livros sua compreensão de Deus (livro I), do universo material (livro II), dos seres racionais (portanto, a livre vontade; livro III) e da revelação (ou seja, a escritura; livro IV).

Antes de embarcar em sua exposição, Orígenes esboça seus pressupostos doutrinais num prefácio em tom de credo. Estes o alinham certamente com a autoproclamada "ortodoxia" de sua igreja do século III. "Todos os que creem e estão convencidos de que a graça e a verdade vieram por Jesus Cristo e que Cristo é a Verdade", começa ele, "derivam [este] conhecimento de nenhuma outra fonte a não ser as próprias palavras e ensinamento de Cristo". Este ensinamento, continua Orígenes, poder ser encontrado tanto no Novo Testamento (do período "em que [Cristo] se fez homem e habitou na carne") quanto no Antigo Testamento ("já que, antes mesmo desse tempo, Cristo Palavra de Deus estava em Moisés e nos profetas", *Sobre os pri-*

meiros princípios I, pref., 1). Observando que muitos cristãos que têm esta crença possuem, apesar disto, opiniões conflitantes a respeito de questões importantes, Orígenes invoca também a tradição eclesiástica, "o ensinamento da igreja transmitido em sucessão ininterrupta desde os apóstolos". A escritura canônica e o ensinamento apostólico, juntos, são os fiadores da doutrina correta (I, pref., 2).

Mas a doutrina apostólica, assim como a própria escritura, observa Orígenes, tem muitos níveis diferentes. Seus sentidos mais evidentes são compreendidos até pelas pessoas simplórias. O livro de Deus, porém, contém sentidos mais profundos e superiores, e estes acenam para aqueles leitores que, amando a sabedoria, se esforçam através do exercício intelectual para tornar-se dignos e capazes de recebê-los (I, pref., 3). Apresentando uma lista acurada de pontos fixos doutrinais – Deus é um só; o Filho e o Espírito são também Deus; o Filho se encarnou em carne humana; a vontade humana é livre; o diabo e seus anjos opõem-se ao bem e assim por diante –, Orígenes menciona também uma série de questões sobre as quais a igreja "não fala claramente" (I, pref., 4-10). Estes pontos obscuros convidam os crentes zelosos a sondar as profundezas da escritura, com a ajuda da aplicação disciplinada da interpretação alegórica ou "espiritual"[3].

O que dizer, então, da natureza de Deus? Orígenes começa sua investigação com um conceito mencionado ligeiramente em seu prefácio, a noção de incorporeidade. A Bíblia (e a maioria dos crentes, observa ele) não conhece o termo *incorpóreo* (*asômaton*; I, pref., 8), mas esta ideia é uma chave para compreender a Deus. Algumas vezes, com efeito, a escritura fala de Deus como se ele tivesse ou fosse um corpo, embora não o tenha. (Mesmo palavras com *luz* ou *fogo* sugerem isto; corpo subtil, porém, não deixa mesmo assim de ser corpo; *Sobre os primeiros princípios* I, i, 1.) Mas Deus está além de todo corpo, afirma Orígenes: Deus é *puramente* espírito, inteiramente invisível, absolutamente desprovido de qualquer extensão no espaço (I, i, 6; II, ii, 2). Esta divindade suprema Orígenes a identifica como Trindade: Pai, Filho e Espírito Santo. Estes se relacionam entre si de maneiras que deixam margem à especulação – como pode o Filho ser a imagem de Deus? Como se pode dizer que algo invisível tem uma "imagem" (I, ii, *passim*)? Será que o Espírito Santo se relaciona com Deus da mesma maneira como o Filho se relaciona, ou de alguma outra maneira (I, pref., 4)? – mas esta "trindade", afirma Orígenes, não compromete a radical simplicidade de Deus, sua unicidade (I, i, 6; I, iii, 41). Assim como o Pai, também o Filho e o Espírito Santo são absolutamente sem corpo. Somente eles/ele são intrinsecamente bons por natureza ("essencialmente bons", I. v, 3). Eles/ele são absolutamente únicos.

Contra as teologias de Valentino e Marcião, Orígenes insiste que Deus Pai é o deus de Israel: ele é o Criador (embora com uma diferença, como veremos), a única fonte da lei, dos profetas e do evangelho (I, pref., 4). Mas esta divindade mostra também as características do deus supremo da *paideia* filosófica. Ele existe por si mesmo: todas as outras coisas que existem dependem dele. Ele é radicalmente perfeito, o que significa que só ele é completamente imutável. E, mais uma vez, ele é absolutamente desprovido de qualquer tipo de corpo; *somente* Deus é *asômaton*. Logicamente, estes princípios têm implicações imediatas para a criação de Deus. Tudo o que não é Deus tem algum tipo de corpo, porque somente Deus é sem corpo. Tudo o que não é Deus é contingente, dependente de Deus para sua existência, porque só Deus existe por si mesmo. Tudo o que não é Deus está, *ipso facto*, sujeito a mudança, porque só Deus é absoluta e perfeitamente sem mudança. Mantenhamos firmemente estas três ideias: elas explicarão o conceito de pecado de Orígenes.

O que, portanto, não é Deus? Formulando a mesma pergunta de maneira diferente: dada a radical imutabilidade de Deus, o que e como ele "cria"? Orígenes responde habilmente com sua doutrina da dupla criação. A primeira "criação", explica ele, foi eterna. Ou seja, antes de existir o tempo – o que significa: antes de existir a matéria – Deus (sempre) presidiu a um universo de seres racionais gerados eternamente (ou seja, gerados intemporalmente). Orígenes admite que este não é um conceito fácil. ("Nesta questão a inteligência humana é frágil e limitada quando procura compreender como, durante toda a existência de Deus, suas criaturas existiram também [...] sem um início", I, iv, 4. Teólogos cristãos posteriores apelarão para a mesma ideia a fim de explicar como o Filho é gerado eternamente pelo Pai.) Uma criação gerada eternamente protege Deus contra qualquer imputação de mudança[4].

A criação imaterial era uma população de seres racionais, já que eram gerados eternamente de acordo com a imagem da Imagem de Deus, seu Logos ou racionalidade. Não sendo Deus, estes seres individuais possuíam *realmente* corpos, mas estes corpos eram imateriais e, obviamente, eternos – ou, como diz Paulo em 1Cor 15,44, "espirituais". O *corpo* serve aqui como um princípio de individuação. Na esfera eterna, o corpo imaterial ou espiritual distinguia um ser racional de outro (*Sobre os primeiros princípios* II, ii, 2) – uma consideração importante, já que cada ser individual é julgado com base em seu próprio mérito. E estas criaturas individuais, enquanto seres racionais, tinham uma capacidade absolutamente desimpedida para escolher entre o bem e o mal. Dito de outra maneira – no idioma da filosofia moral grega e não no idioma bíblico híbrido da teologia de Orígenes – a livre vontade é constitutiva de todo ser racional[5].

Para Orígenes, porém, como para a tradição da filosofia por ele utilizada, a "livre vontade" não era uma capacidade neutra de escolher entre o bem e o mal. Neste sistema metafórico, a alma ou seu *nous*, a mente dotada de alma, possui uma espécie de parentesco natural com o Uno, que em si é também a verdade e o bem absolutos. ("Os homens possuem uma espécie de consanguinidade com Deus", afirma Orígenes, o que explica o progresso na compreensão espiritual que a mente pode fazer; IV, iv, 9.) Quando a mente apreende a verdade, ela ama a verdade: "conhecer" implica "amar". (Platão é, evidentemente, a fonte principal para esta ideia da qualidade erótica do conhecimento.) A *hamartia*, "pecado" – um afastar-se de Deus –, implica consequentemente um *erro*, já que ninguém iria afastar-se intencionalmente da verdade ou voluntariamente cometer um engano. A ignorância impede escolhas corretas; o conhecimento as origina e as mantém. Em suma, o "pecado" como erro moral tem uma dimensão inevitavelmente intelectual: escolhe-se de acordo com o que se conhece. Uma vez que alguém conhece a verdade, ele volta-se livremente para a verdade, porque a ama.

Qual é então, de acordo com Orígenes, a origem do pecado? Como e por que estes seres racionais, com seu pleno poder de livre-escolha, chegam a pecar? E o que é o pecado? A unicidade e imutabilidade de seu deus insinuam a resposta. Já que Deus é, por natureza, imutável, suas criaturas, por não serem Deus, têm uma tendência inata à mudança. *Por ser inata, esta tendência à mudança não é culpável.* (Deus seria injusto se punisse sua criatura por algo que ela não consegue deixar de fazer.) Mas no mundo anterior ao tempo e à matéria, esta tendência inata teve consequências cósmicas.

Para explicar a transição primordial de uma criação espiritual e eterna para o mundo da matéria, da mudança e do tempo, Orígenes especula que estas almas primordiais, ou seu amor, "esfriaram". (A ideia evoca o antigo trocadilho platônico de *psychê*, "alma", e *psychestai*, "esfriar"; *Sobre os primeiros princípios* II, vii, 3.) No tempo anterior ao tempo, estes seres ficaram perturbados, "afastando-se" praticamente de Deus. "Afastar-se de Deus", na teologia filosófica, é um código para *pecado*. *Novamente, já que este antigo escorregão era "natural", ele não era culpável.* Deus não podia punir com justiça suas criaturas por *não* serem imutáveis ou por *não* serem perfeitas, como ele próprio é. (A "bondade essencial", como observa Orígenes, "encontra-se somente em Cristo e no Espírito Santo e, evidentemente, também no Pai", I, v, 3.) Pelo fato de estas almas serem contingentes, e, portanto, "criadas", elas eram *ipso facto* mutáveis.

O que *era* culpável, porém, era que estas almas inicialmente deixaram de encaminhar sua vontade para frear seu afastamento de Deus. Diferentes seres racionais – que, pelo fato de Deus ser justo, tinham todos idêntica capacidade moral – só interromperam seu afastamento no final, e a várias "distâncias" em reação a Deus. A variedade de seus pontos de parada, com efeito, delimita uma queda pré-cósmica da alma, o primeiro pecado. Não foi só a humanidade que errou desta maneira: os "humanos", para Orígenes, não esgotam a categoria "seres racionais". A totalidade das potências angélicas e sobrenaturais (inclusive Satanás e todos os que atualmente se opõem a Deus, I, v, 1-5), como também o sol, a lua e as estrelas (que são também inteligências racionais, I, vii, 1-4): todos os membros desta comunidade espiritual radicalmente igualitária, menos um, afastaram-se, escorregaram, pararam só no final e, portanto, pecaram. A grande e única exceção foi o ser racional que livremente resolveu amar a Deus de forma absoluta. Essa alma amou tanto a Deus que "se fundiu com o Logos divino" (II, vi, 3): iria entrar na história como Jesus. Todo o resto parou em diferentes pontos, dependendo de seu exercício individual da vontade[6].

Diante da Queda, portanto, Deus em sua justiça e misericórdia "agiu" para efetuar a redenção de suas criaturas. Do absolutamente nada, chamou ao ser a matéria (II, i, 1-4)[7].

"Ora, já que o mundo [presente] é tão variado e compreende uma tão grande diversidade de seres racionais", observa Orígenes, "a que outra causa podemos atribuir sua existência senão à diversidade na queda daqueles que se afastaram da unidade de maneiras diversas?" (II, i, 1). Esta diversidade de circunstâncias, articulada na diversidade de corpos materiais no universo, expressa a diversidade de respostas morais que estes seres racionais deram ao seu afastamento de Deus e do bem. Em outras palavras: Deus, em sua misericórdia e justiça, providenciou o meio maravilhosamente maleável da matéria, ou "carne", para acomodar todos estes diferentes níveis éticos de realização ou fracasso. Para que finalidade? Para que a alma individual, encarnada em suas circunstâncias históricas/materiais precisas, pudesse aprender através dessas circunstâncias como ela errou, pudesse por conseguinte arrepender-se de seus fracassos particulares e pudesse livremente voltar a Deus cheia de amor.

Portanto, assim como os valentinianos e os marcionitas contra os quais argumenta, Orígenes também via o corpo carnal como uma parte secundária, não essencial, do eu. Assim como para eles, também para Orígenes o corpo carnal mensurava a queda da alma. E assim como para eles, também para Orígenes o corpo carnal representava aquilo que a alma, quando redimida, precisava deixar. Mas, *ao contrário* destes outros cristãos, Orígenes via a carne *enquanto* carne como "boa", como o dom encantador e providencial do deus bom, criada como um auxílio para a salvação. Todo o universo material, ensinava Orígenes, é uma escola para as almas; o corpo material é um dispositivo temporário e propedêutico. Todos os diferentes tipos de corpos que existem neste mundo secundário (inclusive os corpos celestiais, I, vii, 4) registram a trajetória moral das decisões anteriores livremente desejadas por suas almas. Deus coloca a alma de cada ser racional decaído precisamente naquele tipo de circunstância material de que ele precisa a fim de aprender o que ele precisa saber para retornar a Deus.

Deus é paciente e infinitamente habilidoso; sua providência microgerencia o universo material; ele tem todo o tempo do mundo. (E já que os seres racionais são também eternos, eles também o têm.) Quando o último ser racional tiver finalmente aprendido o que ele precisa aprender para decidir-se livremente a amar a Deus, a matéria retornará ao nada donde ela veio. Etnicidade, gênero, posição social: todas as contingências da existência histórica desaparecem gradualmente. Os "santos" ressurgirão em seus "corpos espirituais" (III, vi, 5-9). Até Satanás e seus lacaios por fim reaparecerão (I, vi, 3; III, v, 5-6), porque Deus ama todas as suas criaturas e quer que todas se salvem. Assim, já que "o fim é sempre igual ao começo" (I, vi, 2), estes seres racionais espiritualmente encarnados em sua totalidade, punidos por sua longa permanência na história, irão por fim circundar novamente com amor o Deus incorpóreo[8].

Para provar a racionalidade de todas estas proposições – que a alma tem uma longa história de escolhas éticas antes de aparecer num corpo carnal histórico; que Deus ama providencialmente todas as suas criaturas e cuida delas; que, se Deus é justo (e ele o é), então a opção da vontade deve ser livre (senão Deus seria injusto, seja punindo seja recompensando) – Orígenes, no livro III, recorre particularmente a Paulo: "Vejamos como Paulo raciocina conosco como homens de livre vontade e responsáveis por nossa destruição ou salvação" (III, i, 6). Orígenes concentra suas observações em Rm 9. Ali Paulo referiu-se a três passagens do Antigo Testamento notoriamente difíceis de conciliar com uma sólida ideia de liberdade moral: a escolha de Jacó em vez de Esaú "antes de um e outro nascerem" (Gn 25,21-23), o endurecimento do coração do Faraó (Ex 10) e o fato de Deus produzir as pessoas como um oleiro produz recipientes de argila, alguns como vasos de honra e outros como vasos de desonra (Is 29,16; 45,9; 64,8; Jr 18,6; cf. Rm 9,10-24). "Estas passagens", observa Orígenes, "são em si suficientes para perturbar as pessoas comuns com o pensamento de que o homem não é um agente livre, mas que é Deus quem salva e quem destrói todo aquele que ele quiser" (III, i, 7)[9].

Em primeiro lugar, quanto ao Faraó: evidentemente ele não pecou por natureza, observa Orígenes, porque então Deus não teria precisado endurecer-lhe o coração para assegurar sua desobediência. O endurecimento do Faraó por Deus prova justamente o oposto: que estava no poder do Faraó optar por obedecer. Por que, então, um Deus bom e justo intervém na decisão moral do Faraó "endurecendo-o" (III, i, 9-10)? A expressão, explica Orígenes, é uma maneira de falar típica da escritura. Assim como um patrão bondoso dirá ao seu servo que foi estragado pela clemência do patrão: "Fui eu que tornei você mau", ou: "Eu é que devo ser censurado por estas ofensas", assim a Bíblia fala que o coração do Faraó é endurecido: no nível "carnal" do texto, o relato do Êxodo apresenta a clemência de Deus como uma espécie de cumplicidade no pecado do Faraó. Mas na realidade – ou seja, visto da perspectiva da eternidade – Deus "permite" ao Faraó sua liberdade porque o Faraó *é* livre. E Deus, senhor da providência, sabe também que pela obstinação do Faraó outras almas se tornam obedientes (como aqueles dentre os egípcios que optam por deixar o Egito junto com Moisés). Por fim, Deus também sabe que, através das pragas e do afogamento no mar, "ele está conduzindo até mesmo o Faraó" (III, i, 14).

Mas a obra de Deus com o Faraó estende-se muito além das fronteiras do relato do Êxodo. "Deus lida com as almas não em vista dos cinquenta anos de nossa vida aqui", escreve Orígenes, "mas em vista do mundo sem fim. Ele fez nossa natureza intelectual imortal e aparentada com ele próprio, e a alma racional não é excluída da cura como se esta vida fosse tudo" (III, i, 13). Por trás destes episódios bíblicos individuais, como também por trás desta mesma vida mortal, está a infinita planície brilhante do cosmos espiritual de Orígenes. E, moldando estes, está a ética de Orígenes (se quisermos examinar isto filosoficamente) ou, antes, seu compromisso com uma elaboração particular do deus da Bíblia (se quisermos examiná-lo teologicamente). Esse deus é ao mesmo tempo justo e misericordioso. A imagem do oleiro, proveniente dos profetas *via* Paulo em Romanos, articula de fato o princípio da escrupulosa equidade de Deus. "Cada alma nas mãos de Deus", insiste Orígenes, "é de uma só natureza, e todos os seres racionais provêm, se posso falar assim, de uma só massa – a *phyrama* (grego) ou *massa* (latim) da argila de Deus em Rm 9,21 (III, i, 22). Ninguém, por conseguinte, é mau porque não pode ser bom: todos, desde Satanás até Cristo, foram "criados" de modo igual, com exatamente a mesma capacidade para o bem ou para o mal. O único fator a distinguir todos estes seres racionais uns dos outros é seu próprio exercício individual da vontade.

A cosmologia de Orígenes, por conseguinte, anula qualquer problema do mal. À luz da eternidade, não há nenhum mal, apenas várias situações temporais de aprendizado. Assim, qualquer dificuldade com Jacó e Esaú desaparece: "As razões pelas quais Jacó foi amado e Esaú odiado", explica ele, "estão em Jacó antes de ele entrar no corpo e com Esaú antes de ele entrar no seio de Rebeca" (III, i, 22; "odiar", evidentemente, é mais uma maneira de falar típica da escritura: Deus não odeia nenhuma de suas criaturas). As almas eternas das pessoas, das estrelas, dos demônios – não esqueçamos: os humanos não esgotam a categoria da vida inteligente – transformam-se todas, através de suas escolhas espontâneas, em vasos de honra ou de desonra. Mas Deus é o amante imparcial das almas, usando padrões atenciosos: ele ama todas as suas criaturas de maneira igual, e trabalha para todas elas de maneira igual. A condenação eterna de qualquer uma de suas criaturas representaria um fracasso da parte de Deus. Mas Deus não pode falhar. Ele não descarta ninguém. Ele ordena a matéria, e, portanto, a história, para facilitar seu propósito de redenção última[10].

Deus realiza a redenção através do Filho, seu Logos, o mediador entre ele e a criação, entre ele e a história. A entrada da Palavra no tempo humano com a encarnação produziu um momento distinto, uma mudança decisiva na história da salvação universal. Os incidentes ocorridos na vida de Jesus sobre a terra estavam de acordo com as antigas profecias, revelando assim às nações a autoridade divina das escrituras judaicas. Por consequência, estas escrituras "prevaleceram sobre os eleitos tomados dentre as nações. [...] Porque, antes do advento de Cristo, era absolutamente impossível apresentar provas claras da inspiração divina das antigas escrituras. Mas o advento de Jesus levou [...] à nítida convicção de que elas foram compostas com a ajuda da graça celestial" (IV, i, 6). Cristo, através de sua encarnação, revelou a própria escritura como um meio de redenção divina, como a carta constitucional da igreja.

Mas se, com o advento de Jesus, ficou revelado tão claramente que a Bíblia é a palavra de Deus, por que então tantos deixam de interpretá-la corretamente? Por que a (verdadeira) igreja não é reconhecida universalmente? Os judeus rejeitam as pretensões cristãs porque as profecias da era messiânica não se cumpriram. (Durante a vida de Jesus, reconhece imediatamente Orígenes, nenhum leopardo deitava-se ao lado de cordeiros, nenhum leão comia palha como os bois; IV, ii, 1.) O texto bíblico está cheio de referências a Deus como instável ou colérico ou ciumento: ele muda de opinião a respeito de Saul (1Sm 15,11), ele "faz a paz e cria o mal" (Is 45,7), ele envia males sobre Jerusalém (Mq 1,12) e existem "dez mil outras passagens como estas". Como consequência, alguns leitores pensam que o texto se refere apenas ao deus dos judeus, o Criador, e "já que o Criador [na interpretação deles] é imperfeito e não bom, eles pensam que o Salvador veio aqui para proclamar um deus mais perfeito, que eles afirmam não ser o Criador, e a respeito do qual eles nutrem opiniões diversas" (IV, ii, 1; Orígenes tem em mente os valentinianos e os marcionitas). Por fim, os crentes "simples" na igreja do próprio Orígenes, embora pensem corretamente "que não existe ninguém maior do que o Criador, [...] acreditam a respeito dele coisas que não se acreditariam a respeito do mais selvagem e injusto dos homens" (IV, ii, 1).

"Ora, a razão por que todos aqueles que mencionamos sustentam opiniões falsas ou fazem afirmações ímpias ou ignorantes sobre Deus", explica Orígenes, "parece não ser outra senão esta: a escritura não é entendida em seu sentido espiritual, mas é interpretada de acordo com a simples letra" (IV, i, 2). Como todo ser criado, e como o próprio Cristo encarnado, também a escritura é tripartida, correspondendo seus níveis de sentido ao corpo ou carne (sentido literal ou histórico), à alma (sentido moral) e ao espírito (seu sentido mais profundo e místico; IV, ii, 4). Os equívocos aparecem quando alguém interpreta apenas de uma maneira, ou quando alguém interpreta erroneamente uma passagem que deveria ser interpretada de outra maneira. E mesmo uma leitura espiritual será incorreta se não for orientada pelos ensinamentos apostólicos da igreja de Orígenes.

Orígenes não despreza ou rejeita o sentido "corporal". Afinal de contas, foi neste nível empírico, deste mundo, que Cristo se encarnou verdadeiramente, e sua igreja se tornou conhecida das nações (IV, i, 6). A Bíblia é um livro de história, que contém "um relato da criação visível, da formação do homem e dos sucessivos descendentes, [...] histórias de guerras e conquistadores" (IV, ii, 8). Ela contém um número muito maior de passagens que são ao mesmo tempo historicamente verdadeiras *e* espiritualmente revelatórias do que passagens "com sentidos puramente espirituais" (IV, iii, 4; passagens de sentido puramente espiritual, porém, existem, IV, iii, 5). O nível psíquico ou "anímico" da compreensão é também muito valioso, comunicando importantes ensinamentos éticos. (Orígenes alude particularmente a Ex 20, os Dez Mandamentos, "úteis independentemente de qualquer interpretação espiritual", IV, iii, 4.) Mas só o sentido espiritual desvela o mistério da salvação, só o espírito pode revelar que "Israel é uma raça de almas e que Jerusalém é uma cidade do céu" (IV, iii, 8)[11].

A perspectiva de Orígenes a partir da eternidade não pode senão apresentar um esboço de elementos da tradição cristã anterior. Cristo redime do pecado, mas o faz não primariamente por sua encarnação como tal nem por sua morte e ressurreição corporal (embora não carnal). O "sacrifício" como tal não é o mecanismo da salvação, ou sua metáfora principal. Pelo contrário, Cristo "salva" através de sua função pedagógica. Ele serve como exemplo definitivo, para os crentes, daquilo que a alma que não foi manchada pelo mal pode realizar em termos de intimidade com Deus (IV, iv, 4). A "morte", na avaliação de Orígenes, assume também um sentido metafórico, já que os pecadores agora "sujeitos à morte" são em essência imortais. Assim também o "fogo eterno" como castigo do pecado: ele é, na verdade, o *auto*-tormento da alma pecadora, sua própria consciência acusadora (II, x, 4). As "trevas exteriores" onde os pecadores rangem os dentes são, na verdade, as trevas da profunda ignorância (Mt 8,12; *Sobre os primeiros princípios* II, x, 3). A linguagem punitiva da escritura mascara a qualidade autorreflexiva destes tormentos. O próprio Deus, o mestre perfeito e amoroso, disciplina; ele não "pune".

Os significados mais profundos de todos estes acontecimentos e estados são metafóricos, desviando deste mundo ligado ao tempo e apontando para o mundo eterno. Isto é assim porque o tempo e o universo, segundo a convicção de Orígenes, são apenas atores transitórios na divina comédia. Todos os seres racionais, crescendo em compreensão e inteligência, irão finalmente "avançar até o conhecimento perfeito", contemplando "face a face" a causa última de todas as coisas, alcançando a perfeição (II, xi, 7). Neste sentido, portanto, no Fim, para toda a sua criação racional, Deus será "tudo em todos" (1Cor 15,28).

***

Orígenes morreu em Cesareia em 254, vítima tardia da perseguição de Décio. Sua língua era o grego, sua formação filosófica excelente. Sentia-se à vontade com as ambiguidades interpretativas, apresentando frequentemente múltiplas opiniões e convidando seus ouvintes a escolher qualquer uma que lhes parecesse mais razoável (p. ex., III, vi, 9). Foi também um celibatário carismático por toda a vida. (Na verdade, tão tranquilo era seu ascetismo que surgiram dois boatos para explicá-lo: um, de que a serenidade de Orígenes fora alcançada através das drogas; o outro, que ela fora alcançada através da faca.) Em suma, suas circunstâncias e seu temperamento não podiam ter sido mais diferentes dos de Agostinho[12].

Nascido no norte da África em 354, muito tempo depois de Constantino ter unido os destinos do império aos da igreja, Agostinho fora um homem casado, pai de um filho, e por mais de dez anos um herege maniqueu. Sua carreira secular como professor de retórica só deu lugar finalmente à sua carreira eclesiástica: batizado na igreja católica em 386, tornou-se bispo de Hipona em 396. Como bispo, Agostinho teve incentivos políticos e institucionais para ser mais claro acerca da doutrina – e, sem dúvida, menos especulativo – do que Orígenes sempre tivera que ser: no tempo de Agostinho, com a doutrina transformada em política pública, o bispo era uma espécie de magistrado romano e os agentes imperiais solucionavam as disputas teológicas pela força. A aguda consciência que Agostinho tinha das dimensões sexual, social e política da vida humana afetou profundamente a maneira como ele entende o pecado. Ele investigou estas dimensões mais especialmente em sua vasta obra-prima *Cidade de Deus*[13].

Além disso, Agostinho nunca havia aprendido realmente o grego, uma limitação de consequências incalculáveis. Ele lia os dois testamentos de sua Bíblia apenas numa (tosca) tradução latina, fato que falseia suas opiniões sobre a linguagem e a interpretação como indicadores dos efeitos do pecado sobre a mente e a alma. E seu conhecimento tanto da filosofia grega pagã quanto da rica tradição de comentários patrísticos gregos, inclusive de Orígenes, estava limitado ao que ele podia obter em tradução latina. Em certo sentido, este isolamento linguístico-intelectual o colocava em situação desvantajosa; mas também forçava e até ampliava sua fogosa criatividade. Vemos isto da maneira mais clara em sua idiossincrática obra-prima, as *Confissões*[14].

Por fim, Agostinho atingiu a maturidade teológica no final dos anos 390 e início dos anos 400, justamente quando a tempestade da controvérsia origenista irrompeu violentamente sobre – e fez implodir – a comunidade mediterrânea de teólogos ortodoxos. As teorias da preexistência da alma pareciam de repente incomodamente próximas à heresia: a tradição ocidental inclinou-se sempre mais a considerar que a alma e o corpo começam a vida juntos ao mesmo tempo. E à medida que as almas se tornavam cada vez mais encarnadas, o mesmo acontecia com a história: a significativa arena da atividade de Deus deslocou-se para os acontecimentos neste mundo. Os fiéis recitavam credos que afirmavam sua crença na ressurreição corporal, e mesmo carnal. As chamas eternas do inferno queimavam de maneira atraente demais para renunciar a elas. E ninguém queria que Satanás fosse salvo[15].

Homem diferente, temperamento diferente, tempos diferentes – e, por conseguinte, visões muito diferentes sobre a justiça e a misericórdia e sobre o sentido e as consequências do pecado. Estas foram as principais questões que moldaram a obra à qual Agostinho dedicou sua vida, desde seus comentários sobre a carta de Paulo aos Romanos contra os maniqueus, na década de 390, até suas polêmicas contra Pelágio e especialmente contra Juliano de Eclano, na década de 420. A dimensão histórica e, portanto, a dimensão social do pecado; a dimensão linguística e, portanto, a dimensão cognitiva do pecado; a justiça e a misericórdia de Deus para com os pecadores e, portanto, a dimensão teológica do pecado: estes três componentes de sua ideia de pecado cristalizaram-se para Agostinho ao redor da figura do primeiro ser humano, Adão.

Por volta do século IV, Adão tivera uma longa carreira nos comentários filosóficos sobre o Gênesis, para os quais ele serviu como símbolo para o conceito de "mente". As raízes desta alegoria remontam ao pensamento judaico helenístico do século I, à obra *Sobre a criação do mundo* de Fílon de Alexandria. Nessa obra, Fílon havia decifrado o relato do pecado no jardim "espiritualmente", como um conto admonitório permanente: quando os sentidos ("Eva") se voltam para coisas terrenas ("a serpente"), eles podem perturbar até a mente ("Adão"; *Sobre a criação do mundo* 2.8; o próprio Agostinho repetiu esta alegoria uns três séculos mais tarde, em seu *Gênesis contra os maniqueus*, 1.19,30).

Além de ajudar o leitor a superar as dificuldades literais do relato (Por que Deus está tão irritado? Por que ele não quer que Adão saiba a diferença entre o bem e o mal? Donde veio a serpente?), esta alegoria moralizante conciliou muito mais rapidamente um ensinamento fundamental do platonismo: As almas são imortais por natureza e, por conseguinte, sua existência precede a vida no corpo carnal. Dependentes do divino, as almas são não obstante iguais ao divino pelo fato de não terem um começo temporal. O Gênesis, entendido alegoricamente, tratava da maneira como a alma se comporta, não da maneira como a alma "começa".

A perspectiva de Agostinho deixou de ver Adão como um *topos* alegórico e passou a vê-lo como uma personalidade histórica concreta. Na teologia de Agostinho, Adão começa a funcionar como o antepassado individual da humanidade, uma pessoa criada como corpo e alma juntos. Por conseguinte, Adão se torna também o claro ponto de origem para o pecado humano e, portanto, para a mortalidade humana. Mas estas novas considerações complicaram imediatamente a ideia de justiça divina. Como pode Deus ser justo ao punir cada geração da humanidade pelo pecado de um único antepassado distante?[16]

Orígenes havia defendido a justiça de Deus ao punir as consequências do pecado em todos os seres racionais postulando uma ideia coletiva. As almas não tinham um antepassado único; elas existiam todas individualmente desde a eternidade; todas as almas, exceto a de Jesus, pecaram. Já que todas elas pecaram, Deus foi justo ao colocá-las todas em corpos materiais (embora de vários tipos, já que almas diferentes caíram de maneira diferente; cf. p. 115ss.). E a corporificação em todo caso era disciplinar, não penal. Agostinho defende a justiça de Deus postulando uma ideia coletiva nova e diferente, a de "natureza humana". Na verdade, Adão pecou enquanto indivíduo à parte; mas, enquanto primeiro antepassado de toda a raça, Adão possuía "dentro" de si, de alguma maneira especial, toda a humanidade. Seu pecado foi o "nosso" pecado e "nós" pecamos quando ele pecou, porque nele *natura nostra peccavit*, "nossa natureza pecou". Desta maneira, de acordo com Agostinho, a justiça de Deus – punitiva, não propedêutica – caiu sobre todos os humanos igualmente[17].

O castigo afetou tanto o corpo como a alma. Como resultado da queda de Adão, o corpo humano tornou-se mortal, sujeito à morte. ("Nós nascemos da terra, e todos voltaremos à terra por causa do primeiro pecado do primeiro homem", diz Agostinho a um adversário maniqueu; *Contra Fortunato* 20.) Mas a alma também foi afetada, tornada "carnal"; todas as almas tornaram-se inclinadas para as importunações da carne pecadora e suscetíveis a elas. Nesta situação, o pecado tornou-se facilmente um formador de hábito; o hábito leva ao comportamento compulsivo; esse comportamento, por definição, escapa ao controle. Na realidade, a vontade humana depois da Queda, comprometida desta forma, não é tão livre como era em Adão antes de ele pecar. Ora, uma pessoa pode não *querer* pecar: criada pelo Deus bom, a pessoa deseja naturalmente o bem. ("Tu nos fizeste para ti", escreve Agostinho, dirigindo-se a Deus no capítulo inicial das *Confissões*, "e o nosso coração está inquieto enquanto não repousar em ti", 1.1,1.) Mas, depois de Adão, a vontade é deficiente: a pessoa agora funciona com uma espécie de capacidade diminuída, incapaz de realizar o bem se não for assistida pela graça.

Deus, contudo, ainda é justo ao considerar o pecador culposamente responsável, mesmo se o pecador não consegue deixar de pecar, por duas razões. Em primeiro lugar, o pecador (já que estava "em Adão") sofre o castigo universal pelo pecado de Adão – a capacidade diminuída da vontade – *justamente*. E, em segundo lugar, embora não consiga deixar de pecar, ele peca, no entanto, livremente, no sentido de que nada *fora* dele o obriga a pecar. Uma pessoa peca porque ela *opta* por pecar. Já que seu pecado é sua própria opção, ela é punida justamente[18].

Em suas *Confissões*, Agostinho explorou brilhantemente estas ideias sobre o pecado e suas consequências, em parte através do expediente da narrativa autobiográfica. Nos livros 1 a 8 ele fornece um relato sobre seu próprio passado, um relato de sua busca da felicidade (e, portanto, de Deus, a única fonte verdadeira da felicidade) em todos os lugares errados: no sucesso acadêmico, na aceitação social, no sexo, no maniqueísmo, na promoção profissional. O relato de sua busca culmina no livro 8, onde Agostinho fornece um inesquecível retrato de sua própria indecisão e vontade dividida. No final, ele se converte, mas unicamente, diz ele, com a ajuda do céu[19].

O relato da vida de Agostinho termina com seu batismo no livro 9; mas o livro das *Confissões* prossegue. Permanecem ainda 40% das 80.000 palavras da obra: análises filosoficamente ricas da memória (livro 10), do tempo (livro 11), da linguagem, da interpretação bíblica, da revelação divina (livros 12 e 13). O que aparece claramente das sublimes especulações destes difíceis livros finais é a questão que havia conduzido a narrativa de Agostinho desde o início: *Como* pode a humanidade decaída conhecer a Deus?

Por que é tão difícil encontrar Deus? Afinal de contas, observa Agostinho, Deus proporcionou muitas maneiras de conhecê-lo: a criação física, que é a obra de suas mãos; suas escrituras e sua igreja; seu divino Filho, "que é o mediador entre Tu que és o Uno e nós que somos muitos" (11.29,39, com proposital referência ao contraste platônico). E a própria alma anseia naturalmente por Deus (*Confissões* 1.1,1, citado na p. 126). Especialmente através da parte superior da alma, a mente feita à imagem e semelhança divinas, Deus proporcionou o caminho real de volta para ele (Gn 1,26-27; *Confissões* 13.34,49). Voltando-se para dentro, insiste Agostinho, a pessoa pode encontrar Deus, que está "mais intimamente em mim do que meu próprio íntimo" (3.6,11).

Mas é precisamente aqui, no eu profundo do buscador, que o pecado fez seu pior estrago. O pecado rompeu o eu humano separando vontade e afeto, pensamento e sentimento. (Para Agostinho como para Orígenes, e como para a tradição platônica em geral, o conhecer, o querer e o amar são, todos eles, funções de uma mente unificada.) Como está constituída hoje, a pessoa não pode escolher o que ela ama; e, se ela ama, não pode querer não amar. O amor, que é o motor da vontade, escapa ao controle da mente. Após a Queda, todos os amores da pessoa – não obstante as boas intenções – são mal-orientados *carnaliter*, e as pessoas agem de acordo. O que move uma pessoa não é o que ela conhece, mas o que ela deseja.

Agostinho sintetiza esta condição como a vontade dividida: a mente conhece uma coisa, mas deseja outra; ela pensa uma coisa, mas sente outra. Para Agostinho, Paulo descreve esta condição, o castigo universal pelo pecado de Adão, em sua carta aos Romanos: "Não compreendo minhas próprias ações. [...] Não faço aquilo que quero, mas aquilo que detesto. [...] Posso querer o que é reto, mas não sou capaz de fazê-lo. Pois não faço o bem que eu quero, e sim o mal que eu não quero" (7,15-20). E Agostinho capta memoravelmente este paradoxo paralisante de querer e não querer a mesma coisa ao mesmo tempo, descrevendo sua própria luta para entregar-se ao celibato como seu caminho para a igreja católica, quando rezou: *da mihi castitatem et continentiam, sed noli modo*: "Concede-me a castidade e a continência, mas não já" (*Confissões* 8.7,17).

Mesmo se o eu rompido do buscador deseja conhecer a Deus, ele é desconcertado por outra dificuldade. A capacidade da pessoa de conhecer qualquer coisa foi complicada e comprometida pelo exílio da humanidade no tempo. Depois do Éden, explica Agostinho, a experiência do tempo delimita diferenças cruciais entre a mente humana – ou seja, a imagem de Deus na humanidade – e o próprio Deus. Deus está fora do tempo. Ele conhece cada coisa perfeitamente e (um aspecto desta qualidade de conhecer) conhece cada coisa ao mesmo tempo, na "simultaneidade da eternidade" (11.7,9). Nenhum hiato separa o conhecer divino do querer divino e do fazer divino. A humanidade decaída, porém, tem uma experiência totalmente diferente do eu e do tempo. As pessoas conhecem incompletamente, querem ineficientemente, agem imperfeitamente. A consciência humana é deslocada, dilatada pelo viver no tempo.

Agostinho não consegue dizer o que é o tempo, mas dá uma descrição desnorteante de *como* é o tempo (11.14,17). O tempo, afirma ele, funciona psicologicamente: seus efeitos manifestam-se dentro da alma: "É em ti, mente minha, que eu meço o tempo" (11.27,36). O tempo é medido por seu fluxo, por seu incessante movimento do futuro (uma espécie de não-ser, já que ainda não existe) para o passado (outra espécie de não-ser, porque já não existe mais). O futuro ainda não existe; o passado já não existe mais. Entre estas duas planícies de não-ser, que se estendem infinitamente em cada direção, está a realidade singular do presente. Apenas o presente *existe* realmente.

No entanto, o próprio presente é inerentemente inapreensível:

> Se pudermos pensar num bocadinho de tempo que não pode ser dividido em momentos instantâneos,

por menores que sejam, apenas a este podemos chamar de "presente". E este tempo voa tão rapidamente do futuro ao passado que é um intervalo sem nenhuma duração. [...] Um momento presente não ocupa nenhum tempo (11.15, 20).

Toda a consciência de uma pessoa, sua capacidade de conhecer e de compreender, é circunscrita por este momento infinitamente pequeno e perpetuamente transitório e é limitada por ele. A experiência – por definição, apenas no presente – corre incessantemente como areia entre os dedos da alma. A partir deste constante fluxo de instâncias atomizadas, como pode uma pessoa conhecer algo, captar algo?

Para responder a esta pergunta, Agostinho reflete sobre a linguagem. A linguagem, como o pensamento, como a experiência, como a consciência, é também intrinsecamente dilatada no tempo. Também ela depende do fluxo, de uma passagem linear do ser (presente) para o não-ser (passado). As consoantes e as vogais alternam-se para formar fonemas, palavras sucedem a palavras, substantivos sucedem a verbos. Tanto em suas menores unidades (consoantes e vogais) quanto em suas unidades maiores (palavras, frases etc.), a linguagem funciona tendo um começo, um meio e um fim. (O antigo retórico Agostinho pensa em termos de linguagem falada e ouvida, 11.6,8–11.11,3.) Somente através do funcionamento integrativo da memória pode-se extrair da linguagem o sentido. Quando se chega ao fim de um som, de uma palavra, de uma frase, a memória recorda o todo e então interpreta o que os sons transmitem.

A interpretação e a compreensão, a obtenção do sentido, são assim realizações da memória, seja para a linguagem ou, em sentido mais amplo, para a própria experiência. O sentido, por conseguinte, nunca está imediatamente presente. Ele é sempre e necessariamente mediado, retrospectivo, imperfeito. Esta tenuidade do sentido – portanto, do conhecimento – é um sintoma, afirma Agostinho, da situação penal da humanidade no tempo. Verdade sem sombras, sentido sem mediação, amor sem conflito, só virão no final da história, quando o próprio tempo for devorado no "sábado da vida eterna" (13.36,51).

Na *Cidade de Deus*, pintando uma tela enorme – vinte e dois livros, escritos num período de mais de quinze anos, cobrindo toda a história humana –, Agostinho desenvolveu ainda mais estas ideias. Vista de uma perspectiva, *Cidade de Deus* é uma história universal do conflito entre dois tipos de amor, *amor dei* (amor a Deus) e *amor sui* (amor a si mesmo), desde a queda de Satanás até a redenção final. Vista de outra perspectiva, *Cidade de Deus* é uma recapitulação do pecado e de suas terríveis consequências para a humanidade, passada (começando no Éden), presente (nas relações de poder entre as pessoas, as comunidades, as sociedades e os impérios) e futura (quando os santos serão salvos e os pecadores serão condenados finalmente e para sempre).

Quando Deus criou a humanidade no jardim, afirma Agostinho, ele criou o ser humano como macho e fêmea, com corpos de carne unidos *ab initio* ao espírito ou alma. Desta interpretação aparentemente simples do Gênesis Agostinho tira algumas conclusões radicais. Em primeiro lugar, e em nítido contraste com Orígenes, Agostinho insiste que a opção de Deus de unir corpo e alma significa que *o corpo carnal foi o habitat da alma, desejado por Deus já antes da Queda*. Em segundo lugar – de maneira ainda mais radical, devido ao incentivo dado pelo cristianismo contemporâneo à virgindade e ao celibato sexual –, Agostinho insiste que a criação de Adão *e Eva* por Deus significa que, *mesmo antes da Queda*, ele pretendera que *os humanos fossem sexualmente ativos, que "fossem fecundos e se multiplicassem" precisamente através da união sexual entre macho e fêmea*. Por que outro motivo iria Deus preocupar-se com o gênero?[20]

Agostinho especula sobre o que o sexo sem pecado – portanto, sem as desordens da luxúria e sem as humilhações do prazer – teria sido. "Os órgãos sexuais teriam sido postos a funcionar pelo mesmo comando da vontade que controlava os outros órgãos. Depois, sem sentir a sedução da paixão espicaçando-o, o marido teria relaxado no regaço de sua esposa com tranquilidade de ânimo", sem a "condição mórbida" da luxúria, simbolizada e efetuada pela ereção involuntária. Ereção, ejaculação, inseminação, concepção: todas teriam acontecido ao arbítrio da vontade. E a união sexual também não teria comprometido a virgindade: "A semente masculina poderia ser introduzida no útero sem nenhuma perda da integridade de sua esposa, assim como o fluxo menstrual pode agora ser expelido do seio de uma virgem sem perda da virgindade" (*Cidade de Deus* 14.26). A mente racional teria presidido à união sexual. O corpo teria estado sob o controle completo da alma, que teria tido o controle completo de si mesma – da maneira como Deus criou originalmente Adão, da maneira como se esperava que a humanidade iria ser.

O que aconteceu? Embora Adão tenha tido completa liberdade de vontade, sendo plenamente capaz de não pecar, ele optou por desobedecer ao mandamento divino. Por isso, Deus golpeou-o no agente ofensor, a própria vontade; e, já que alma e corpo estão imediata e intimamente unidos, o castigo imposto à alma manifestou-se instantaneamente na carne (13.13). "Apareceu no corpo deles certa novidade indecente que tornou vergonhosa a nudez", escreve Agostinho, "e os tornou autoconscientes e cobertos de confusão" (14.17; cf. 13.3, sobre a experiência que Adão teve da "rebelião e desobediência do desejo em seu corpo"; cf. Gn 3,7). A desunião básica entre corpo e alma, posta em prática cada vez que o par humano tinha relações sexuais, repetia uma ulterior desunião com a qual cada geração da espécie também seria amaldiçoada: a alma, criada por natureza junto com a carne, seria arrancada do corpo, contra a vontade, por ocasião da morte. "A morte tira a alma do corpo contra a vontade dela" (*Cidade de Deus* 21.3). A própria morte, uma consequência direta da Queda, é a manifestação definitiva do poder enfraquecido da vontade.

Esta interpretação do Gênesis proporcionou a Agostinho também uma maneira de teorizar sobre *como* o pecado de Adão foi transmitido de uma geração à seguinte. A ciência médica antiga pensava que, para haver concepção, era preciso que o orgasmo "aquecesse" a semente (tanto masculina quanto feminina) a fim de produzir o embrião. Agostinho discorreu teologicamente sobre este momento. Antes da Queda, o orgasmo teria sido volitivo e não comprometido pelo prazer que produz vergonha. Após a Queda, porém, a concepção passou a depender precisamente do radical enfraquecimento do controle racional da mente sobre o corpo no momento do orgasmo. Desta maneira, a criança, em corpo e alma, nasce como uma *tradux peccati*, literalmente um "ramo do pecado". Cristo, pelo contrário, era sem pecado tanto no corpo quanto na alma, porque nasceu independentemente da reprodução humana normal. Sua carne ele a obteve de Maria, que concebeu como virgem; sua alma veio da mesma fonte donde veio a de Adão – a saber, Deus. Diferentemente dos outros humanos, portanto, Cristo estava livre para amar a Deus e aos outros com total abnegação; ele gozava de uma união de amor e vontade desconhecida desde o Éden. Através de sua encarnação sem pecado, Cristo revelou aos humanos como eles deveriam ter sido – mas após a Queda não podiam mais ser – e também como, após a ressurreição, eles serão: impecável e harmoniosamente unidos em carne e espírito, em corpo e alma[21].

O sacramento do batismo (conferido até às crianças) e a doutrina da igreja (fora da qual não há salvação) confirmavam a visão que Agostinho tinha da transmissão do pecado original.

Começando a raciocinar a partir da necessidade universal de salvação em Cristo até à condenação de todas as pessoas – até mesmo das crianças – caso não ocorresse o batismo, Agostinho concluiu que a razão para esta condenação só podia provir de Adão, a origem de toda a raça e, portanto, a fonte do pecado original. O pecado original, através do justo juízo de Deus, faz com que toda pessoa nasça da *massa perditionis*, literalmente, a "massa condenada" – uma referência a Paulo e a Rm 9,21-23, a *massa* de argila da qual o oleiro Deus molda a humanidade (*Cidade de Deus* 21.12).

À luz deste material humano, causa alguma surpresa que a vida social da humanidade decaída esteja tão arruinada por discórdias, injustiças e guerras incessantes? Os cidadãos da cidade terrena, a cidade do homem, fechados em seu amor-próprio, guerreiam constantemente contra os cidadãos da cidade celestial, os que amam a Deus, enquanto residem no tempo. Sempre foi assim, desde que o fundador da cidade terrena, Caim, matou Abel, representante da cidade de Deus (15.1). Mas a cidade terrena também guerreia constantemente em e contra si própria: "A raça humana, mais que qualquer outra espécie, é ao mesmo tempo social por natureza e briguenta por perversão" (12.21; sobre as relações de poder de modo mais geral, cf. 19.7-17). A ânsia de poder (*libido dominandi*) caracteriza todas as sociedades humanas, sejam pagãs ou cristãs, sejam pequenas ou grandes. "O que são os reinos, senão grandes bandos de ladrões? O que são os bandos de ladrões, senão pequenos reinos?" (4.4). Até a própria igreja, antes do Fim, é um *corpus permixtum*, uma sociedade composta por uma população mista, que contém tanto os réprobos quanto os bons (18.49). Paz sem guerra, uma sociedade sem relações de poder, podem e irão acontecer somente no fim da história, quando a natureza humana, corrompida pela Queda, for ela própria curada e aperfeiçoada na ressurreição final.

Mas quem da família humana estará nesta sociedade de santos? O que acontecerá com os que não foram eleitos para a salvação? Se toda a humanidade está aprisionada em sua condição de pecado, de modo que ninguém pode querer efetivamente *não* pecar, se é Deus somente quem concede apenas a alguns pecadores a graça de serem capazes de não pecar, então com que fundamento toma Deus sua decisão? E, se ele é totalmente bom e todo-poderoso, por que permitiu que as coisas acontecessem como aconteceram, condenando toda a humanidade pela transgressão de Adão?

Na década de 390, pouco antes de escrever as *Confissões*, Agostinho havia considerado estas questões contra o desafio dos maniqueus. Os maniqueus haviam argumentado que o deus bom faz *apenas* o bem. Qualquer coisa má – inclusive o pecado – deve, por conseguinte, proceder de outra potência oposta a Deus e independente dele. (Se esta potência maligna não fosse independente de Deus, Deus seria cúmplice na execução do mal.) A experiência viva atestava o conflito cósmico entre dois campos independentes e opostos: Luz e Trevas, Bem e Mal. E o ser humano era uma miniatura desta intensa batalha. Seus fracassos morais refletiam a força das potências das Trevas guerreando dentro dele – "a lei dos meus membros", como escreveu Paulo, "que luta contra a lei de minha razão" (Rm 7,23-25). As pessoas pecavam não porque queriam, diziam os maniqueus, mas porque eram forçadas a fazê-lo: elas pecavam porque eram vencidas pelo Pecado[22].

Ao argumentar contra os maniqueus em defesa da liberdade da vontade e de um deus que era justo e ao mesmo tempo bom, Agostinho, assim como Orígenes antes dele, precisara considerar as afirmações de Paulo em Rm 9. Como podia um deus justo endurecer primeiro o Faraó, e depois puni-lo? Como podia ele honestamente preferir Jacó a Esaú, se nenhum deles havia feito nada de bom nem de mau porque ambos estavam ainda no seio materno? (Ao contrário de Orígenes, Agostinho não invoca nenhuma escolha moral pré-corporal para explicar os destinos separados dos gêmeos; cf. p. 119.) Na verdade, como pode Deus considerar merecidamente responsáveis os pecadores, ou recompensar merecidamente os que não pecam, se ambos os lados servem inteiramente à sua prerrogativa, os vasos humanos servindo ao oleiro divino?

Foi neste contexto que Agostinho primeiro interpretou toda a humanidade como *massa luti* ou *massa perditionis* ou *massa peccati* – uma "massa de argila", uma "massa de perdição" ou uma "massa de pecado", referindo-se à argila da qual o oleiro Deus molda seus vasos em Rm 9,21. Ao formular esta ideia em sua polêmica contra os maniqueus, Agostinho desenvolveu a ideia da livre vontade como um gambito da dama: depois de Adão, a vontade já não era livre sem mais. A vontade humana é livre apenas para pecar; mas isto acontece por causa dos amores desordenados da própria alma, não por causa de alguma força externa irresistível e má (como ensinavam os maniqueus). Depois de Adão, insistia Agostinho, toda a humanidade está condenada; com efeito, a condenação é tudo o que alguém merece: "A humanidade pecadora precisa pagar uma dívida de castigo à justiça divina suprema" (*A Simpliciano* 1.2,16). Portanto, Deus "endurece" o Faraó deixando-o em seu estado pecador. Deus não faz nada para prejudicá-lo efetivamente, mas simplesmente não o ajuda (1.2,15-18). A mesma coisa ocorre com Esaú: Deus não prejudica, ele simplesmente não ajuda.

Na verdade, à luz da tendência universal da humanidade para o pecado, a questão se torna não: Como Deus é justo condenando Esaú?, e sim: Como Deus é justo redimindo Jacó? Como, se ambos eram igualmente "pecadores", Deus julgou entre um e outro? A resposta de Agostinho é: Só Deus sabe. A piedade exige que o crente afirme que Deus *deve* ter bons motivos, mas esses motivos só ele os conhece: eles são *occultissimi*, "extremamente secretos". *Aequitate occultissima et ab humanis sensibus remotis-*

sima iudicat: "Ele julga por um padrão de justiça extremamente secreto e distante da medida humana" (*A Simpliciano* 1.2,16). Nós nunca podemos saber por que Deus faz o que faz, por que ele salva um pecador em vez de outro. Será que as pessoas têm dificuldades com a inescrutabilidade de Deus? "Quem és tu, ó homem, para discutir com Deus?" (1.2,18, citando Paulo em Rm 9,20).

Na *Cidade de Deus*, Agostinho invoca esta inescrutabilidade divina para explicar toda a história da salvação. Por que Deus permitiu que os anjos rebeldes se revoltassem? Por que criar a humanidade, se ele sabia de antemão que o resultado seria o pecado? Por que prosseguir, se uma parte tão grande de sua criação seria condenada ao castigo eterno? "Esta foi a decisão de Deus; um decreto justo, embora inescrutável para nós", aconselha Agostinho. "Pois a Escritura diz: 'Todas as veredas do Senhor são misericórdia e verdade' (Sl 25,10). Sua graça não pode ser injusta; nem sua justiça pode ser cruel" (*Cidade de Deus* 12.27). Não podemos nem ver nem saber *como* Deus é justo; só podemos afirmar pela fé que ele é justo. Se, por pura misericórdia, Deus opta por salvar alguns de seu justamente merecido castigo de condenação eterna, então a única resposta apropriada e piedosa consiste em ser grato por sua compaixão.

Mas quem Deus salva do pecado e quem ele abandona ao pecado? Agostinho responde:

> A humanidade inteira é uma *massa perditionis*, uma massa condenada, porque aquele que cometeu o primeiro pecado foi punido e, junto com ele, toda a descendência que tinha nele suas raízes. O resultado é que ninguém pode escapar deste castigo justamente merecido, a não ser pela graça misericordiosa e imerecida. A humanidade está dividida entre aqueles nos quais é demonstrado o poder da graça misericordiosa e aqueles nos quais se mostra o poder da justa retribuição. Estas duas coisas não

poderiam ser mostradas em toda a humanidade, porque, se todos permanecessem condenados, não se teria visto a graça misericordiosa de Deus. E, se todos tivessem sido transferidos das trevas para a luz, a verdade da vingança de Deus não se teria tornado evidente. *São em muito maior número os condenados pela vingança do que os libertados pela misericórdia* (21.12).

Desta maneira Agostinho dedica o penúltimo livro desta longa obra, *Cidade de Deus* 21, a uma investigação da condenação eterna. Tanto os malvados quanto os salvos serão ressuscitados em seus corpos físicos no fim dos tempos, afirma ele. A pergunta então é a seguinte: Pode um corpo carnal suportar uma dor que é eterna? (21.3). Pode ele queimar para sempre, sem ser consumido? (21,2). Certamente, responde Agostinho: já que a carne ressuscitada será constituída de maneira diferente de como ela é atualmente, Deus disporá o inferno de tal maneira que "o verme nunca morrerá e o fogo nunca se apagará". Isto será conseguido por "um milagre do Criador onipotente" (21.9).

Mas estes castigos não são temporários, suportados como um processo de purificação? Talvez sejam temporários para algumas pessoas, concede Agostinho, mas não para a maioria (21.13). Talvez, então, o castigo não dure para sempre? "Estou consciente de que devo agora discutir [...] com aqueles cristãos compassivos que se recusam a crer que as penas do inferno serão eternas", responde Agostinho. "Neste ponto o mais compassivo de todos foi Orígenes, que acreditava que o próprio Demônio e seus anjos seriam resgatados de seus tormentos" (21.17). Mas esta opinião é perversa, diz Agostinho: ela contradiz as palavras expressas de Deus. Satanás e seus lacaios são irredimíveis; e, sem dúvida, nem toda a humanidade será salva – nem através da intercessão dos santos (21.18), nem através da pertença à verdadeira igreja (21.20), nem através da graça dos sacramentos (21.25). O inferno é o inferno. Seus tormentos são sua razão de ser. Ele dura para sempre.

O que dizer então desses poucos, desse pequeno número de poucos afortunados, que Deus em seu misterioso juízo elege para a salvação? Como Agostinho interpreta a redenção final deles? Ao passar para este tópico, que é o tema do último livro da *Cidade de Deus*, Agostinho evoca as antigas profecias judaicas presentes em Isaías e Daniel, que falam do estabelecimento do reino de Deus e da Jerusalém renovada como moradia dos santos (22.3).

Séculos antes, Justino Mártir, refletindo sobre estes versículos e outros semelhantes, havia afirmado que os santos seriam ressuscitados em seus corpos carnais, que eles se reuniriam em Jerusalém e que ali reinariam com Cristo por mil anos (*Trifão* 80-81; cf. p. 97-100). Agostinho, da mesma forma que Justino, está também comprometido com a ideia da ressurreição da carne; e também ele sustenta que o reino de mil anos dos santos ocorre na terra. Mas a interpretação dada por Agostinho a estas tradições difere nitidamente da interpretação de Justino e das tradições do milenarismo cristão (e especialmente norte-africano) de modo mais geral. O reino está, na verdade, ligado ao retorno de Cristo no corpo, afirma ele; mas esse acontecimento já ocorreu séculos antes, durante a primeira geração dos apóstolos, quando a igreja – que é o corpo de Cristo – chegou a Pentecostes (20.6-9). Os santos (especialmente através das suas relíquias corporais) reinam com Cristo, através da igreja, sobre a terra, e o farão por 1.000 anos (20.9). Mas 1.000 é um símbolo, não uma quantidade: enquanto 10 x 10 x 10, ele representa a totalidade e a perfeição, não expressa um número de anos (20.7). Assim o reino dos santos durará "mil anos", ou seja, até que se completem os tempos, seja quando for que isso aconteça (20.9). Só então, nesta data futura desconhecida e incognoscível, terá lugar a ressurreição final e ocorrerá a separação entre os salvos e os condenados.

Pode a carne ser salva? Como Paulo e como muitos cristãos antigos posteriores de todas as seitas e convicções, Agostinho interpretou o termo *carne* como uma expressão para indicar o pecado: assim como *espírito*, o termo *carne* funcionava muito frequentemente como uma categoria moral. Através da Queda, a alma humana tornou-se "carnal", sujeita a pecar: e desde então, os humanos amaram e viveram *carnaliter* e *secundum carnem*, "de acordo com a carne", na fraseologia paulina. Mas na ressurreição corporal, ensina Agostinho, a carne humana será tornada "espiritual" – ou seja, inteiramente livre do pecado, totalmente dirigida para o espírito e pelo espírito. Em outras palavras, Agostinho pode, com Paulo, insistir que o corpo carnal será ressuscitado espiritual (1Cor 15,44), mas "espiritual" para Agostinho (diferentemente de Paulo) refere-se somente à orientação moral do corpo, *não* à sua substância: o corpo ressuscitado, para Agostinho, ainda será feito de carne (13.20; 22.21; 22.24). A ressurreição do próprio Cristo na carne, afirma ele, é o protótipo da ressurreição do crente (18.46). O corpo ressuscitado será também semelhante ao de Cristo em estatura – ou seja, a pessoa ressuscitará como ela era antes em seu auge (22.15). Este corpo ressuscitado, além disso, será fisicamente perfeito: as pessoas gordas agora não serão gordas então, nem as pessoas magras agora serão magras então (22.19). Os mutilados terão seus membros restaurados (22.20). O corpo ressuscitado terá até gênero: a mulher ressuscitará como mulher (22.17; houve, evidentemente, alguma controvérsia em torno desta questão). E o céu não tem crianças: na transformação da ressurreição, até as crianças ressuscitarão como adultos maduros (22.14).

Justamente por servir tão bem como sinédoque principal de Agostinho para o pecado, a carne ocupa o lugar central de sua teologia, focalizando os fundamentos da doutrina cristã. Seu criador foi o próprio Deus, que declarou a carne "boa" (doutrina da criação); ela foi assumida de modo verdadeiro e pleno por Deus Filho (doutrina da encarnação); no fim dos tempos, como foi pressagiado pelo corpo ressuscitado do próprio Cristo, ela será redimida (doutrina da ressurreição). Com efeito, o mistério e mensagem central do cristianismo, insiste Agostinho, é a redenção da carne.

Esta convicção impulsionou Agostinho a empreender diversas abordagens originais e criativas da Bíblia. Sua teologia do tempo e da linguagem já havia relativizado o texto da Bíblia. A Palavra de Deus, uma vez encarnada na palavra escrita, representava a tradução fundamental da escritura da intemporalidade da esfera divina (*Confissões* 11.7,9) para as contingências históricas – e as enlouquecedoras incertezas – da linguagem humana (cf. p. 130). A respeito das diferenças e até discrepâncias entre o hebraico antigo da Bíblia e o grego da Septuaginta, por conseguinte, Agostinho mostra um notável sangue-frio. Ele as reconhece francamente, e fala até dos erros cometidos pelos tradutores da Septuaginta (*Cidade de Deus* 15.10). Às vezes, sustenta Agostinho, estes erros ou diferenças foram inspirados pelo Espírito Santo, para que o texto grego possa vaticinar uma verdade cristã onde o hebraico não o poderia – um bom motivo para não corrigir o texto grego com base no hebraico (18.43; Jerônimo, que fez uma nova tradução do Antigo Testamento do hebraico para o latim, não teria gostado desta opinião). Mas a coisa mais importante a recordar quando se interpreta qualquer texto bíblico, afirmava Agostinho, era não perder de vista o testemunho histórico dos livros: apesar das ilimitadas interpretações espirituais, a Bíblia oferece, em primeiro lugar, "um registro fiel do fato histórico" (13.22; cf. 15.27, sobre o significado alegórico e histórico). E invertendo virtualmente o ensino de Orígenes, Agostinho sustenta que, embora nem todo versículo da Bíblia tenha um sentido alegórico, cada versículo tem sim um sentido histórico (17.4; cf. p. 121 do presente volume).

O compromisso de Agostinho com o testemunho histórico da escritura levou-o a uma espantosa novidade a respeito da questão dos sacrifícios de sangue judaicos. A honestidade destes sacrifícios foi simplesmente admitida pela maioria dos judeus do período final do Segundo Templo, entre eles Jesus e Paulo. Na medida em que as tradições eucarísticas remontam ao Jesus histórico, nessa mesma medida podemos conjeturar que ele dava tanto valor ao sacrifício a ponto de usá-lo como uma analogia fundamental para sua própria obra. E Paulo apreciava o culto do templo ao ponto de apresentar o próprio Cristo como um sacrifício do templo e ao mesmo tempo como um sacerdote do templo (cf. p. 45) e usou os protocolos do templo para fornecer uma metáfora orientadora para entender como Deus estava integrando os pagãos batizados na iminente redenção de Israel (cf. p. 47). Os próprios autores dos evangelhos, aproximadamente na geração que se segue a Jesus e Paulo, também apresentaram Jesus como uma espécie de sacrifício pelo pecado (cf. p. 31). O templo de Jerusalém, a legislação bíblica sobre a purificação e as oferendas, os pressupostos culturais acerca da maneira como os sacrifícios funcionam para efetuar a expiação: são estes os *fundamenta* da apresentação de Jesus e de sua missão, feita pelas tradições mais primitivas[23].

Os cristãos gentios do século II, por outro lado, décadas após a destruição de Jerusalém pelos romanos, censuravam os judeus por se terem entregado sempre a algo tão patentemente "pagão" como os sacrifícios de sangue. Deus havia instituído seus próprios protocolos sacrificiais na esteira do incidente do Bezerro de Ouro, ensinava Justino Mártir, apenas como "uma condescendência, [...] para não servirdes aos ídolos" (*Trifão* 19). A matriz do sacrifício de sangue era o culto pagão, a cultura pagã, diziam estes teólogos; ele nunca foi apropriado para o culto ao deus verdadeiro. E os judeus, interpretando as leis do sacrifício carnalmente (ou seja, oferecendo de fato animais) em vez de espiritualmente, como alegorias de Cristo, puseram em prática sua própria obstinação religiosa, indiciando-se a si mesmos como um povo carnal e pecador (*Trifão* 13, 15-16, 27 e *passim*; cf. p. 97 e 107).

Lendo a Bíblia *ad litteram*, "historicamente", Agostinho virou de cabeça para baixo este tropo antijudaico. A Bíblia não dissimulou, insistiu Agostinho. Se ela representou Deus ordenando estas oferendas, então estas oferendas são aquilo que Deus queria e foram apropriadas e boas. Mas por quê? Já que Deus obviamente não tem nenhuma necessidade de sacrifícios, diz Agostinho, a finalidade destes deve ter sido pedagógica. Deus quis "ensinar-nos algo que seria bom nós conhecermos, que era adequadamente simbolizado por estas oferendas" (*Contra Fausto* 6.5). E qual foi esta lição? Que seu Filho viria na carne e purificaria a humanidade através de seu próprio sangue (18.6; 22.21). Os sacrifícios de sangue judaicos, entendidos historicamente, prefiguravam substancialmente o sacrifício do próprio Cristo encarnado.

Justino dissera quase a mesma coisa, mas havia tirado a ulterior lição de que *só* Cristo era o verdadeiro sacrifício; portanto, concluiu ele, os sacrifícios judaicos estavam errados (cf. p. 107). Se a abordagem de Justino era uma abordagem ou/ou, a de Agostinho era uma abordagem tanto/quanto. Jesus era o verdadeiro sacrifício de sangue prefigurado pelos sacrifícios judaicos e os judeus *tinham razão* em interpretar as leis do sacrifício *secundum carnem*. Desta maneira, os judeus não só preservavam a palavra profética de Deus contida em seu livro; eles também *punham em prática* a profecia *historicamente*, proclamando a verdade da Encarnação *ad litteram*, através de suas ações (*Contra Fausto* 12.9; 14.6 e *passim*). Mas, então, qual era a inegável semelhança entre os sacrifícios de sangue judaicos e os sacrifícios de sangue pagãos? Eles pareciam semelhantes, argumentou Agostinho, não porque os judeus tivessem imitado os rituais pagãos, mas porque demônios malévolos, exigindo culto dos pagãos, os desencaminharam imitando sacrilegamente os ritos judaicos estabelecidos por Deus (20.18). Além disso, a Bíblia já havia mostrado historicamente, através do exemplo de Abel, que o sacrifício de sangue havia sido agradável a Deus já desde os inícios da humanidade (22.17; Gn 4,4). O sangue, ensinava Agostinho, seja o do culto no templo ou específica e finalmente o do Cristo encarnado, obtém realmente a expiação pelo pecado[24].

Mas Cristo fez mais do que vir na carne e morrer na carne: para redimir a carne, ele foi também ressuscitado na carne e – mais surpreendentemente ainda – subiu ao céu com sua carne (*Cidade de Deus* 18.46). O céu é também a meta do cristão ressuscitado. Contra as tradições tanto do milenarismo cristão (que havia esperado uma redenção terrestre) quanto do pensamento científico de seu tempo (o peso dos elementos, 13.18; a organização do cosmos 22.4; 22.11), Agostinho insiste que a redenção final *não* virá na terra. Ela virá no céu, para onde subirão os santos em seus corpos restaurados e aperfeiçoados – "possuindo a substância da carne, mas isentos de qualquer corrupção carnal". Ali eles experimentarão a maior alegria possível: o conhecimento de Deus sem mediação. Não há mais palavras. Não há mais livros. Não há mais interpretação. Na eternidade, não há mais tempo: "Conhecimento sem erro, sem impor trabalho! Pois beberemos da Sabedoria de Deus [Cristo] em sua própria fonte, com suprema felicidade, sem qualquer dificuldade" (22.24).

No céu, carne sem pecado. A humanidade terá passado do primeiro estado de Adão, ser capaz de pecar (*posse peccare*) e igualmente não pecar (*posse non peccare*), passando pelo estado decaído de Adão, não ser capaz de não pecar (*non posse non peccare*), e chegando à posse de um grau de liberdade maior do que Adão algum dia teve, não ser capaz de pecar (*non posse peccare*) – não porque a vontade não seja livre, insiste Agostinho, mas porque a vontade "será tanto mais livre pelo fato de ser libertada do prazer de pecar e fixada no indeclinável prazer de não pecar" (22.30). Como para Orígenes, portanto, e como para as tradições da filosofia moral grega que ambos utilizam, assim também para Agostinho: a vontade verdadeiramente livre escolhe apenas o bem.

Muita coisa ainda distingue suas respectivas visões da redenção eterna. Para Orígenes, os seres racionais redimidos formam uma "sociedade" radicalmente igualitária, já que o Deus escrupulosamente justo fez, no início atemporal, todas as almas "de uma única massa", com a mesma capacidade de escolher livremente (cf. p. 119). A sociedade celestial de Agostinho tem gênero, categorias e *status*. Os que eram virgens, ou os que eram mártires, terão um "grau de honra" maior do que os que não o eram. O milagre escatológico consistirá em que ninguém sentirá inveja dos superiores: ao contrário do que acontece na antiga cidade terrena, "a organização será harmoniosa" (22.30). O alcance da redenção é muito mais amplo para Orígenes, que considera todo o cosmos superior corporificado, e não só a humanidade, como o objeto da missão salvadora de Cristo; para Agostinho, o único foco da missão de Cristo era apenas a humanidade.

A maior diferença entre Orígenes e Agostinho talvez seja o temperamento de seus respectivos deuses. O deus de Orígenes ama toda a sua criação e atua para salvar cada ser individual. O deus de Agostinho, justamente encolerizado com o pecado, redime apenas um pequeno número de pessoas, apenas o suficiente para mostrar sua misericórdia (21.12). Mas como acontece com Orígenes, assim também com Agostinho: o retorno da alma ao Uno – o grande destino da alma sábia no platonismo tardio – é refletido através da visão escatológica de Paulo em 1Cor 15,28. No Fim, "Deus será tudo em todas as coisas" (*Cidade de Deus* 22.30).

Epílogo

As antigas ideias de pecado fornecem um ponto de orientação a partir do qual podemos passar a examinar outros conjuntos de conceitos que definiram as primeiras formas de cristianismo. Quem é salvo do pecado, e como? Que textos e conceitos definem o que é o pecado e também a maneira de lidar com ele? Como o pecado define a redenção? E, finalmente, o que as ideias de pecado nos dizem sobre as correspondentes ideias de humanidade e de Deus?

As sete figuras que examinamos convergem e ao mesmo tempo divergem em suas respostas a estas perguntas. As duas mais antigas, Jesus e Paulo, falavam a públicos diferentes. Jesus concentrava-se nos judeus contemporâneos em vista de sua missão, Paulo concentrava-se nos pagãos. Por conseguinte, cada qual lidava com ideias diferentes de pecado. Para Jesus, como para seus ouvintes, o pecado é primariamente um pecado "judaico", que infringe os (dez) mandamentos. Jesus ensina maneiras de não fazer isto, especialmente no Sermão da Montanha de Mateus (cf. p. 25); e ensina também que o arrependimento reintegra o judeu nas boas relações com seus companheiros e com Deus. O estímulo específico para esta mensagem – coerente com a tradição religiosa inata de Jesus – foi sua convicção de que o deus de Israel estava prestes a estabelecer o seu reino. Quem entraria? Aqueles judeus que escutavam os ensinamentos de Jesus e aceitavam sua autoridade de anunciar a chegada do reino entrariam antes daqueles judeus que o rejeitavam.

Quando chegaria o reino? Muito em breve. Onde chegaria? Se pudermos extrapolar das declarações de Jesus sobre beber vinho no reino e da atividade de seus discípulos após a ressurreição, o reino chegaria sobre a terra, em Jerusalém. O deus de Israel recebe os pecadores arrependidos, ensinava Jesus; e, nesse misericordioso perdão, Deus dava um exemplo de como os seguidores de Jesus deveriam tratar-se uns aos outros[1].

Figura 5. Christus Militans. Este belo jovem sem barba, vestido como um soldado romano (talvez como um imperador), é uma representação do Cristo do cristianismo imperial feita no século VI. O mosaico proclama visualmente questões teológicas de princípio. A figura pisa um leão e uma serpente, lembrando um verso do Sl 91,13, enquanto o texto da tabela que ele traz na mão proclama sua identidade como o Cristo joanino: "Eu sou o caminho, a verdade e a vida" (Jo 14,6). Desta forma, a imagem une o Antigo Testamento e o Novo em torno da figura de Jesus, cujos trajes militares por sua vez proclamam a relação entre igreja e império. (Note-se como o mosaico se refere delicadamente à crucificação de Jesus!) Esta simbiose política romana posterior entre autorida-

de religiosa e poder imperial servia para desautorizar a diversidade religiosa contemporânea; para privar dos direitos civis as minorias pagãs, judaicas e cristãs; e para "reescrever" a história das origens cristãs. Cortesia da foto: Erich Lessing/Art Resource, Nova York. Museu arquiepiscopal, Ravena, Itália.

A missão estendeu-se aos pagãos só após a morte de Jesus. Como vimos ao considerar Paulo, o pecado "gentio" – definido também pelo apelo à escritura judaica – é imaginado de maneira diferente do pecado "judeu". Os gentios veneram deuses diferentes do deus de Israel e o fazem recorrendo a ídolos. A tradicional retórica judaica contra essa veneração, utilizada por Paulo, trata profusamente dos pecados que acompanham o oculto aos ídolos: roubo, adultério, homicídio e (especialmente) fornicação (cf. p. 34s.). Os gentios que desejam um lugar no reino vindouro de Deus – agora ligado, para Paulo e para outros dentre os primeiros apóstolos, à segunda vinda de Cristo – entram através do batismo em Cristo; impregnados assim de *pneuma*, o espírito divino, eles renunciam aos seus ídolos, recusam o culto aos falsos deuses e vivem de acordo com a ética judaica idealizada (cf. p. 56).

Quem povoa o reino quando ele chega? Novamente, Jesus parece ter falado primariamente a Israel e a respeito de Israel; mas a missão que surgiu em torno de sua mensagem e memória adaptou-se tão rapidamente a uma missão gentia que podemos ter motivos para supor que Jesus se situou nas correntes mais amplas e mais universalistas da esperança apocalíptica judaica. A demografia do reino refletiria a do mundo pré-redimido: conteria tanto gentios quanto judeus. A esta mesma pergunta Paulo dá uma resposta em duas etapas: primeiramente, agora, no reino proléptico representado pela *ekklêsia*, aqueles pagãos que dão ouvidos a Paulo e aqueles judeus que concordam com Paulo ("um resto por escolha gratuita"); mas, finalmente, todo o Israel e a totalidade dos gentios. No Fim, Deus, o justo e misericordioso soberano da história humana, cumprirá tanto suas promessas a Israel ("pois os dons e o chamado de Deus são irrevogáveis") quanto sua promessa a Abraão a respeito dos gentios (que, como o foi Abraão, serão "tornados justos através da fé").

A redenção humana do pecado, em suma, é imaginada e apresentada numa escala muito mais ampla nas cartas de Paulo do que nos evangelhos sinóticos, nos quais Jesus permanece focado primariamente, senão exclusivamente, na redenção de Israel. Mas, de qualquer maneira, a redenção paulina está numa escala muito maior: Paulo espera que as potências celestiais, os deuses cósmicos inferiores dos panteões pagãos, ponham um fim à sua rebelião contra o deus de Israel e também, finalmente, se ajoelhem diante de seu vencedor, seu Filho; e o próprio Pecado, enquanto força cósmica, será completamente vencido junto com a Carne e a Morte (1Cor 15,26; Rm 8, *passim*). Cristo, o triunfante guerreiro cósmico, estabelecerá o reino de seu Pai, mas para Paulo, ao contrário de Jesus, esse reino parece situado não na terra, mas "nos ares" (1Ts 4,17), para onde subirão os corpos espirituais da humanidade redimida. Quando acontecerão estas coisas? Em breve, acredita Paulo; muito, muito em breve.

Embora muitos cristãos antigos tenham continuado a manter uma viva crença no Fim iminente durante os quatro séculos que examinamos (na verdade, muitos cristãos modernos ainda a mantêm), os teólogos gentios posteriores cuja obra acabamos de estudar não a mantiveram. Ao invés, transpuseram a redenção para uma chave diferente, seja enfatizando a subida espiritual individual do crente salvo após a morte (Valentino, Marcião, Orígenes), ou apegando-se a um fim dos tempos escatológico que em princípio estava incognoscivelmente distante (Justino, Orígenes novamente, Agostinho). E, com a notável exceção de Orígenes, nenhum manteve a visão da redenção universal de Paulo, seja humana seja cósmica. Todos esboçaram sua ideia do pecado a partir do modelo bíblico – ou, no caso de Marcião, a partir do modelo bíblico mediado particularmente pela tradição paulina –, mas sua avaliação das raízes profundas do pecado era diferente, como o eram suas ideias a respeito de quem seria redimido, e como[2].

Tanto Valentino quanto, com certa diferença, Justino interpretaram o pecado como uma função da ignorância: o pecador pecava porque não conhecia a vontade de Deus, o que era uma causa e ao mesmo tempo um efeito do fato de não ler a Septuaginta com critério "espiritual" (o que significa: com a correta interpretação alegórica ou mística). Adaptando a terminologia de Paulo, Valentino restringiu a redenção, e assim a leitura correta, aos que tinham capacidade de receber a revelação, os "espirituais" (*pneumatikoi*) e os "os psíquicos" (*psychikoi*). Será que se alcança essa capacidade através do esforço – em outras palavras, será que entra em jogo a livre vontade? – ou essa capacidade é inata? Os adversários cristãos de Valentino criticaram-no por não deixar nenhum campo de ação para a livre vontade. A acusação implicava que Valentino não tinha nenhum conceito de virtude; faltava pouco para acusar os valentinianos de não terem nenhuma moral. Esta polêmica não nos diz nada sobre os valentinianos reais; e sabemos pela carta de Ptolomeu a Flora que os Dez Mandamentos figuravam em sua espiritualidade e em sua ética (cf. p. 77). Além disso, todo o cosmos material e visível, bem como aquelas pessoas que não podiam receber ou não receberam o conhecimento salvífico (*hylikoi*, "pessoas materiais"), estavam fora do campo de ação da redenção espiritual. Podemos conjeturar que esta população humana incluía pagãos e judeus, como também cristãos ignorantes.

De maneira semelhante, Justino enfatizou a importância do conhecimento (correto). Invariavelmente as pessoas se comportam mal, e por isso pecam, se têm uma noção incorreta de Deus; inversamente, a noção correta de Deus (ou seja, a noção de Justino) leva ao comportamento virtuoso. Os pagãos, como também seus concorrentes cristãos, caem sob a categoria de "pecadores". Assim acontece, expressivamente, com a maioria dos judeus, que obstinadamente interpretaram mal suas próprias escrituras e deixaram de perceber que a divindade atuante ali retratada é o salvador de Justino, o Filho pré-encarnado. Justino vê a atividade demoníaca em ação nestas populações perdidas e adverte que os demônios, que como seres racionais têm também livre vontade, serão julgados com não menor rigor do que esses pecadores humanos.

Carne serve de código para pecado, funcionando para Justino e também para Paulo (e para todos estes autores cristãos posteriores) como um antípoda ético de *espírito*. Mas para Justino *carne* serve particularmente como código de maneira negativa para *judaico*. Consequentemente, Justino reivindica as escrituras judaicas para sua igreja gentia tirando-lhes o caráter étnico, divorciando-as, através da interpretação alegórica, das compreensões tradicionalmente judaicas. Através de suas práticas ancestrais – circuncisão e sacrifícios de sangue, sobretudo – os judeus, insiste Justino, puseram em prática literalmente sua interpretação errônea dos textos à sua maneira caracteristicamente "carnal". Como fizeram os profetas antes dele, e os apóstolos e a igreja de Justino depois, o próprio Jesus pregou contra a compreensão judaica carnal da lei judaica. Entendida espiritualmente – da maneira como foi projetada para ser entendida – a Septuaginta é o testemunho e carta constitucional para a igreja gentia de Justino. A carne redimida, porém, tornada imortal (portanto, livre do pecado) por Cristo e concedida aos salvos na ressurreição dos santos, herdará a Jerusalém escatológica ornamentada, "como declaram Ezequiel, Isaías e outros" (*Trifão* 80) – uma visão "carnal" que certamente impressionaria Valentino e Marcião como extremamente "judaica"!

Para o filósofo Justino, portanto, a causa fundamental do pecado é intelectual: ele resulta de um mal-entendido a respeito do divino. Cristo enquanto Logos guia os virtuosos (inclusive até aqueles filósofos pagãos, como Sócrates, que conseguiram, *mutatis mutandis*, conceitualizar a divindade de maneira apropriada). Cristo enquanto o *heteros theos*, o "outro deus", fala através da Septuaginta àqueles que interpretam corretamente o texto. Cristo enquanto o Filho encarnado cumpre as profecias das escrituras, demonstrando assim a verdade da interpretação de Justino; por ocasião de sua segunda vinda, ele justificará esta interpretação cumprindo aquelas profecias que ficaram pendentes. Enquanto isso, muito acima das contendas, "o deus sem nome" (*1 Apologia* 53), Deus Pai, o deus supremo não étnico e radicalmente transcendente da *paideia* filosófica, preside a tudo.

Por fim, nossos dois principais teólogos bíblicos, Orígenes e Agostinho, entendem o pecado como universal e ao mesmo tempo individual. Por um lado, o pecado representa uma condição ou situação universal na qual alguém nasce: a estrutura do cosmos material ou as limitações universais impostas pela natureza humana atestam os efeitos globais de uma queda antiga, pré-histórica. Por outro lado, ambos entendem o pecado como um episódio na vida de um indivíduo primariamente em termos tomados do platonismo tardio. Este pecado, o pecado individual, é um afastar-se de Deus; sua causa é a liberdade da vontade. O pecado começa não com a ignorância, mas com uma escolha. Mas por que a vontade faz escolhas incorretas?

Orígenes, como vimos, imagina as origens do pecado nas respostas variáveis dos seres espirituais contingentes, mas eternos, que se "afastaram" de Deus (entendido isto metaforicamente: no cosmos imaterial, não havia extensão ou direção). Em si, este afastamento ou lapso não era culpável. Mas, afirma Orígenes, o fato de estes seres racionais consentirem em (continuar a) afastar-se de Deus era "irracional", uma "falta de adesão aos objetivos e ordens estabelecidas pela razão". É neste "afastar-se daquilo que é justo e correto" que consiste o pecado (*Sobre os primeiros princípios* I. v, 2). Em outras palavras, o pecado destas criaturas não foi a Queda em si: já que são seres contingentes, dependentes de Deus para sua própria existência, eles não conseguem deixar de vacilar. Seu pecado foi permitir-se certo "distanciamento" antes de *optar* por parar. Este comportamento – afastar-se conscientemente de Deus – é irracional. A vontade faz escolhas más quando age contra a razão; a irracionalidade leva ao pecado.

Agostinho, lendo o Gênesis *ad litteram*, parece à primeira vista derivar sua ideia de pecado mais imediatamente do próprio relato bíblico. Ele imagina o pecado original como um momento à parte, o ato de Adão que, enquanto ser humano singular, histórico, corporificado, decidiu livremente desobedecer à ordem divina. Agostinho analisa minuciosamente este momento de decisão no livro 14 da *Cidade de Deus*. Antes desse momento, Adão e Eva haviam gozado de "uma serena abstenção do pecado" (14.10). E a ordem, uma vez dada, foi facilmente observada, já que "foi dada num tempo em que o desejo ainda não estava em oposição à vontade" (14.12). Mas, depois que Eva foi enganada pela serpente, Adão optou por juntar-se a ela, convencido talvez de que a transgressão fosse realmente venial (14.13). Sua "vontade má" – uma espécie de orgulho, que colocava seus próprios desejos acima dos desejos de Deus – precedeu seu ato mau.

Mas *por que* a vontade de Adão foi tão suscetível à transgressão? O Agostinho neoplatônico responde: "Só uma natureza criada do nada podia ter sido desvirtuada por uma falta. Por conseguinte, embora a vontade derive sua existência como natureza de sua criação por Deus, *seu afastamento de seu verdadeiro ser deve-se à sua criação do nada*" (14.13). A natureza criada, em outras palavras, é intrinsecamente instável. Estamos de volta ao universo de Orígenes, onde a contingência abre caminho para o pecado.

Se o pecado, para ambos os teólogos, consiste em afastar-se de Deus e do bem, a afinidade da mente com Deus, através do livre-exercício da vontade, proporciona o caminho real de volta. Nenhum filósofo pagão contemporâneo de tendência platônica iria discordar desta ideia: Plotino, na verdade, foi a fonte desta ideia para Agostinho. Orígenes completa esta ideia de pecado e redenção, de queda e retorno, com doutrinas explicitamente cristãs. O retorno a Deus, diz ele, é auxiliado pela criação (secundária), o cosmos material providencialmente disposto pelo Pai através do Filho; pelas escrituras, especialmente quando interpretadas com compreensão espiritual; e pelos ensinamentos da igreja verdadeira (ou seja, a de Orígenes) (*Sobre os primeiros princípios* I, *passim*). Agostinho, pelo contrário, muda esta ideia de maneira significativa através de sua compreensão do pecado original, que é a consequência da queda de Adão, "a [...] herança do pecado e da morte transmitida a nós pelo nascimento" (*Cidade de Deus* 13.23). O pecado original atenua a liberdade da vontade para os primeiros pais e para todas as gerações posteriores. Quem, então, é salvo do pecado e da morte? Somente aqueles poucos cuja vontade a graça de Deus "curou". Ser membro da igreja verdadeira (ou seja, a de Agostinho) é uma pré-condição necessária para receber essa cura, mas não uma pré-condição suficiente. A salvação – o afastar-se do pecado e retornar a Deus – depende da inescrutável decisão *de* Deus.

É em suas respectivas ideias a respeito de Deus que Orígenes e Agostinho finalmente diferem tanto, e de maneira tão característica, um do outro. O deus supremo de cada um representa uma genuína e íntima fusão de ideias bíblicas e filosóficas. Mas onde eles têm ideias filosóficas em comum – a radical transcendência da divindade, sua imutável perfeição e bondade, sua intemporalidade, sua absoluta incorporeidade – cada um deles utiliza traços diferentes de sua herança bíblica comum. Em nenhum lugar isto está mais evidente do que em sua interpretação da carta de Paulo aos Romanos, particularmente os capítulos 9–11, onde Paulo celebra a soberania de Deus na história e revela o *mysterion* da redenção universal vindoura.

Orígenes manteve boa parte do tom emocional e da alegre convicção de Paulo, completando os detalhes com seus próprios compromissos com a transparência ética de Deus. Ao ocupar-se com os episódios bíblicos examinados nesta amostra da carta aos Romanos em seu livro III de *Sobre os primeiros princípios*, Orígenes desloca exegeticamente a atuação decisiva de Deus para a humanidade. Assim, Deus preferiu Jacó a Esaú antes de ambos nascerem, porque as respectivas almas dos gêmeos haviam feito diferentes escolhas morais antes de terem vida no corpo. O "endurecimento" do coração do Faraó por Deus significava concretamente que o Faraó havia endurecido seu próprio coração. Os "vasos" humanos se transformam eles próprios em vasos de honra ou de desonra por suas próprias escolhas morais livres (cf. p. 117s.). Esta mudança de atuação preservava a livre vontade da alma e, portanto, a justiça de Deus. A eleição na esfera histórica narrada na escritura, insistia Orígenes, referia-se ao reconhecimento moralmente coerente do mérito individual por parte de Deus.

Por trás da interpretação de Orígenes, e corroborando-a, estavam duas convicções *a priori* fundamentais. A primeira – os seres racionais fazem escolhas morais antes de viver no corpo carnal – preservava a justiça do julgamento divino, um traço característico essencial do deus bíblico (*Sobre os primeiros princípios* II. v, 1). Porque o oposto da justiça não é a misericórdia; o oposto da justiça é a arbitrariedade. Os juízes de Deus, apontando para a eternidade, afirmava Orígenes, não eram arbitrários; só podem parecer arbitrários quando se esquece que a vida no corpo material não passa de um pequeno episódio na vida infinitamente longa da alma. Esta convicção, além disso, fornecia uma boa solução para o problema insolúvel legado a todos os teólogos cristãos por sua dupla herança da narrativa bíblica e da paideia filosófica: como uma divindade intemporal e imutável pode "criar"? A criação espiritual gerada eternamente, defendida por Orígenes, abordava este problema, protegendo as credenciais filosóficas do deus bíblico: Deus "cria" sem esforço, eternamente, antes da existência da matéria e do tempo; a criação material e inferior é obra de seu Logos. E, já que este universo espiritual anterior era a arena essencial das escolhas morais das almas, protegia também as credenciais bíblicas do deus filosófico: Deus é *ao mesmo tempo* misericordioso *e* justo.

Esta última afirmação a respeito da justiça e da misericórdia de Deus era apoiada, além disso, pela segunda convicção *a priori* de Orígenes: Deus ama toda a sua criação de maneira igual, desde a alma racional de Jesus até a alma racional de Satanás, e de qualquer outro de permeio. (Nada menos seria legítimo e, portanto, justo.) Isto significa que Deus quer que toda a sua criação seja feliz. E, já que a felicidade está unicamente em amar a Deus (outro princípio em que a Bíblia e o platonismo tardio convergem), isto significa por sua vez que o deus de Orígenes deseja ativamente redimir toda a sua criação, trazendo-a de volta para si: sua justiça e sua misericórdia atestam sua *bondade*. Já que ele é Deus, fará o que quiser. A longa peregrinação de Orígenes pela filosofia moral e pela cosmologia metafísica gregas, em suma, o traz de volta ao final feliz de Paulo: Deus salvará a todos – estrelas, planetas, demônios, seres humanos, toda a confraternidade do universo dotada de alma. Qualquer coisa menos do que isso não só seria injusta, mas não seria coerente com a bondade essencial de Deus.

O que dizer do deus de Agostinho? A quem ele salva, e por quê? O teatro da salvação tem limites muito mais estreitos para Agostinho, em dois sentidos: em primeiro lugar, somente a humanidade é o foco da redenção e, em segundo lugar, mesmo assim somente uma pequena porção da humanidade. Como essa porção é escolhida? Agostinho, assim como Orígenes, se preocupa com o fato de Deus parecer arbitrário: a escolha divina *deve* ser moralmente coerente, feita por uma boa razão. E é assim, insiste ele. Mas ninguém pode saber como: *em princípio* a escolha divina não é moralmente transparente. Aquilo que para o Paulo histórico, em Rm 9-11, é a maneira inesperada e surpreendente de Deus estar pronto para redimir tanto os judeus quanto os gentios, para Agostinho é o mistério escondido da maneira como Deus escolhe entre um pecador e outro, salvando um, mas não o outro. E o endurecimento de Israel, que Paulo em Rm 11,25 afirma ser temporário e providencial, Agostinho o interpreta como penal e permanente. E de alguma forma, de alguma maneira incognoscível, justo.

Por isso, Agostinho utiliza a palavra *occulta*, "escondidos", ou, mais frequentemente, *occultissima*, "sumamente escondidos". Os motivos para Deus preferir Jacó a Esaú são *occultissimi*. Assim são os motivos para endurecer Israel. Com efeito, todos os motivos que Deus tem para fazer qualquer um de seus juízos são *occultissimi*. Todos os povos – pagãos, judeus, hereges, todos – fazem parte da *massa damnata*, justamente condenada por causa do pecado de Adão. Se Deus opta por redimir alguns e condenar outros, seus motivos para agir assim são inescrutáveis. Por ele ser Deus, esses motivos devem ser justos. A justiça desses motivos, porém, é sumamente escondida. Por que deveria Deus preocupar-se com sua transparência moral em relação às suas próprias criaturas? – perguntava Agostinho, com um aceno a Rm 9,20 ("Quem és tu, ó homem, para retrucares a Deus?"). Deixemos a humanidade afirmar a justiça de Deus pela fé[3].

***

Jesus de Nazaré, no início do século I, ligara seu chamado a arrepender-se do pecado ao seu anúncio do reino vindouro de Deus e, portanto, ao final escatológico da história. Esse toque retumbante do reino foi conservado nos textos cristãos, e a ele apelaram os crentes posteriores que adaptaram sua época a esta mensagem e esta mensagem à sua época. Quatro séculos depois de Jesus, sacudido pelo saque de Roma em 410, rachado por longas tradições de cálculos milenaristas cristãos que designavam o período entre os séculos V e VI como a data esperada para o retorno de Cristo, o mundo ocidental quase "terminou" no tempo. Em 430, invasores vândalos castigaram a África de Agostinho. O próprio Agostinho, atacado de febre, jazia em seu leito de morte – sozinho, lendo salmos penitenciais, chorando por seus pecados, encaminhando-se para o inescrutável e zangado deus que o havia criado. Através do olhar de seu primeiro biógrafo, este é o último lampejo que temos dele[4].

A visão geral que apresentamos da ideia do pecado nos quatro primeiros séculos cristãos termina aqui. Vimos sua vitalidade mutagênica e vibrante. Nossos pensadores invocaram o pecado para explicar uma extraordinária série de coisas, desde a estrutura física do universo até a estrutura gramatical de uma sentença; desde a morte do filho de Deus até a política de poder do império que acabou venerando-o.

Será que estes argumentos antigos, ou seus efeitos, chegaram até a nossa época? A extrema diversidade do cristianismo contemporâneo – mesmo a extrema diversidade no interior de uma comunidade aparentemente una, como a igreja romana – deveria inspirar certa prudência ao tentar responder a esta pergunta. Enquanto historiadora da antiguidade, falo sem autoridade acadêmica a respeito de nossa própria época. Mas, como olho para a nossa época através do prisma intelectual de meu conhecimento histórico, posso oferecer diversas observações – não sobre a teologia contemporânea como tal, mas sobre a cultura contemporânea, especificamente a norte-americana.

O discurso das maldades modernas e dos malfeitores modernos; a lei criminal atual (influenciada, como sempre, pela identidade e *status* social do criminoso); penitentes confessando publicamente suas maneiras muito perversas, seja nas páginas da revista *People* ou em programas de TV: fico impressionada pela maneira como confissões ostensivas de culpabilidade minimizam ou até apagam a atuação pessoal e, com isso, a responsabilidade. Às vezes estas "confissões" invocam um tropo proclamado antigamente pelo platonismo, segundo o qual o "pecado" (ou sua manifestação secular, o "crime") é realmente um "erro". As pessoas não cometem crimes (muito menos "pecam"!); elas erram ou fazem asneiras. "Erros foram cometidos", diz um presidente, usando a burocrática voz passiva (com isso ocultando habilmente também os autores: a frase não continua: "por mim"). Mas mesmo nas confissões em voz ativa, a linguagem dos "erros" atenua a ligação do agente com sua própria ação. "Cometi um erro" tem uma qualidade bem diferente de "Fiz alguma coisa má". Além disso, como pode alguém ser punido por cometer um erro? *Todos* cometem erros[5].

O "pecado" e suas várias ligações históricas – culpa, remorso, juízo, castigo, penitência, expiação – parecem situar-se em oposição às sensibilidades contemporâneas. Isto explica talvez por que muitos leitores modernos, tanto eruditos profissionais quanto estudantes universitários, reformataram duas das nossas antigas figuras, Jesus e Agostinho, para se encaixarem melhor na zona de conforto de nossa cultura. Em algumas novas versões recentes, o Jesus histórico combate não demônios antigos, mas demônios modernos: o sexismo, o classismo, o elitismo e até o nacionalismo. As doenças que ele combate são psicológicas e não físicas. O pecado? O deus de Jesus é um deus amoroso, compreensivo, paciente, inclinado ao perdão. O apelo ao arrependimento (arrepender-se do *quê*) recua para o longínquo segundo plano à medida que Jesus deixa de ser um profeta apocalíptico, um exorcista e um curador e operador de grandes *paradoxa* e passa a ser principalmente um crítico da cultura e um guru de autoajuda[6].

Agostinho é outro lugar favorito para este tipo de mudança anacronística. Ele próprio é em parte responsável, evidentemente, por ter facilitado inadvertidamente as modernas interpretações errôneas devido à maneira como formulou suas *Confissões*. Sua mãe Mônica, por exemplo, aparece de maneira exagerada nos primeiros nove livros de sua narrativa. Dado o onipresente freudismo aguado da modernidade, pode parecer que ela atira no divã um Agostinho edipiano. Grande parte da angústia de Agostinho, por conseguinte, dá a impressão de ser um conflito sexual, agravado por seu constante recurso a um rico vocabulário de transgressão especificamente sexual. (*Caveat lector*: Agostinho também descreve seu furto de peras, quando tinha doze anos, como um ato de *fornicatio*; *Confissões* 2.6,14. Evidentemente, ele trabalha aqui com ideias que não significam relação sexual ilícita.) Os 40% finais, intelectualmente mais consistentes, das *Confissões* – as brilhantes investigações filosóficas sobre o tempo e a consciência, sobre a epistemologia, sobre a exegese escriturística – geralmente não são lidos. Seduzidos pela apresentação narrativa de Agostinho a ler "psicologicamente" no sentido moderno e pressupondo, a partir do título e do tópico óbvio (sexo!), que o livro representa suas "verdadeiras confissões", muitos leitores modernos ficam aliviados por encontrar, neste santo do século IV, alguma versão familiar de uma pessoa que eles poderiam ver em *Oprah*: um "viciado em sexo", não um pecador. Agostinho é muito duro consigo mesmo. Ele deveria amar-se mais. Ele precisa de terapia, não de arrependimento.

Comprendre tout, c'est pardonner tout: Compreender tudo é perdoar tudo. E a empatia, certamente, é uma virtude. Mas será uma virtude reduzir a atuação individual e, assim, a responsabilidade do agente? Na ausência de responsabilidade individual, parece impossível ter uma ideia clara de crime, e muito menos de pecado.

A responsabilidade individual atesta o componente humano de nossa clássica configuração tríplice de fatores para conceber uma ideia de pecado: humanidade, conhecimento revelado, divindade. As diretrizes reconhecidas (para muitos dos nossos pensadores, como vimos, o papel desempenhado pela revelação, muitas vezes exercido pelos Dez Mandamentos) atestam o componente do conhecimento revelado. Mas o que dizer do terceiro fator, a divindade? Na ausência de Deus – a condição nocional da cultura ocidental moderna desde Friedrich Nietzsche – é possível a ideia de pecado ter alguma força ou influência? Em teoria, provavelmente não. *Mas*. Mas todos nós vivemos na rede da cultura. E o deus bíblico (não obstante suas muitas variações denominacionais diferentes) parece ter fixado residência permanente na imaginação ocidental, como observou um de seus biógrafos: mesmo os não crentes parecem saber exatamente em quem ou em que eles não acreditam. Com o pecado talvez esteja acontecendo coisa semelhante: as pessoas podem não "acreditar" no pecado, e podem estar convencidas de que, embora possam "cometer erros", elas "realmente" não pecam; mas de alguma forma elas parecem conhecer o pecado quando o veem no comportamento dos outros. Ou, talvez, o que de fato se perdeu, com a ausência de Deus, não é tanto uma ideia coerente de pecado quanto uma ideia coerente de redenção[7].

O objetivo principal deste volume não é argumentar que a ideia de "pecado" exige uma ideia de "Deus". Meu objetivo principal é mostrar que as ideias antigas de pecado – como as ideias modernas de pecado – são, como todos os produtos humanos, construídas culturalmente. As revelações celestiais podem figurar como sua fonte; mas, desde que estas revelações foram mediadas por indivíduos encarnados e ligados ao tempo ou foram conservadas e apresentadas em textos – no Gênesis e no Êxodo, nos evangelhos, nas cartas de Paulo –, elas são também lidas ou ouvidas, e, portanto, compreendidas, por intérpretes humanos encaixados na história. "Deus", "Bíblia", "agente moral", como vimos ao longo de todo o nosso estudo, foram imaginados de maneiras variadas nas definições ocidentais de pecado, embora estes elementos em si tenham figurado constantemente. Mas, como também vimos, o próprio tempo torna estas constantes *in*constantes: o contexto histórico determina o sentido. No final das contas, definido seja como for, o "pecado" adapta-se ao seu tempo.

Cronologia

330s. a.C.	Conquistas de Alexandre o Grande; cultura grega exportada em grande escala ("helenismo").
200	Escrituras judaicas traduzidas para o grego (Septuaginta ou LXX).
6	Nascimento de Jesus (evangelho de Mateus).
37-4	Reino de Herodes o Grande, rei dos judeus.

6 d.C.	A Judeia torna-se província romana. Nascimento de Jesus (evangelho de Lucas).
c. 28 (?)	Execução de João Batista; início da missão de Jesus.
c. 30 (?)	Execução de Jesus de Nazaré em Jerusalém.
c. 34 (?)	O movimento de Jesus chega a Damasco; Paulo persegue o movimento e depois junta-se a ele; missão aos pagãos.
c. 50	Paulo escreve cartas conservadas na coleção do Novo Testamento (1Tessalonicences, Filêmon, 1 e 2Coríntios, Filipenses, Gálatas, Romanos).
66	Início da revolta dos judeus contra Roma.
70	Destruição de Jerusalém e do templo de Jerusalém pelos romanos.

c. 75-100	Composição dos evangelhos de Marcos, Mateus, Lucas e João; Atos dos Apóstolos no final do século I / início do século II; Josefo escreve *Guerra judaica* e *Antiguidades dos judeus*.
130	fl. Valentino (Alexandria, depois Roma).
132-135	Revolta de Bar Kokhba na Judeia; Roma muda o nome da província para "Palestina".
140	fl. Marcião (Ponto, depois Roma).
150	fl. Justino Mártir (Palestina, depois Roma).
190	fl. Tertuliano (Cartago).
200	fl. Ireneu (Lião).
220-250	fl. Orígenes (Alexandria, depois Cesareia na Palestina); morre em 254.
280s.	Mani difunde uma nova revelação cristã (Pérsia, depois em todo o Oriente Próximo e no Mediterrâneo; ao longo da Rota da Seda até a China).
312	Constantino torna-se protetor imperial de uma seita da igreja cristã; assegura o poder no império romano ocidental.
354	Agostinho nasce no norte África; converte-se ao maniqueísmo c. 373 em Cartago; converte-se ao cristianismo católico em 386-387 em Milão; torna-se bispo de Hipona em 396.
c. 400	Irrompe em todo o império uma controvérsia a respeito da teologia de Orígenes.
410	"Queda" de Roma diante dos visigodos.
411-428	Agostinho escreve a *Cidade de Deus*.
430	Os vândalos sitiam Hipona; morte de Agostinho.

Agradecimentos

Meus sinceros agradecimentos, em primeiro lugar, aos membros do Comitê de Palestras Públicas da Universidade de Princeton, por seu convite para dar as Spencer Trask Lectures no outono de 2007. Agradeço também a Peter Brown, John Gager e Annemarie Luijendijk por suas benévolas observações introdutórias naquela ocasião; aos meus corajosos ouvintes, que enfrentaram as chuvas de outono de Nova Jersey para me ouvir; e à minha cara amiga Sari Miller, que fez um esforço especial para assistir. Por fim, agradeço ao meu esposo Fred Tauber por ouvir pacientemente enquanto eu me afligia ao longo deste material, e por gentilmente preparar o almoço muito mais vezes do que deveria ter feito.

Fred Appel, meu editor na Princeton University Press, ajudou-me a formular os temas e desenvolver as ideias que entraram nessas palestras e, assim, neste livro. Seu entusiasmo, grande clareza intelectual e constante estímulo encorajaram-me e ao mesmo tempo possibilitaram-me levar o projeto a um final. Obrigado a você, Fred, por tornar *Pecado* tão divertido.

Dois leitores anônimos da Princeton University Press fizeram uma crítica mais atenta do meu penúltimo esboço, o que me possibilitou esclarecer o que eu queria dizer e também o que eu não queria dizer. Agradeço-lhes calorosamente o generoso coleguismo.

Quando eu estava completando este livro no verão de 2010, minha linda e alegre irmã mais nova foi dormir certa noite e não acordou mais. O tempo abranda a dor, mas nunca consegue curar a perda. Sinto falta dela todos os dias. Descanse em paz e sua memória possa ser uma bênção.

Notas

Nota da Autora: Ao longo de todo o livro uso frequentemente o itálico para enfatizar certas palavras ou passagens dos textos citados: todas essas ênfases são minhas.

Prólogo

1 Para um tratamento recente, embora muito diferente, passando pelas escrituras judaicas em hebraico até chegar a um clássico da teologia cristã medieval, o *Cur Deus homo* de Anselmo, cf. Gary A. Anderson, *Sin: A History*. Nesse estudo, Anderson registra a mudança ocorrida nas metáforas usadas pelo Antigo Testamento para designar o pecado, que passam de "fardo" para "dívida", e, em seguida, segue a evolução em torno desse conceito particular no Novo Testamento através do pensamento rabínico e cristão posterior.

Capítulo 1 Deus, sangue e o templo: Jesus e Paulo a respeito do pecado

1 Sobre o papel de João como mentor de Jesus, o estudo mais recente é John P. Meier, *A Marginal Jew*, vol. 2, 19-233; cf., em resumo, Paula Fredriksen, *Jesus of Nazareth, King of the Jews*, 184-197. Dale C. Allison Jr., *Constructing Jesus*, 204-220, examina minuciosamente as semelhanças e as diferenças entre as duas figuras proféticas.

2 Meier, *A Marginal Jew*, afirma que os batismos por imersão realizados por João eram um acontecimento único (vol. 2, 56); e que eles contestavam "implicitamente" os meios cúlticos tradicionais de expiação e sacrifício feitos no templo (vol. 2, 75, n. 52). Eu questiono ambas as conclusões. Em primeiro lugar, nada no material evangélico – ou no relato de Josefo sobre as atividades de João (*Antiguidades* 18.116-119) – indica quantas vezes uma pessoa podia ser batizada por imersão, e a prática comum no tempo era a de múltiplos batismos por imersão. (Mesmo no contexto cristão muito posterior, quando uma única imersão era desejável em princípio, as pessoas podiam receber o batismo diversas vezes: quando passavam de uma seita cristã para outra, por exemplo; ou se autoridade e a *bona fides* da pessoa que administrava o batismo estavam em questão, como ocorreu durante a controvérsia donatista do século IV.) Em segundo lugar, a imersão nunca foi um substituto para o sacrifício; sobre este ponto, cf. Joan Taylor, *The Immerser*, 31, 95, 111. Sobre as tradições apocalípticas judaicas acerca do Reino de Deus, e como estas figu-

ram nas tradições provenientes de João e Jesus e acerca deles, cf. E.P. Sanders, *Jesus and Judaism*, 77-119, 222-241. Sobre pureza, sacrifício e expiação, cf. n. 11 abaixo.

3 Os evangelhos são documentos compósitos, produtos finais de tradições criativas (tanto orais quanto escritas) em que o material antigo era retrabalhado e o material novo era acrescentado. Tanto Mateus quanto Lucas, por exemplo, reescrevem Marcos independentemente, enquanto (de novo independentemente um do outro) misturam material tirado de outras fontes: a versão grega da Bíblia judaica, ou seja, a Septuaginta; "Q", outra fonte grega – se escrita ou oral, é difícil dizer – que transmite tradições acerca do Batista e de Jesus (em sua maioria ditos; algumas histórias); e finalmente outro material, cujas origens hoje nos são desconhecidas, proveniente de suas próprias comunidades individuais. Diferentes evangelhos e diferentes fontes têm suas próprias ênfases características. Grande parte do material da "Q", por exemplo, insiste no juízo apocalíptico; Mateus, na fidelidade de Jesus à Lei; Lucas, no amor e no perdão. E o evangelho de João, como seu personagem principal, é uma espécie de misterioso estranho: faltando ao quarto evangelho o tipo de grade comparativa que as inter-relações literárias dos sinóticos nos permitem criar para eles, suas fontes são muito mais obscuras. Reconstruir Jesus a partir destes retratos posteriores exige paciência e leitura crítica, e uma certeza absoluta é simplesmente impossível. Para dois balanços introdutórios sobre as fontes e a natureza deste empreendimento, cf. Paula Fredriksen, *From Jesus to Christ*, 3-8; e Fredriksen, *Jesus of Nazareth*, 18-34. Sobre a maneira como a destruição do templo afeta – e não deveria afetar – as análises históricas dos materiais do Novo Testamento, cf. Fredriksen, *Jesus of Nazareth*, 34-41.

4 A tradição sinótica apresenta a ação de Jesus no templo pelo final de seus evangelhos, já que serve como passagem para a Paixão. João usa o relato muito antes (Jo 2,13-22), onde ele serve obviamente a uma função diferente. A autenticidade histórica do gesto de Jesus no templo é ortodoxia corrente nos estudos do Novo Testamento; o gesto em si, porém, é interpretado de maneiras muito variadas. Para uma crítica do consenso, cf. Paula Fredriksen, "Markan Chronology, the Scene at the Temple, and the Death of Jesus"; sobre o entrelaçamento que Marcos faz dos temas da morte de Jesus e da "morte" do templo, cf. Fredriksen, *From Jesus to Christ*, 44-52, 177-187.

5 Todos os destinatários das cartas de Paulo, ao que parece, foram antigos pagãos: "Vós vos convertestes dos ídolos para Deus" (1Ts 1,9; cf. 1Cor 6,9); "Portanto, fugi do culto aos ídolos" (1Cor 10,14); "Quando não conhecíeis a Deus, fostes escravos de seres que por natureza não são deuses" (Gl 4,8); "Cuidado com aqueles que mutilam a carne" (uma severa alusão aos missionários cristãos rivais, mas o problema é que só um gentio do sexo masculino podia ser candidato à circuncisão adulta; Fl 3,2); "a fim de promover a obediência da fé, para a glória de seu nome, entre todos os gentios, entre os quais estais também vós" (Rm 1,5-6). A carta aos Romanos fala também das relações entre judeus e gentios, e por isso alguns estudiosos deduziram que os destinatários de Paulo ali eram também variados; mas eu penso que não. (Caroline Johnson Hodge, *If Sons, then Heirs*, 9-11, fornece um rápido retrospecto das possibilidades de interpretação.) Se os destinatários romanos de Paulo, os gentios-em-Cristo, são antigos tementes-a-Deus – gentios que, como pagãos, haviam frequentado comunidades sinagogais judaicas – não existe motivo para pensar que eles não iriam mais à sinagoga. Em que outro lugar eles continuariam a ouvir a Bíblia, lida em voz alta pelo menos uma vez por semana na comunidade? Este modelo gentio-ekklêsia-na-sinagoga poderia explicar tanto a identidade dos destinatários de Paulo (são gentios ex-pagãos) quanto as questões tratadas por ele (a saber, as relações entre judeus [não cristãos], como se encontram na comunidade sinagogal mais ampla, e gentios batizados). Que semelhança tem o ensino de Paulo com o de Jesus? Diversos temas em suas cartas combinam com os dos evangelhos posteriores. Esta múltipla confirmação poderia ser um indício de que estes temas poderiam remontar à missão de Jesus; cf. Fredriksen, *Jesus of Nazareth*, 74-154.

6 Em Romanos 9,4-5, Paulo louva a Deus pelos privilégios concedidos a Israel. Paulo escreve: "Eles são Israel, e a eles pertence a adoção filial, a glória da presença de Deus no templo [grego *doxa*], as alianças, a doação da lei, o culto sacrificial no templo [grego *latreia*] e as promessas; a eles pertencem os patriarcas; e de sua raça, segundo a carne, é o messias". A palavra grega para "glória" é o ponto alto da *kavod* hebraica e refere-se especificamente ao templo. Por isso também *latreia* – traduzido na Revised Standard Version como "worship" – significa especificamente "culto", e é, portanto, outro aceno a Jerusalém e seu templo. As traduções inglesas Standard destas palavras abafam a referência de Paulo.

7 Sobre os temas desenvolvidos na esperança apocalíptica do Segundo Templo, cf. Fredriksen, *From Jesus to Christ*, 73-93; sobre a escatologia da primeira geração, cf. Allison, *Constructing Jesus*, 48-65; sobre Jerusalém em particular, cf. Sanders, *Jesus and Judaism*, 77-90.

8 E.P. Sanders, *The Historical Figure of Jesus*, 92, explica este "código" de duas palavras para os Dez Mandamentos, observando que "estas duas palavras eram amplamente usadas pelos judeus de língua grega para resumir sua religião". Para a missão de Jesus e sua compreensão da pureza e dos mandamentos, cf. Fredriksen, *Jesus of Nazareth*, 184-191.

9 A combinação entre purificação e expectativa apocalíptica caracteriza também a sensibilidade da comunidade dos Manuscritos do Mar Morto – o que não significa afirmar que o próprio João fosse um essênio. Sanders, *Judaism: Practice and Belief*, 367-379, dá um breve levantamento dos compromissos dessa comunidade.

10 Sobre as "antíteses" de Mateus (Mt 5,21-48), Sanders, *Historical Figure*, 210-212, comenta:

> Perguntamos [...] se nestas passagens Jesus se opõe à lei. A resposta concisa é que ele não se opõe: pelo contrário, ele exige um código mais estrito de prática. Ninguém que observasse as admoestações de Mateus 5 iria transgredir a lei, e Jesus não propõe que qualquer parte do código mosaico fosse revogada. [...] Esta seção de Mateus foi muitas vezes citada para mostrar a "oposição" de Jesus à lei. Mas realçar a lei não é opor-se a ela.

Grande parte do material do Sermão da Montanha é particular de Mateus; é difícil dizer com segurança o que poderia remontar ao próprio Jesus. Considerando essas passagens junto com o material encontrado nas cartas paulinas, porém, podemos manter o freio nesta pista escorregadia. Fica claro a partir de Gálatas, por exemplo, que os apóstolos ainda observam a lei judaica, neste caso a respeito dos alimentos (2,11-13). Disto podemos deduzir que Jesus não ensinou contra a observância da lei, caso contrário a controvérsia em Antioquia nunca teria surgido.

11 As normas de pureza, exóticas para nós, eram parte essencial da cultura religiosa antiga tanto pagã quanto judaica, porque estavam ligadas universalmente a protocolos de sacrifício. Para uma análise ulterior e uma reconstrução da prática de pureza bíblica do próprio Jesus, cf. Paula Fredriksen, "Did Jesus Oppose the Purity Laws?" e Fredriksen, *Jesus of Nazareth*, 197-207; uma discussão mais recente e exaustiva encontra-se em Meier, *A Marginal Jew*, vol. 4, 342-377, com copiosa bibliografia.

Para as práticas judaicas de pureza de modo mais geral, cf. Jonathan Klawans, *Purity, Sacrifice, and the Temple*.

12 Identificações de Jesus como profeta *ou* como messias pululam ao longo de todo o evangelho de João: "Na verdade, este é o profeta que deve vir ao mundo", exclamam os ouvintes de Jesus (6,14). "Será que as autoridades realmente reconhecem que este é o Cristo?" (7,26). "Alguns do povo diziam: 'Este é realmente o profeta', enquanto outros diziam: 'Este é o Cristo'" (7,40-41). "Nenhum profeta surgirá da Galileia" (7,52). "Ele é um profeta", afirma o cego curado por Jesus (9,17; cf. Lc 22,67: "Se és o Cristo, dize-nos!"). No tempo em que o quarto evangelista escreve, evidentemente, havia sido feita uma alegação muito mais elevada para Jesus; talvez, portanto, a identificação de Jesus como "profeta" em oposição a messias remonte a um estrato de tradição muito mais antigo. Sobre Jesus como *o* profeta escatológico, cf. Allison, *Constructing Jesus*, 270-274, com abundante bibliografia.

13 Josefo, em *Antiguidades* 18.63, caracteriza Jesus como um realizador de *parodoxa*, "ações surpreendentes", talvez uma referência aos exorcismos e curas que os evangelhos atribuem a Jesus. Sobre a relação dos demônios com a doença, cf. ademais Meier, *A Marginal Jew*, vol. 2, 646-770. O pensamento pagão popular sustentava, de maneira semelhante, que os deuses ou os demônios causavam a doença; cf. Dale B. Martin, *The Corinthian Body*, 153-159.

14 Enquanto, evidentemente, poucos judeus da diáspora podiam fazer uma peregrinação a Jerusalém, os não peregrinos contribuíam para o culto, e com isso "tiravam proveito" dos sacrifícios, através da voluntária "taxa do templo" de duas dracmas (meio shekel). Sanders, *Judaism: Practice and Belief*, 156, observa: "Não é uma grande soma: aproximadamente o salário de dois dias de um diarista, um homem que se encontra na base da escala salarial. Que era pago, essa é uma das coisas mais certas a respeito do judaísmo do século I". Para um exame e uma crítica dos argumentos de que Jesus se opunha ao sacrifício no templo, cf. Paula Fredriksen, "What You See Is What You Get".

15 Para uma apresentação expositiva desta reconstrução, cf. Sanders, *Historical Figure*, 250-252.

16 Sobre as numerosas divindades que povoavam o antigo cosmos "monoteísta", cf., mais recentemente, Paula Fredriksen, "Judaizing the Nations", esp. 236-237 sobre o reconhecimento de – mas não culto a – outros panteões por parte dos judeus. "Após ler certo documento", anuncia o rei de Esparta ao sumo sacerdote judeu, "descobrimos que judeus e lacedemônios são um só *genos* e compartilham uma ligação com Abraão" (1Mc 12,21). Este parentesco de sangue (*syggeneia*) aparece também em 2Mc 5,9 e nas *Antiguidades* 12.226 de Josefo. A "ligação" remonta a Abraão, cujo avô, de acordo com este relato judeu helenista, casou-se com Hércules (*Antiguidades* 1.240-241). A epístola aos Efésios, uma carta escrita em nome de Paulo por um discípulo posterior, insiste que os próprios cristãos combatam as potências cósmicas inferiores que os judeus – e, mais tarde, os cristãos – muitas vezes associavam com divindades greco-romanas: "Pois nossa luta não é contra inimigos de carne e sangue, mas contra os governantes, contra as autoridades, contra as potências cósmicas das trevas presentes, contra as forças espirituais do mal nas regiões celestiais" (Ef 6,12). Contra esta interpretação dos adversários cósmicos de Paulo, cf. Allison, *Constructing Jesus*, 396-398.

17 Júlia Severa, por exemplo, uma sacerdotisa do culto imperial durante o século I, construiu uma sinagoga em Acmonia para a comunidade ali existente; sua generosidade é lembrada e reconhecida numa inscrição do século III. Sobre a beneficência pagã para com as comunidades judaicas da diáspora, cf. Lee I. Levine, *The Ancient Synagogue*, 111, 121, 479-483. Uma inscrição judaica de Aphrodisias, geralmente datada dos séculos IV e V, inclui uma mistura de contribuintes judeus e gentios para um projeto comunitário de acordo com seu tipo de filiação: cataloga separadamente os judeus envolvidos no projeto, os convertidos ("prosélitos") e os cinquenta e quatro tementes a Deus gentios – pagãos? cristãos?, não podemos dizer ao certo – dos quais nove são membros do conselho da cidade. Sobre esta importante inscrição, cf., mais recentemente, Angelos Chaniotis, "The Jews of Aphrodisias: New Evidence and Old Problems". Para as queixas cristãs acerca dos judeus que recebem pagãos nas comunidades sinagogais, cf. Fredriksen, "Judaizing the Nations", 230-240.

18 Etnografias greco-romanas eruditas também imputam habitualmente devassidão sexual e homicídio (na verdade, canibalismo) aos estrangeiros; os judeus helenistas podiam assim aproveitar-se (como fez o autor da *Sabedoria*) das duas correntes de "outrização" abusiva. Sobre as polêmicas tradições de acusação sexual – que, como veremos no capítulo 2, os cristãos podiam lançar uns contra os outros – cf. especialmente Jenny Knust, *Abandoned to Lust*; sobre as etnografias e o abuso interétnico, cf. o estudo magistral de Ben Isaac, *The Invention of Racism in Classical Antiquity*. A retórica podia esquentar a vida real. A desastrosa rebelião judaica contra Roma começou em Cesareia, onde os sacrifícios pagãos, realizados provocativamente perto de uma sinagoga, incitavam os judeus locais ao tumulto e acabaram levando o país a uma rebelião aberta (*Guerra judaica* 2.285-288). E durante a misteriosa insurreição dos judeus de Chipre e Cirene nos anos entre a primeira revolta judaica (66-73 d.C.) e a última (132-135 d.C., sob Bar Kokhba), o derramamento de sangue foi acompanhado pela deliberada profanação e destruição de templos pagãos. De maneira geral, porém, a retórica permaneceu retórica. E, evidentemente, os sujeitos apresentados nesses escritos não eram "pessoas reais", mas "pessoas retóricas", um antítipo artificial que revelava uma imagem inversa do eu idealizado. Essa retórica não oferece uma descrição, mas uma caricatura. Os gentios retóricos da *Sabedoria* eram a imagem inversa do judeu idealizado.

19 Mas o que dizer do comer carne que havia sido sacrificada aos ídolos: não constitui isto uma veneração dos deuses? Sobre este ponto Paulo é surpreendentemente flexível. As pessoas que participam de uma refeição sacrificial, diz ele, repetindo um chavão mediterrâneo, tornam-se coparticipantes não só uns com os outros, mas também com a divindade que está sendo assim reverenciada: vale para os membros do "povo de Israel", que com isso se tornam "parceiros do altar [de Deus]"; vale para os pagãos que, embora pensem estar venerando deuses, estão realmente sacrificando a potências menores e malévolas, *daimones*, "demônios". "Não quero que tenhais parte com os demônios", diz Paulo à sua comunidade de Corinto. "Não podeis beber o cálice do Senhor e o cálice dos demônios. Não podeis participar da mesa do Senhor e da mesa dos demônios" (1Cor 10,18-21). Portanto: nenhuma participação em rituais públicos. O que dizer da refeição no mercado? "Comei de tudo o que se vende no mercado sem perguntar nada por motivo de consciência", adverte ele. O que dizer de jantar na casa de um pagão? "Comei de tudo o que vos for servido sem perguntar nada por motivos de consciência". Os ídolos são fúteis, os deuses que eles representam são potências inferiores, o produto da terra é do Senhor – todas estas são razões, diz Paulo, para seguir em frente e comer (10,25-27. Pelo que sabemos, o que Paulo repete aqui é o *modus vivendi* de muitos judeus da diáspora). O único motivo para não comer é se um companheiro cristão hesita por escrúpulo. ("Mas se alguém vos disser: 'Isto foi oferecido em sacrifício', então não o comais, em consideração por aquele que vos chamou a atenção e por causa da consciência – não a vossa, mas a dele"; 10,28-29.) Paulo propõe a mesma ideia, de forma mais sucinta, em Rm 14,20: "Não destruas, por questão de comida, a obra de Deus".

20 Na antiguidade, *culto* era uma designação étnica e *etnicidade* era uma designação cúltica. O que nós chamamos de "conversão" significava, na antiguidade, adotar as práticas ancestrais de outro grupo, o que equivalia a mudar de etnicidade. Os pagãos que se queixam pelo fato de companheiros pagãos "se tornarem" judeus apresentam isto como uma escolha entre "o costume romano" e "os costumes dos judeus". O problema da recusa do culto a seus próprios deuses – uma consequência da "conversão" ao judaísmo – era que a falta de culto tornava os deuses irritados, e deuses irritados podiam arruinar o bem-estar de toda a comunidade pagã mais ampla. Esta era uma preocupação real e um perigo percebido. Como observa Robin Lane Fox, *Pagans and Christians*, 39:

> Desde a Grã-Bretanha até a Síria, os cultos pagãos pretendiam venerar os deuses e afastar as calamidades que podiam resultar da cólera dos próprios deuses pelo fato de serem abandonados. Qualquer explicação do culto pagão que minimize a incerta cólera dos deuses e o temor da mesma por parte dos mortais é uma explicação sem sentido.

As pessoas do público de Paulo, que ele procura transformar em pagãos ex-pagãos, representariam aos olhos de sua comunidade urbana mais ampla um perigo semelhante.

21 Para uma análise das passagens tanto inclusivas como exclusivas, cf. Paula Fredriksen, "Judaism, the Circumcision of Gentiles, and Apocalyptic Hope", 543-548, com referências; sobre a maneira como esta convicção a respeito dos gentios escatológicos influencia a missão primitiva, cf. Fredriksen, *Jesus of Nazareth*, 125-137 (Paulo) e 261-266 (os discípulos primitivos). "Simplesmente não havia nenhuma visão unificada sobre o *status* religioso dos não judeus, seja agora ou no futuro. A amplitude da diversidade é notável", observa Terry Donaldson, *Judaism and Gentiles*, 512. Sobre a participação dos gentios na salvação escatológica de Israel, cf. Donaldson, *Judaism and Gentiles*, 499-507.

22 O espírito, conferido aos gentios de Paulo através do batismo, coloca-os num estado especial não só moralmente, mas também cosmicamente. É assim por causa da oposição apocalíptica que Paulo estabelece entre *pneuma* (espírito) e *sarx* (carne). Como observa Martin, *Corinthian Body*, 172-173:

> Sarx e pneuma constituem um dualismo radical no cosmos ético de Paulo. [...] A esmagadora maioria de suas referências a sarx coloca-a na categoria "este mundo" em oposição ao plano de Deus. [...] Paulo fala também de Pneuma e Sarx como potências antropomórficas ou hipostasiadas do cosmos. Pneuma é a potência que possibilita à sarx viver, embora esteja também em batalha contínua com ela. [...] Guerreiam constantemente no cosmos em geral, uma guerra que é travada em pequena escala nos corpos de mulheres e homens.

23 Sobre este último ponto, cf. o agora clássico ensaio de Krister Stendahl, "Paul and the Introspective Conscience of the West"; sobre a maneira como a leitura posterior que Agostinho faz desta difícil passagem transmite a interpretação "autobiográfica" à tradição cristã ocidental posterior, cf. Paula Fredriksen, "Paul and Augustine: Conversion Narratives, Orthodox Tradition, and the Retrospective Self". Sobre o desempenho de um papel como uma técnica da antiga retórica, especialmente na medida em que isso afeta a maneira de entendermos o "eu" em Rm 7, cf. Stanley Stowers, *A Rereading of Romans*, 251-284. Como observa Stowers, algumas das falas formais do drama clássico ecoam exatamente as ideias que Paulo apresenta em Rm 7.

24 "O que os seres humanos têm em comum com os corpos celestiais é, no sistema de Paulo, a incorporação como um 'corpo pneumático' – ou seja, um corpo composto apenas de pneuma, tendo sido a sarx e a psychê abandonadas ao longo do caminho", nota Martin, que observa também que o contraste entre pneuma/espírito e sarx/carne não é um contraste entre imaterial/material: "Nem Paulo nem a maioria dos filósofos de seu tempo consideravam os corpos celestiais como "imateriais" no sentido que nós damos ao termo". Martin, *Corinthian Body*, 126, 127; para toda a exposição de Martin sobre o corpo astral na antiguidade, cf. 117-129. A própria visibilidade das potências celestiais, evidentemente, era uma evidência de sua corporificação. O *sôma pneumatikon*, o corpo espiritual ressuscitado do cristão redimido (paulino), terá abandonado a carne e a alma e mantido apenas seu *pneuma*, "uma matéria de natureza mais tênue, superior". Martin, *Corinthian Body*, 128.

25 Sobre os padrões de contaminação e sacrifício que purifica o *sancta sanctrum* do templo, cf. Jacob Milgrom, *Leviticus 1-16*, 254-258. Klawans, *Impurity and Sin in Ancient Judaism*, 3-20, apresenta um apanhado sucinto de várias reconstruções eruditas. Stowers, *A Rereading of Romans*, 206-213, sugere que *hilastêrion*, traduzido como "expiação" ["expiation"] na Revised Standard Version, poderia ser entendido melhor como "ato de reconciliação" num sentido não sacrificial. Ele observa também que o sacrifício antigo salientava não a *morte* do animal (como as compreensões cristãs da morte de Jesus como um sacrifício tendem a fazer), mas a desorganização e reorganização ritualizadas do corpo do animal: "O sacrifício não se ocupa com morte ou matança ritual" (207).

26 "Eu vos escrevi com bastante ousadia", diz Paulo pelo final da carta aos Romanos, "por causa da graça que me foi dada por Deus a fim de ser assistente de Jesus Cristo [RSV: "ministro"] para os gentios, sacrificando a boa-nova de Deus [RSV: "no serviço sacerdotal ao evangelho"], para que a oferenda que são os gentios seja aceitável, santificada pelo espírito santo" (Rm 15,15-16). Para uma análise mais longa desta interpretação, cf. Fredriksen, "Judaizing the Nations", 244-249.

27 Dada a identificação que a antiguidade fazia entre etnicidade e aquilo que nós chamamos de "religião", a ideia de uma "missão" para transformar os pagãos em judeus é contraintuitiva; e, de fato, não temos nenhum indício de tais missões *exceto* este grupo desconhecido de rivais cristãos de Paulo na carta aos Gálatas. Cf., além disso, Fredriksen, "Judaizing the Nations", 242-244; também Fredriksen, "Judaism, the Circumcision of Gentiles, and Apocalyptic Hope"; e Martin Goodman, *Mission or Conversion?*

28 Uma conhecida anedota dos antigos estudos do Novo Testamento sobre Paulo foi o postulado de que Paulo – e, diziam alguns, Jesus – instigaram os seguidores a abandonar a lei "ritual" judaica e manter apenas a lei "ética". Estas categorias são anacrônicas e profundamente estranhas à tradição que supostamente descrevem. Mais precisamente, a principal exigência de Paulo – nenhum culto a ídolos – refere-se especificamente ao comportamento "ritual" correto ou incorreto.

29 "Todo o Israel", no tempo de Paulo, já não existia desde logo após 722 a.C., quando os assírios, conquistando o reino israelita do Norte (que correspondia à atual

Galileia), dispersaram as dez tribos "perdidas" dentro de seus próprios territórios – ou seja, entre "os gentios". Será que a inclusão escatológica por parte de Paulo do "número completo" dos gentios significa, então, que estas tribos, há muito dispersas entre os gentios, são os sujeitos da salvação? Em ouras palavras, será que salvar "*todo o Israel*", inclusive estas dez tribos desaparecidas, exige o *plêrôma* dos gentios? Para este intrigante argumento, cf. Jason Staples, "What Do the Gentiles Have to Do with 'All Israel'?"

30 Nas palavras de Krister Stendahl, *Final Account*, 7: "Quando eu ensino isto, muitos teólogos cristãos dizem: 'Você ensina dois caminhos de salvação, um para os judeus e outro para os cristãos'. Mas eu não faço isto. Eu apenas dou a este arranjo o nome de plano de tráfego de Deus. E Paulo chamou-o de mistério".

Capítulo 2 A carne e o demônio: O pecado no século II

1 Para as muitas referências que Paulo faz a outros deuses em suas cartas, cf. James Dunn, *The Theology of the Apostle Paul*, 33-38. Além deste modelo geocêntrico do universo, o próprio zodíaco era um roteiro ecumênico da realidade, invocado na arte e arquitetura pagãs, judaicas e cristãs. Os cristãos valentinianos, de acordo com Clemente de Alexandria, *Excertos de Teódoto* XXV, 1, associavam os doze apóstolos com "os doze signos do zodíaco. Porque, assim como o nascimento é regulado por elas [ou seja, pelas divindades astrais], assim o *re*nascimento é conduzido pelos apóstolos".

2 Alterada a matéria, os corpos tornavam-se mais refinados à medida que subiam na ordem cósmica. Paulo presta homenagem a esta maneira de entender o corpo em 1Cor 15,39-44:

> Nem toda carne é igual, mas existe uma carne para os homens, outra para os animais, outra para os pássaros, outra para os peixes. Há corpos celestiais e há corpos terrestres; mas a glória dos celestiais é uma e a glória dos terrestres é outra. Existe uma glória do sol, e outra glória da lua, e outra glória das estrelas; e uma estrela difere da outra em glória. Assim acontece com a ressureição dos mortos. O que é semeado é perecível, o que é ressuscitado é imperecível. [...] Semeia-se um corpo físico, ressuscita um *sôma pneumatikon*, um corpo espiritual.

Nota: Paulo não é um platônico. Os platônicos afirmavam que o espírito era outra ordem de ser, completamente imaterial. A orientação filosófica de Paulo é estoica: o "corpo espiritual" é feito de matéria muito fina, mas ainda é matéria – como o é o próprio espírito (*pneuma*). Sobre os pressupostos estoicos subjacentes de Paulo, cf. Martin, *Corinthian Body*; e, mais recentemente, Troels Engberg-Pedersen, *Cosmology and Self in the Apostle Paul: The Material Spirit*. Engberg-Pedersen observa que, enquanto a cosmologia de Paulo é estoico-materialista, sua *teologia* não o é: "O Deus de Paulo era apenas o Deus judeu" (61), querendo dizer que também Paulo não entende Deus como material. A *hylê* enquanto matéria informe funcionava como o contraponto nocional extremo de *ho theos*, o deus supremo transcendente das formas de teologia mais platônicas: na realidade, a matéria só era encontrada com forma. A ideia resguarda a radical estabilidade e imutabilidade do deus supremo. Pressupor a *hylê* permitia aos antigos pressupor igualmente a natureza coeterna do cosmos, o que – já que este substrato também existiu sempre – era igualmente necessário para proteger Deus da mudança. Este princípio era uma das "concepções comuns com as quais todos os homens concordam logo que se lhes pergunta", escreve Salústio, um neoplatônico pagão do século IV, em seu tratado *Sobre os deuses e o cosmos*: "Por exemplo, que todo Deus é bom, livre de paixão, livre de mudança" (I). Como ele observa depois, a respeito do universo: "O cosmos deve necessariamente ser indestrutível e incriado. [...] Já que o cosmos existe pela bondade de Deus, segue-se que Deus deve *sempre* ser bom e o cosmos sempre existir, exatamente como a luz coexiste com o Sol e com o fogo, e a sombra coexiste com o corpo" (VII). Os teólogos cristãos posteriores usarão a mesma linguagem para descrever como o Filho sempre foi coeterno com o Pai. Comentaristas bíblicos filosoficamente sofisticados viram facilmente essa *hylê* nos versos iniciais do Gênesis da LXX, onde o mundo "era sem forma e vazio". Fílon de Alexandria pensa que esta linguagem sugere a matéria preexistente – por exemplo, em *Vida de Moisés* 2.267. Teólogos cristãos posteriores oscilaram a respeito desta questão: a matéria preexistente implicava algum limite para Deus? Por que devia ele depender necessariamente de alguma coisa? Se Deus era totalmente bom, então a *hylê* não era "má" e, neste caso, por que Deus a organizou e proclamou que a criação nela baseada era "boa"? A criação *ex nihilo*, em última análise, levou a melhor, ao ponto de Orígenes de Alexandria, no século III, poder ponderar: "Com relação a esta *hylê*, que é tão grande e maravilhosa a ponto de ser suficiente para todos os corpos do mundo, que Deus quis que existissem, [...] não consigo compreender como tantos homens ilustres supuseram que ela fosse incriada" (*Sobre os primeiros princípios* II. i, 4). Para um exame muito claro dos argumentos cristãos a respeito do *status* da *hylê*, cf. Henry Chadwick, *Early Christian Thought and the Classical Tradition*, 46-48 e notas.

3 A famosa inscrição de Oenoanda apresenta Apolo falando desta divindade suprema enquanto se refere a si mesmo e aos outros deuses inferiores como anjos: "Nascido de si mesmo, sem mãe, inamovível, não encerrado num nome, conhecido por muitos nomes, habitando no fogo, este é Deus. Nós, seus *angeloi* [mensageiros], somos uma pequena parcela de Deus..." Para saber mais sobre este hino hexâmetro e o culto pagão ao deus supremo, cf. Stephen Mitchell, "The Cult of Theos Hypsistos between Pagans, Jews, and Christians"; a inscrição completa encontra-se à p. 82. O judaísmo helenístico empregava muitas figuras mediadoras divinas para preencher a lacuna entre Deus e o mundo: vários anjos especialmente, mas também a Sofia ("Sabedoria") de Deus e sua palavra ("Logos"); dois livros de Alan Segal, *Paul the Convert* e *Two Powers in Heaven*, fornecem boas orientações sobre o material pertinente. Justino Mártir sentia-se à vontade referindo-se a Cristo como *angelos* de Deus (*Trifão* 56, 59). Tanto a arquitetura imaginária do universo quanto a definição do deus supremo criavam múltiplos intermediários divinos; como observou Salústio: "Quanto mais o Deus Primeiro está afastado de nossa natureza, tanto mais potências [em grego *dynameis*] deve haver entre nós e ele. Porque todas as coisas muito afastadas têm muitos pontos intermédios entre si" (*Sobre os deuses e o cosmos* XIII). O termo "demônios" (*daimones*), como se observou acima, servia originalmente como palavra pagã para designar as "divindades inferiores", que podiam ser ou moralmente boas ou moralmente não tão boas. Apesar de Paulo – e a teologia cristã posterior – denunciarem inequivocamente os demônios como maus, eles mantinham certa ambiguidade moral, rondando as sepulturas dos mártires, proferindo profecias verdadeiras, presidindo curas e assim por diante; cf. David Frankfurter, "Where the Spirits Dwell: Possession, Christianization, and Saints' Shrines in Late Antiquity".

4 O monoteísmo moderno postula que existe apenas um único deus; o monoteísmo antigo – às vezes chamado de "henoteísmo" – supunha um único deus supremo en-

tre outros deuses inferiores. Mas essas populações antigas habitualmente chamadas de "monoteístas" – a saber, judeus e cristãos – viviam claramente no mesmo universo congestionado de deuses como seus contemporâneos pagãos. Por este motivo, o vocabulário acadêmico geralmente faz distinção entre monoteísmo "antigo" e "moderno", e refere-se igualmente a "monoteísmo pagão". Nem todos os pagãos eram (antigos) monoteístas, mas muitos monoteístas eram pagãos. Além dos ensaios reunidos em Polymnia Athanassiadi e Michael Frede (eds.), *Pagan Monotheism*, cf. também Stephen Mitchell e Peter van Nuffelen (eds.), *One God*. Sobre as confusões e anacronismos ocasionados pelo uso da palavra "monoteísta" para os judeus e cristãos antigos, cf. Paula Fredriksen, "Mandatory Retirement: Ideas in the Study of Ancient Christianity Whose Time to Go Has Come".

5 Do ponto de vista do estoicismo da época romana, Martin, *Corinthian Body*, 117-120, fornece uma orientação maravilhosamente clara sobre a antropologia antiga e sobre a maneira como os humanos, deixando a carne, se tornam estrelas após a morte.

6 Os retóricos antigos eram instruídos não tanto sobre a maneira de interpretar um texto quanto sobre a maneira de conduzir um *argumento* a respeito da maneira de interpretar um texto. O objetivo não era encontrar a "verdadeira interpretação" de um texto (os textos eram ambíguos e podiam ter muitos sentidos), mas persuadir os ouvintes de que seu adversário estava completamente errado e que a interpretação deles era a única interpretação correta possível. Os alunos eram ensinados a dominar toda uma série de argumentos tradicionais junto com seus contra-argumentos coordenantes, e a imaginação e a agilidade retóricas eram medidas pela aplicação bem-sucedida destes *topoi*. Os formados em retórica imaginavam, praticavam e representavam o argumento interpretativo como um *agôn*, uma prova ou disputa ou competição. Para um exame claro destas técnicas em um animado passeio por uma famosa disputa retórica/teológica, cf. especialmente Margaret M. Mitchell, "Patristic Rhetoric on Allegory: Origen and Eustathius Put 1 Samuel 28 on Trial".

7 "Pedro" talvez estivesse fazendo objeções às interpretações não apocalípticas do Apóstolo; nesta mesma carta, ele critica outros cristãos que "escarnecem", dizendo: "Onde está a promessa da Vinda [segunda de Cristo]? Pois, desde que os pais morreram, todas as coisas continuaram como eram desde o início da criação" (2Pd 3,4). O autor responde a esta pergunta apresentando um cálculo apocalíptico que explica por que as coisas estão demorando tanto tempo; cf. nota 29 deste capítulo.

8 Que os deuses eram derrotados quando seus povos eram derrotados era uma extensão da identificação normal dos grupos étnicos com seus panteões particulares. Aconteceu que a primeira revolta judaica coincidiu com o abrupto final da dinastia júlio-claudiana na pessoa do imperador Nero: na confusão do "ano dos quatro imperadores", quando os líderes militares disputaram a púrpura, os judeus tiraram vantagem do transtorno no império. Sorte para uns, azar para outros: foi Vespasiano, o general encarregado de suprimir a revolta judaica, quem sucedeu a Nero e, a partir daí, o prestígio da nova dinastia foi associado à glorificação da vitória sobre os judeus. A derrota dos judeus em 70 e novamente em 135 causou um problema para aqueles cristãos que insistiam que seu deus era a divindade das escrituras judaicas. A Judeia "nunca teria sido submetida ao vosso cetro", escreve Tertuliano, "se não fosse por aquela última e suprema ofensa contra Deus, cometida ao rejeitar e crucificar o Cristo" (*1 Apologia* 26). "A desolada e miserável nação dos judeus venerou um único Deus, e um Deus que lhe era peculiar", reza outra apologia, expressando uma perspectiva pagã, "e ele tem tão pouca força ou poder que está escravizado, com sua nação especial, às divindades romanas"; Minúcio Félix, *Octavius* 10.4.

9 Assim o valentiniano Ptolomeu, *Carta a Flora* VII, 7-8: "A natureza do não gerado Pai de Todos é incorrupção e luz existente por si mesma, simples e homogênea. [...] Um Deus [...] não gerado, incorruptível e bom". E Justino: "Aquilo que sempre mantém a mesma natureza, e da mesma maneira, e é a causa de todas as outras coisas – aquilo, na verdade, é deus" (*Trifão* 3). Não podemos citar Marcião – não existe nenhum texto seu –, mas sua descrição do deus supremo está encaixada no primeiro livro de Tertuliano contra ele, *Contra Marcião*, 1. Para uma análise da disputa de Tertuliano com Marcião enquanto especificamente sobre teologia – "a natureza de Deus e os critérios para compreendê-la" – cf. Judith Lieu, "'As Much My Apostle as Christ Is Mine'". No final do século IV, o mestre maniqueu Fausto identificou a crença de que um único princípio é fonte do cosmos como uma ideia que pagãos, judeus e católicos têm em comum; cf. Agostinho, *Contra Fausto* 20.4.

10 Por algum tempo, estes três teólogos cristãos independentes viveram e ensinaram em Roma. David Brakke, *The Gnostics*, 92, observa que "as questões levantadas pelos ensinamentos gnósticos – a identidade do Deus de Israel, o *status* das escrituras judaicas, a familiaridade com o Deus supremo – figuram de maneira proeminente na obra dos primeiros mestres cristãos romanos".

11 Esta descrição do assim chamado antinomianismo sexual gnóstico parafraseia o encontrado em Henry Chadwick, *The Early Church*, 34-41; o modelo de Chadwick é ainda um modelo de sala de aula. De maneira semelhante, Hans Jonas, *The Gnostic Religion*, 46, especula sobre o ascetismo e o "libertinismo" gnósticos como os dois extremos tornados possíveis por sua "hostilidade ao mundo e desprezo de todos os laços mundanos. [...] Este libertinismo antinomiano mostra mais vigorosamente do que a versão ascética o elemento *niilista* contido no acosmismo gnóstico". Kurt Rudolph fornece uma recapitulação do testemunho heresiológico e da história moderna da pesquisa, em *Gnosis*, 9-30; cf. também o oportuno sumário em Werner Foerster, *Gnosis: A Selection of Gnostic Texts*, vol. 1. Contra o uso do termo *gnosticismo*, cf. Karen King, *What is Gnosticism?*; para um argumento em favor do uso do termo – mas distinguindo os cristãos valentinianos dos cristãos gnósticos – cf. Brakke, *Gnostics*. Por fim, Michel Desjardins, *Sin in Valentinianism*, 19-66, fornece uma visão geral muito útil daqueles documentos encontrados na biblioteca de Nag Hammadi que podem ser identificados como valentinianos.

12 Existem duas traduções que servem de padrão: a mais antiga é James M. Robinson (ed.), *The Nag Hammadi Library*; a mais recente é Bentley Layton (ed.), *The Gnostic Scriptures*. Para Marcião, a única fonte melhor para reconstruir suas doutrinas vem da volumosa obra de seu oponente, Tertuliano, *Contra Marcião*. Como observa Brakke, *Gnostics*, 96, "as doutrinas de Marcião representam uma alternativa surpreendentemente aerodinâmica ao mito gnóstico, enquanto discutem algumas das mesmas preocupações". Sobre a fundamental importância de Marcião para compreender o cristianismo do século II, cf. John Marshall, "Misunderstanding the New Paul: Marcion's Transformation of the *Sonderzeit* Paul".

13 A erudição moderna ainda recorre ao estudo de Harnack de 1924 para os contornos gerais de nossa compreensão de Marcião, *Marcion: The Gospel of the Alien God*; valiosa é a análise de Judith Lieu em *Image and Reality*, 261-270. Para questionamentos recentes desta ortodoxia mais antiga, cf. Sebastian Moll, *The Ach-Heretic Marcion*, e Judith Lieu, "'As Much My Apostle as Christ Is Mine'". Marcião compilou as *Antíteses*, que esboçaram doutrinas contrastantes entre a LXX e Paulo. Ele reuniu uma versão do evangelho de Lucas com dez cartas paulinas (Gálatas, 1 e 2Coríntios, Romanos, 1 e 2Tessalonicenses, Efésios [chamada Laodicenses], Colossenses, Filipenses e Filêmon) e as apresentou como as únicas escrituras para os cristãos, o que estimulou seus adversários a conceberem um cânon mais amplo do Novo Testamento.

14 Sobre os problemas com termos como *ortodoxia*, *proto-ortodoxia*, *heresia* e semelhantes para construir um modelo para compreender o cristianismo dos séculos II a IV, que não repita simplesmente a linguagem dos vencedores, cf. Brakke, *Gnostics*, 1-28: "Imagining 'Gnosticism' and Early Christianities". Brakke observa que "descobrir o que Valentino ensinou é uma tarefa muito difícil e os estudiosos discordam acerca de muitos pontos importantes", inclusive sobre "o quanto podemos usar os seguidores de Valentino, especialmente Ptolomeu, para reconstruir seu pensamento" (100).

15 Cf. Jenny Knust, *Abandoned to Lust*, para um maravilhoso passeio pelo labirinto de retórica hostil e acusações sexuais que moldam o discurso pagão e a polêmica judaica e intracristã; cf. especialmente p. 130 para as maneiras como os estudiosos modernos repetem acriticamente essa retórica como se ela fosse descrição histórica. Imputações de libertinagem sexual aparecem regularmente junto com acusações de canibalismo nas descrições eruditas de outros estranhos nas etnografias clássicas; sobre isto cf. Isaac, *Invention of Racism*, verbete "cannibalism". Os pagãos acusavam os cristãos desses comportamentos, e os cristãos acusavam outros cristãos dos mesmos (daí a perversa alusão de Justino aos "nefandos e ímpios ritos" dos valentinianos e marcionitas, *Trifão* 35; cf. tb. *1 Apologia* 26).

16 Misturo aqui traduções de Werner Foerster, *Gnosis: A Selection of Gnostic Texts*, vol. 2, 57, e de Layton, *The Gnostic Scriptures*, citadas em Brakke, *Gnostics*, 102. Brakke continua:

> O sermão *O evangelho da verdade* inclui uma extensa meditação sobre a relação entre o Filho e o Pai. [...] Aqui a crucificação, como o momento em que a *gnôsis* de Deus se torna possível, olha para o passado focalizando a Queda no Éden e para o futuro focalizando a eucaristia cristã. Comendo o corpo de Cristo, os cristãos participam da crucificação de Cristo e obtêm o conhecimento de Deus e de si mesmos, pois Deus está neles como a inconcebível origem de tudo o que realmente existe. Ao contrário do relato do Éden, este conhecimento traz alegria e vida, não tristeza e ruína.

O pecado, portanto, deve-se ao fato de ignorar o Pai, "mas o próprio pecado continua sendo uma ação errada, ou seja, uma ação que não está de acordo com a vontade do Pai", Michel Desjardins, *Sin in Valentinianism*, 80.

17 Sobre a importância do autoconhecimento como revelação em Valentino e sobre as maneiras como este tema platônico se funde com sua visão cristã, cf. Simone Pétrement, *A Separate God*, 371-378.

18 A saga de Sofia – separando-se de seu consorte, atormentada por um desejo que ela não consegue aplacar, impelida pela paixão – utiliza surpreendentemente outra fonte, a ciência médica grega. De acordo com alguns ginecologistas antigos, a falta de relações sexuais pode fazer com que o útero/*hystera* fique seco e assim se torne leve, de modo a subir para as partes superiores do corpo. Isto provoca uma situação conhecida como "sufocação histérica", ou *hysterikê pnix*, caracterizada por dissociação, sonolência, dor e transtorno. Separando-se de seu consorte, Sofia, compelida por uma paixão não correspondida, repete esta condição; e assim entra, desorientada e forçada, no Pleroma superior ao qual ela não pertence. Platão também se referiu ao útero vagante (*Timeu* 91c). Para mais detalhes, cf. Paula Fredriksen, "Hysteria and the Gnostic Myths of Creation".

19 Os *Excertos de Teódoto* estão conservados na volumosa obra de Clemente de Alexandria, *Miscelâneas* (*Stromateis*). Em outro lugar, Clemente cita Valentino, dizendo que ele fala de "espíritos maus" que atormentam o coração humano, habitando nele e tratando-o abusivamente "por meio de desejos indecorosos". A verdadeira fonte dos desejos maus, que são pecaminosos, são estes espíritos, não a pessoa atormentada. Mas, ensina Clemente, através do Uno,

> cuja manifestação através do Filho transmite confiança, [...] é possível o coração humano tornar-se puro, quando todo espírito mau é banido. [...] O coração, enquanto não for cuidado, é impuro e morada de muitos demônios. Mas quando o Pai, que é o único bom, o visita, ele é santificado e torna-se brilhante com a luz; e aquele que tem um tal coração será proclamado bem-aventurado, porque verá a Deus (Mt 5,8) (*Miscelâneas* 2.20).

20 Cito o prefácio de Ernest Evans à edição crítica da obra de Tertuliano, *Contra Marcião*, 1.14. Sobre o reconhecimento, feito de má vontade, da ética do martírio dos marcionitas, cf. Eusébio, *História da Igreja*, 5.16.20.

21 Como observa Marshall, "Misunderstanding the New Paul", p. 6:

> A estratégia retórica de Paulo em Romanos parece ter sido um fracasso, no sentido de que seus leitores posteriores não dão provas de ter captado a complexa interação de vozes com que Paulo constrói seu argumento. É como se Paulo se deleitasse em levar seus leitores a toda velocidade para um precipício lógico, pondo-se de lado e inserindo um *mê genoito* na expectativa de que eles não irão pular no precipício, mas apenas experimentar uma chicotada pedagogicamente produtiva. Na prática, parece que eles geralmente pularam no precipício.

Agradeço a John Marshall por compartilhar comigo uma versão de seu ensaio antes de publicá-lo.

22 Para esta interpretação de Marcião sou devedora ao argumento de Marshall em "Misunderstanding the New Paul"; cf. Paula Fredriksen, *Agustine and the Jews*, 226.

23 Enquanto os heresiólogos relatam que os valentinianos, por causa deste esquema, não deixavam nenhum campo de ação para a livre vontade, os documentos encontrados na Biblioteca de Nag Hammadi sugerem outra coisa. Ali, *psychikoi* e *pneumatikoi* juntos formam a comunidade; os psíquicos recebem instrução e são capacitados a resistir ao mal pela recepção do batismo. A livre vontade era a coisa mais importante da filosofia moral grega, característica do ser racional. Afirmar que um grupo contestava a livre vontade e achava que o sucesso moral ocorria através da natureza e não através do esforço equivalia a dizer, em primeiro lugar, que eles não acreditavam na virtude ou, por isso, não a praticavam e, por conseguinte, eram pessoas más; e, em segundo lugar, que eles fundamentalmente entendiam mal a racionalidade e, portanto, eram maus filósofos; cf. Justino, *Trifão* 141 sobre a livre vontade dos homens e dos anjos.

24 A identidade de Justino como filósofo é muito importante para ele: ele inicia seu diálogo enfatizando-a (*Trifão* 1). Justino sente que sua filosofia (ou seja, sua versão do cristianismo) é superior a outras filosofias, porque ela transforma as pessoas iletradas – até mesmo as mulheres! – em pessoas sóbrias e possuidoras de autodisciplina (*2 Apologia* 2, 9).

25 "Deus [...] entregou o cuidado dos homens e de todas as coisas a anjos que ele nomeou para presidi-los. Mas os anjos desobedeceram a esta prescrição e deixaram-se cativar pelo amor das mulheres e geraram filhos que são chamados demônios" (*2 Apologia* 5); cf. *Trifão* 79. Estes anjos e sua prole demoníaca desencaminharam então a humanidade, introduzindo a magia e sacrifícios sacrílegos, semeando homicídios e adultérios entre os homens. Para uma análise mais extensa das múltiplas maneiras como Justino faz uso destes demônios, cf. Annette Reed, "The Trickery of the Fallen Angels".

26 Estes tementes a Deus são judaizantes pagãos voluntários; cf. p. 34.

27 Os discursos anteriores de "Pedro" preparam o leitor para esta acusação. Ao falar aos judeus de Jerusalém – e mesmo aos peregrinos judeus que não haviam estado na cidade quando Jesus foi morto (At 2,9-11) – Pedro culpa seus ouvintes. E continua: "Este homem [Jesus], que vos foi entregue de acordo com o desígnio predeterminado e a presciência de Deus, *vós o crucificastes e matastes* pelas mãos dos que estão fora da Lei" (2,23). "*Toda a casa de Israel saiba* com certeza que Deus constituiu Senhor e também Messias a este *Jesus que vós crucificastes*" (2,36). "Vós rejeitastes o Santo e Justo [...] *matastes o Autor da vida*, que Deus ressuscitou dos mortos" (3,14-15). "O Deus de nossos pais ressuscitou Jesus, *que vós matastes suspendendo-o numa árvore*. Deus o exaltou à sua direita como chefe e salvador, a fim de conceder a Israel o arrependimento e o perdão dos pecados" (5,30-31). Sejam quais forem os inúmeros outros pecados de que Israel precisa se arrepender, esta tremenda transgressão está em primeiro lugar. A morte de Jesus é *o* pecado de que os judeus devem se arrepender. Mas como? De acordo com Lucas, de uma única maneira, sendo batizados na nova comunidade: "Arrependei-vos e cada um de vós seja batizado em nome de Jesus Cristo, para que vossos pecados sejam perdoados" (2,38). A responsabilidade dos judeus pela morte de Jesus é um tema importante nos evangelhos, introduzido e desenvolvido especialmente através do estratagema das predições da Paixão, embelezadas narrativamente depois que Jesus chega a Jerusalém para o tempo final e, por fim, quando se encontra diante de Pilatos. À medida que as narrativas da Paixão progridem, a responsabilidade romana diminui enquanto cresce a relutância de Pilatos. No evangelho de João, Jesus precisa persuadir Pilatos a prosseguir com a execução (19,11). Cf. Paula Fredriksen, *From Jesus to Christ*, 107-111, 115-122.

28 A passagem completa diz assim:

> Assim como Jesus Cristo, nosso salvador, depois de feito carne pelo logos de Deus, tinha tanto a carne quanto o sangue para a nossa salvação, assim também nos foi ensinado que o alimento que é abençoado pela oração de sua palavra, e do qual nosso sangue e nossa carne se alimentam por transformação, é a carne e o sangue daquele Jesus que foi feito carne (*1 Apologia* 66).

A linguagem ecoa a imagem do sacrifício. Agradeço à minha colega Jenny Knust por me ajudar a refletir cuidadosamente aqui sobre as imagens de Justino.

29 A passagem do próprio Justino invoca alguns dos elementos constitutivos escriturísticos desta tradição patrística dos cálculos milenaristas: os seis dias da Criação (Gn 1); o reinado de mil anos dos santos (Ap 20,4-5); e "mil anos são como um dia aos olhos do Senhor" (Sl 90,4, citado já em 2Pd 3,8 para justificar a demora do Fim:

Deus não estava atrasado, ele apenas *parecia* atrasado). Estes elementos uniram-se para constituir o fundamento para os cálculos da "semana cósmica" ou as seis eras do mundo. No final do sexto "dia" ou era, o ano 6.000 desde a fundação do mundo, Cristo iria retornar na glória para estabelecer o reinado dos seus santos, o descanso milenar do sábado. Para saber o tempo do Fim, era preciso calcular a idade do mundo. Na tradição ocidental do cálculo milenarista, o ano 6.000 desde a criação caía de maneira variada entre os anos 400 e 500 d.C. Esta tradição milenarista combinava facilmente com a cristologia encarnacionista e com a crença na ressurreição física. Na *Cidade de Deus* Agostinho precisou fazer alguma exegese bastante fantasiosa para sustentar que o corpo físico ressuscitaria e também que o reino escatológico viria não na terra, mas no céu; cf. p. 139; cf. Tb. o artigo "Apocalypticism", em Allan Fitzgerald (ed.), *Augustine through the Ages: An Encyclopedia*, 49-53; e Fredriksen, "Apocalypse and Redemption".

Capítulo 3 Uma rivalidade de gênios: O pecado e suas consequências em Orígenes e Agostinho

1 Os detalhes do imenso *corpus* da obra de Orígenes são fornecidos em Johannes Quasten, *Patrology*, vol. 2, 43-75; para Agostinho, cf. Quasten, *Patrology*, vol. 4, 355-403. O cálculo da impressão da produção de Agostinho vem de James J. O'Donnell, *Augustine: A New Biography*, 136.

2 Escrita em Alexandria por volta de 232, esta obra-prima foi vítima da controvérsia póstuma que cercou o legado de Orígenes nos séculos que se seguiram à sua morte. Em consequência, o próprio texto está esfarrapado: A edição científica em *Griechische Christliche Schriftsteller* é uma mistura de vários fragmentos gregos, de textos tirados do Segundo Concílio de Constantinopla, que anatematizou Orígenes em 553, e de um targum latino do início do século V, de Rufino, composto com a intenção de proteger Orígenes das objeções e acusações que sua obra já havia atraído.

3 Como diz Orígenes:

> As escrituras [...] têm não só o sentido que é óbvio, mas também um outro que está escondido da maioria dos leitores. Pois os conteúdos da escritura são as formas exteriores de certos mistérios e das imagens das coisas divinas. Sobre este ponto toda a igreja é unânime em afirmar que, embora toda a lei seja espiritual, o sentido inspirado não é reconhecido por todos, mas somente por aqueles que são presenteados com a graça do Espírito Santo na palavra da sabedoria e do conhecimento (I, pref., 8).

"A Palavra de Deus providenciou que certos empecilhos e obstáculos e impossibilidades fossem inseridos na lei e na história" (IV. ii, 9), para que o leitor atento tenha algum indício de um sentido mais profundo. Um destes sentidos, observa Orígenes, é a proibição que a lei impõe de comer abutres. "Totalmente irracional", observa ele, "já que ninguém, nem mesmo na pior fome, foi alguma vez induzido pela necessidade ao extremo de comer estas criaturas" (IV, iii, 2). A proibição, por conseguinte, deve ter um outro sentido que não o literal. Ilaria Ramelli examina as dúvidas e contribuições de Orígenes na discussão filosófica da alegoria na parte 3 de "The Philosophical Stance of Allegory".

4 Orígenes tenta aqui a quadratura do círculo, ou seja, tenta o impossível: ter um deus imutável, a fonte de tudo, relacionado com um universo mutável e material. Uma maneira era ter a *hylê* coeterna com o deus supremo, e o *cosmos* – o universo ordenado – como uma espécie de precipitado coeterno "instantâneo" que poderia então ser administrado por divindades inferiores. Este foi o método adotado pelo neoplatônico Salústio em seu "catecismo" pagão do século IV intitulado *Sobre os deuses e o cosmos*. O primeiro cosmos de Orígenes, espiritual e imutável, pode ser produzido eternamente pelo Uno, já que, antes da matéria, não existe tempo. O Uno também produz eternamente o Filho e o Espírito Santo como refrações incorpóreas de si mesmo: nunca houve um "tempo" em que o Pai esteve sem o Filho, e assim por diante. Quando a matéria é criada, ela é feita através do Logos, e não diretamente "pelo" deus supremo. Agostinho fará esta quadratura do círculo de maneira semelhante, insistindo nas diferenças "cognitivas" entre os humanos no tempo e Deus eternamente fora do tempo; cf. p. 129.

5 Quantos destes seres racionais espirituais Deus "criou"? Orígenes argumenta que deve ter havido um número específico, porque logicamente nem mesmo Deus pode conter o infinito (IV. iv, 8). A livre vontade destas criaturas é o que as torna moralmente responsáveis por suas escolhas; sem essa autonomia, Deus não poderia ser justo, seja no castigar ou no recompensar.

6 Orígenes descreve como todos estes seres racionais menos um vacilaram em sua concentração afetuosa em seu criador. Esse único ser mais constante, através do livre-exercício de sua própria vontade, amou a Deus com tanto ardor que se fundiu com o seu "objeto", o Logos (II. vi, 3); e a alma de Jesus fundiu-se assim com a divindade de Cristo. Todos os outros seres racionais escapuliram – alguns, como Satanás, no máximo grau imaginável. A "alma" representada por estes seres racionais funciona, por sua vez, como o meio-termo entre "espírito" e "carne": a alma permite ao espírito estar ligado ao corpo carnal. A descrição que Orígenes faz da história pré-cósmica da alma de Jesus é assim um argumento antidocético que olha para o futuro, para a encarnação do Filho no tempo: se a alma de Jesus no tempo anterior ao tempo *não* tivesse aderido desta maneira a Deus, Cristo não poderia ter assumido verdadeiramente a carne.

7 Orígenes investiga alguns detalhes sobre a matéria como *hylê*: para ele, ela é informe em e por si mesma, mas *não* eterna (II, i, 3-4) – uma distinção que faz muita diferença.

8 Orígenes é franco acerca do *status* de suas ideias: isto não é doutrina, mas especulação fundamentada. Concluindo sua argumentação sobre "o fim de todas as coisas", ele escreve: "Cada um de nossos leitores deve julgar por si mesmo, com todo o cuidado e diligência, se uma [de suas ideias sobre o Fim] pode ser aprovada e adotada" (II, iii, 7).

9 O argumento de Orígenes sobre a justiça de Deus destina-se em parte a proteger Deus – e a linguagem bíblica da eleição – de qualquer acusação de arbitrariedade. Por isso, ele dirige sua crítica também contra os valentinianos e os marcionitas, que afirmam (segundo Orígenes) que os crentes são salvos "por natureza" (III, i, 8-9).

10 Orígenes insiste que a preexistência da alma é necessária para compreender moralmente por que Deus preferiu Jacó a Esaú:

> Com relação ao homem, como foi possível que a alma daquele que "suplantou seu irmão no seio", ou seja, Jacó, fosse formada

ao mesmo tempo que seu corpo? [...] De outra maneira, pareceria que Deus cumula alguns homens com o Espírito Santo independentemente da justiça de seus méritos e os santifica quando não fizeram nada para merecê-lo. E, se fosse assim, como deveríamos evitar a dificuldade expressa naquela passagem em que se diz: "Existe injustiça da parte de Deus? De modo nenhum (Rm 9,14)!" (I, vii, 4).

Sobre a redenção dos seres racionais celestes, cf. Alan Scott, *Origen and the Life of the Stars*.

11 Orígenes escreve:

> Mencionamos todos estes casos com o objetivo de mostrar que a meta do poder divino que nos concedeu as sagradas escrituras não é que devemos aceitar apenas o que se encontra na letra; porque às vezes os relatos tomados em sentido literal não são verdadeiros, mas realmente absurdos e impossíveis, e até com a história que realmente aconteceu e na legislação que em seu sentido literal é útil estão entremeadas outras questões (IV, iii, 4).

12 O único "fato" acerca de Orígenes que até pessoas que não o leram parecem conhecer é que ele supostamente se castrou, seguindo literalmente demais a declaração do evangelho de Mateus de que alguns homens se fazem a si mesmos eunucos por amor ao reino dos céus (Mt 19,12). Esta tradição aparece em Eusébio, *História eclesiástica*, 6.8. Epifânio, em *Panarion* 64.3,11-12, atribui o notável autocontrole de Orígenes ao uso de drogas. Cf. a discussão em Chadwick, *Early Christian Thought*, 67ss.

13 Agostinho trabalhou nos 22 livros da *Cidade de Deus* a intervalos irregulares de 413 a 428; juntamente com sua longa refutação em 33 livros do maniqueísmo latino, *Contra Fausto*, ele referiu-se à *Cidade de Deus* como um "magnum opus". Se o cosmos inteiro, tanto eterno quanto encarnado, proporcionou a Orígenes sua tela para *Sobre os primeiros princípios*, então toda a história, desde a queda dos anjos até o triunfo do céu – com longas passagens no meio recapitulando a história de Roma e de Israel – proporcionou a Agostinho a sua.

14 Agostinho sentiu a falta dos comentários gregos mais agudamente, e pediu a Jerônimo que parasse de preocupar-se com suas traduções bíblicas e se concentrasse, ao invés, nos escritos patrísticos, especialmente os de Orígenes (*ep.* 28.2, 2). Duas biografias excelentes – e muito diferentes – apresentam o perfil de Agostinho, intelectual e político, com todos os detalhes: Peter Brown, *Augustine of Hippo*; e James O'Donnell, *Augustine: A New Biography*. Sobre o conhecimento que Agostinho tinha do grego, O'Donnell gasta uma única palavra: "Patético" (126).

15 Estas questões circularam entre os teólogos nas gerações que se seguiram a Orígenes. A controvérsia pelagiana – travada a respeito da questão da livre vontade e da doutrina de Agostinho sobre o pecado original – foi em muitos aspectos a fase especificamente latina desta longa reação à obra de Orígenes; cf. especialmente Elizabeth A. Clark, *The Origenist Controversy*.

16 Adão aparece como um ponto crítico decisivo num debate público que Agostinho travou com um antigo colega maniqueu, Fortunato, quando Agostinho procurou defender a ideia de justiça divina com uma interpretação católica das cartas de Paulo (*Contra Fortunato* 22); no ano que se seguiu a esse debate, em 393, ele começou e concluiu sua primeira tentativa de interpretar o Gênesis "historicamente" no *Comentário literal inacabado sobre o Gênesis*.

17 A figura de Adão continuou a evoluir nas obras sobre Paulo que Agostinho produziu nos anos imediatamente anteriores ao aparecimento das *Confissões*, entre 394 e 397. Para esta interpretação particular da "natureza humana", cf. *Oitenta e três diferentes questões* 66.1-2,6, comentando novamente Romanos; cf. também a argumentação em Paula Fredriksen, *Augustine and the Jews*, 155-172 e notas.

18 Agostinho elabora isto, novamente considerando Rm 9–11, em sua *Resposta a Simpliciano*; cf. a argumentação em Fredriksen, *Augustine and the Jews*, 172-182. Sua doutrina posterior sobre o pecado original representa um refinamento desta ideia, exposto concisamente na *Cidade de Deus*:

> Todo o gênero humano estava no primeiro homem e ela [a morte] havia de passar dele para sua descendência através da mulher, quando o casal recebeu a sentença divina da condenação. E não foi o homem tal como foi criado, mas aquilo que o homem se tornou após seu pecado e seu castigo, que foi assim gerado, na medida em que diz respeito à origem do pecado e da morte (13.3).

19 A conversão de Agostinho, de volta a Milão, em 386, ocorrera por intermédio de seus encontros intelectualmente libertadores com o pensamento neoplatônico, realizados tanto através de grupos de leitura que se reuniam em torno de traduções latinas de textos de Plotino e Porfírio quanto através dos sermões de Ambrósio, que transmitia a herança dos comentários bíblicos de Fílon e Orígenes. Os escritos de Agostinho deste período são intrigantemente diferentes, em tom e em conteúdo, de sua descrição retrospectiva teologizante feita nas *Confissões*, especialmente no livro 8, lugar da famosa cena da conversão no jardim de Milão; cf. o debate em Fredriksen, *Augustine and the Jews*, 123-134 (os anos em Milão) e 182-210 (as *Confissões*).

20 Agostinho havia trabalhado sobre esta questão dos corpos carnais dotados de gênero no Éden em sua segunda tentativa de compreender o Gênesis "historicamente", *A interpretação literal do Gênesis*, escrita entre 401 e 414. Sobre a procriação sexual como intenção de Deus para a humanidade antes mesmo da Queda, cf. *A interpretação literal do Gênesis* 3.21,33; 9.3,5-11,19. Se as coisas tivessem acontecido de acordo com o plano – sem o pecado no jardim – a procriação sexual teria ocorrido sem prazer (degradante) e o nascimento sem dor (9.10,16-18). Para a maneira como o argumento de Agostinho se encaixa no contexto dos argumentos do final do século IV e início do século V sobre virgindade, continência sexual e matrimônio cristão, cf. especialmente Liz Clark, "Augustine and the Early Christian Debate on Marriage"; cf. também Paula Fredriksen, "Beyond the Body-Soul Dichotomy".

21 Para uma rápida orientação sobre as teorias da reprodução humana do final da antiguidade, cf. Peter Brown, "Sexuality and Society in the Fifth Century A.D.: Augustine and Julian of Eclanum"; sobre a maneira como esta ciência reprodutiva ajuda Agostinho a conceitualizar tanto a imaculada conceição de Maria quanto os benefícios do parto virginal para a impecabilidade de Jesus, cf. Fredriksen, "Beyond the Body-Soul Dichotomy".

22 Fortunato citou este texto paulino, Rm 7,23-25, como também muitos outros, em seu debate com Agostinho (*Contra Fortunato* 21). Para recapitulação do debate e a maneira como Fortunato se defende melhor por apelar para Paulo, cf. Fredriksen, *Augustine and the Jews*, 142-154.

23 Em alguns dos textos tardios reunidos por fim no cânon do Novo Testamento, estas ideias se transformam de diferentes maneiras. A carta aos Hebreus opera como uma metaforização ampliada de Jesus enquanto sumo sacerdote e perfeito sacrifício expiatório, mas o faz para argumentar contra a ordem mais antiga do sacerdócio levítico. O Apocalipse, em comparação, conserva uma viva preocupação com as normas judaicas de pureza; cf. David Frankfurter, "Jews or Not? Reconstructing the 'Other' in Revelation 2:9 and 3:9".

24 *Carne* servia como um tropo para "judaico" tanto na tradição cristã ortodoxa quanto na herética: Fausto, o terrível adversário maniqueu de Agostinho, aproveitou-se desta herança *contra Iudaeos* em ambas as modalidades para criticar a tradição católica como "carnal" e, portanto, "judaica". Ao defender sua igreja contra esta acusação, Agostinho acabou afirmando a judaicidade do "verdadeiro" cristianismo e, assim, a "carne" como o verdadeiro meio de redenção – daí sua ênfase na criação, na encarnação e na ressurreição, que se torna, contra todas as expectativas, uma defesa dos judeus e também do judaísmo; cf. Fredriksen, *Augustine and the Jews*, 213-234 (sobre Fausto), 235-259 (sobre a defesa que Agostinho faz da carne) e 260-352 (sobre a defesa que Agostinho faz dos judeus e do judaísmo).

Epílogo

1 Sua concentração nos judeus contemporâneos como público de sua mensagem não significa necessariamente que Jesus não tinha nenhuma opinião sobre a redenção do resto da humanidade ou nenhum interesse nessa redenção: a vasta corrente da tradição apocalíptica judaica em que ele se encontrava certamente os articulou. Mas, quaisquer que possam ter sido os pensamentos do próprio Jesus sobre o assunto, eles deixaram poucos vestígios nas tradições dos evangelhos. Tanto Mateus quanto Lucas situam o início da missão aos gentios *após* o tempo de vida de Jesus (Mt 28,19-20, pronunciado pelo Cristo ressuscitado; At 1,8 – talvez – e 11,20). Isto parece concordar com a informação que recolhemos das cartas de Paulo: se o Jesus histórico deixou quaisquer instruções sobre a maneira como os gentios deviam ser integrados nas comunidades evangélicas, parece que seus apóstolos não as conheceram, caso contrário as confusões e discussões causadas por essa missão não teriam surgido tão agudamente como aconteceu. Contudo, a redenção das "nações" que abandonam os ídolos e se voltam para Deus é um tema forte nas tradições apocalípticas judaicas, nas quais Jesus se situava, e o mais primitivo movimento pós-ressurreição via claramente a inclusão dos gentios como uma extensão natural de si mesmo.

2 A bem-sucedida destruição dos escritos de Marcião, feita pela ortodoxia, significa que temos muito pouco a que recorrer em relação a seus ensinamentos. Ele não pode, portanto, figurar de maneira igual nesta comparação final: os dados que possuímos são poucos demais para formular uma reconstrução segura.

3 Alguns dos julgamentos "mais ocultos" de Deus aparecem em *Contra Fausto* 12.44, 13.11; *A Simpliciano* 1.2,18 (sobre Jacó e Esaú); e *Cidade de Deus* 15.7 (sobre a escolha de Abel em lugar de Caim).

4 Possídio, *Vida de Santo Agostinho*, 31.1-3; para a encenação histórica, cf. Peter Brown, *Augustine of Hippo*, cap. 36.

5 O governo dos Estados Unidos, vendendo clandestinamente armas ao Irã do Ayatollah Khomeini, desviou parte desse dinheiro para os contras da Nicarágua. Quando a história se tornou pública, o presidente Ronald Reagan "assumiu a responsabilidade" numa formulação célebre, dizendo: "Erros foram cometidos". Depois usou novamente a frase alguns meses mais tarde em seu Discurso sobre o Estado da União, a 27 de janeiro de 1987; cf. HTTP://www.miamiherald.com/1986/12/07/457328/reagan-mistakes-were-made.

6 Cf. minhas queixas anteriores em "What You See Is What You Get" e "Did Jesus Oppose the Purity Laws?"

7 Sobre a contínua presença de Deus na cultura ocidental, apesar de Friedrich Nietzsche, Jack Miles, *God: A Biography*, 5, observa:

> Nenhum personagem [...] no palco, nas páginas dos jornais ou na tela de cinema jamais teve a recepção que Deus teve. Deus é mais do que uma palavra familiar no Ocidente: bem-vindo ou não, ele é um membro virtual da família ocidental. [...] O dramaturgo Neil Simon publicou alguns anos atrás uma comédia, *God's Favorite*, baseada no livro bíblico de Jó. Poucos dos que viram a peça haviam lido o livro bíblico, mas não havia necessidade: Eles já sabiam suficientemente como Deus era para entender os gracejos.

Glossário

Todos os termos gregos, hebraicos ou latinos usados no texto são traduzidos ali *in situ*. O que segue é um glossário de alguns termos particularmente importantes.

Aeon (gr. *aiôn*; pl. *aiônes*): Um tempo muito longo, uma era ou época; eternidade. Como conceito espacial, pode significar "o mundo". Nos textos herméticos e nos textos cristãos cosmogônicos, a palavra pode indicar vários seres divinos.

Angelos (pl. *angeloi*): Termo grego para "mensageiro" ou "enviado". A palavra é usada na Septuaginta para significar "anjo". No pensamento grego posterior, pagão ou cristão, a palavra pode também indicar divindades inferiores (assim, Jesus comparado com Deus Pai em Justino, ou Apolo comparado com o deus supremo na inscrição de Oenoanda).

Biblioteca de Nag Hammadi: Um tesouro de traduções coptas feitas no século IV de textos religiosos gregos anteriores – evangelhos, comentários esotéricos sobre textos bíblicos, revelações – descoberto no Egito em 1945.

Cosmos: Palavra grega para "ordem"; indica o "mundo", especialmente o universo visível organizado. No modelo de Ptolomeu, assumido por nossos autores antigos, a terra encontrava-se no centro do universo, circundada em escala ascendente pela lua, pelos cinco planetas conhecidos da antiguidade e pelo sol. Para além dos planetas estava a região das estrelas fixas. Todo o sistema era geralmente considerado como dotado de alma e inteligente, com graus de perfeição (tanto mental quanto física) crescente à medida que se subia nas esferas. Os filósofos consideravam o cosmos divino; outros pensadores antigos, como por exemplo Paulo, sustentavam que estas divindades, as esferas planetárias e personalidades astrais – *dynameis* ("potências"), *archôntes* ("governantes") *exousiai* ("autoridades", 1Cor 15,24), *stoicheia* ("elementos do universo", Gl 4,9) – eram ativamente hostis a Deus e seriam vencidas por Cristo por ocasião de sua segunda vinda.

Daimôn (pl. *daimones*): uma divindade, muitas vezes divindade inferior ou local. Os demônios pagãos podiam ser ou bons ou maus; os demônios cristãos são quase invariavelmente maus. A palavra é associada à ideia de deuses inferiores, portanto deuses que são etnicamente específicos e têm apetite por sacrifícios de sangue. Por este motivo, o maniqueu Fausto entendia que o deus dos judeus era claramente um demônio (*Contra Fausto* 18.2).

Demiurgo (gr. "artífice"): termo usado em Platão e em textos gregos posteriores para identificar a divindade, inferior ao deus supremo, que modela e organiza o mundo visível.

Diáspora (gr.; lat. "dispersão"; heb. *galut*, "exílio"). Na língua judaica, qualquer lugar onde os judeus vivem fora da terra de Israel.

Docetismo (gr. *dokein*, "parecer"): Termo usado para designar a ideia existente no pensamento cristão primitivo de que Jesus só parecia ter carne, mas que seu corpo era realmente de uma substância diferente. Os heresiólogos associavam esta ideia particularmente com as cristologias gnóstica, valentiniana e marcionita.

Ekklêsia: uma reunião ou assembleia de pessoas, talvez (mas nem sempre) para fins religiosos. Paulo usa o termo para significar "a assembleia" ou "congregação" dos seguidores de Cristo batizados; talvez funcionassem como subgrupos no interior da comunidade sinagogal mais ampla. No uso cristão posterior, o termo passa a significar "igreja" (fr. *église*).

Escatologia apocalíptica: *Apocalipse* em grego significa "revelação" e *escatologia* significa "conhecimento sobre as coisas finais (ou últimas)". A expressão combinada figura no discurso acadêmico para indicar uma disposição ou tradição no judaísmo e no cristianismo, que marcou particularmente o período entre 200 a.C. e 200 d.C., e que aguardava ansiosamente a iminente redenção do mundo, muitas vezes associada com a ideia de uma ressurreição dos mortos, do castigo dos "maus" (definidos de várias maneiras) e da recompensa dos justos.

Ethnos (pl. *ethnê*): "Nações" ou "povos"; termo usado na Septuaginta para indicar os não israelitas – portanto, os pagãos. Nossa língua usa comumente duas palavras diferentes, *gentio* e *pagão*, para traduzir esta única palavra grega. A palavra *gentio* refere-se à etnicidade de uma pessoa (a pessoa em questão não é um judeu), ao passo que *pagão* se refere à religião da pessoa (a pessoa em questão não é nem um judeu nem um cristão). A palavra *pagão*, porém, neste sentido, é um neologismo cristão do século IV (e pejorativo). No tempo de Paulo, excetuando a conversão, os pagãos eram gentios e os gentios eram pagãos: etnicidade e religião estavam no mesmo *continuum*.

Gnosticismo (gr. *gnôsis*, "conhecimento"): um termo, hoje muito questionado, usado para indicar aqueles tipos de religiões (cristãs ou não) que postulavam uma relação de hostilidade ativa entre o universo inferior e material e o mundo superior e espiritual, que era o verdadeiro lar do crente. Esta região inferior era organizada e controlada por um deus inferior mau e ignorante, Ialdabaoth, muitas vezes apresentado numa imagem distorcida do deus do Gênesis. A salvação – a libertação do crente de seu aprisionamento no universo material – exigia a aquisição do conhecimento (gnose) esotérico. A cultura antiga havia classificado tanto Valentino quanto Marcião como tipos de gnósticos. Esta identificação tem sido questionada hoje, como também a utilidade do próprio termo mais amplo. O adjetivo *gnóstico* (gr. *gnostikos*) significa simplesmente "conhecedor".

Hylê (gr.): Aristóteles usa este termo para indicar simplesmente a matéria. Para filósofos platônicos posteriores como Salústio, era uma abstração, "matéria informe" preexistente, vista como o substrato material do universo visível. Sendo o oposto metafísico do deus supremo ou do princípio organizativo da mente (gr. *nous*), a *hylê* era totalmente desprovida de características, virtualmente a definição do não-ser. Sua instabilidade intrínseca era usada muitas vezes para explicar vários problemas com o corpo físico no mundo material.

Plerôma: "Tudo" ou "plenitude". Na literatura cosmogônica, o termo descreve zonas de um céu espiritual, muitas vezes divididas entre um Pleroma superior ("mais próximo" do deus supremo) e um Pleroma inferior; ambos são habitados por éons. Estes éons procedem uns dos outros em séries, como pares ligados de aspectos divinos (do gênero masculino e feminino, daí uma *sizígia*). São personificados nesta literatura e emanam, em última instância, do deus supremo.

Pneuma: "Espírito" ou "sopro". No pensamento estoico, o pneuma é matéria muito fina, mas é matéria; no pensamento platônico, ele é imaterial. Paulo usa o termo no sentido estoico; a teologia posterior, fortemente influenciada pela metafísica platônica, geralmente pressupõe o espírito imaterial.

Psychê: "Alma". Termo médio entre espírito e carne, algo que anima a carne.

Sarx: "Carne". O substrato material do corpo terrestre.

Septuaginta: A tradução grega das escrituras judaicas, feita por judeus de língua grega em Alexandria, completada provavelmente por volta do século II a.C.

Sôma: "Corpo". Pode ser composto de tipos diferentes de matéria, seja carnal seja espiritual.

Sofia *(Sophia)*: "Sabedoria". Na Septuaginta, a palavra é usada particularmente para a sabedoria divina. Nos textos cosmogônicos cristãos, Sofia é o éon mais jovem, feminino, que sai de seu lugar próprio no Pleroma em busca do deus supremo (o "Uno" ou o "Pai de Tudo"), fazendo assim inadvertidamente com que a região material inferior começasse a existir.

Zodíaco: Doze constelações, muitas vezes associadas a divindades ou espíritos cósmicos, que, segundo se pensava nos universos geocêntricos tradicionais, abarcavam os circuitos dos planetas. O zodíaco da antiguidade descrevia, portanto, a arquitetura dos céus visíveis, delineando uma realidade astral que, conforme se supunha, tinha efeitos imediatos sobre a vida na região sublunar. Representações do zodíaco são encontradas em espaços sagrados pagãos, judeus e cristãos.

Obras citadas

De modo geral cito os textos bíblicos de acordo com a *Revised Standard Version* e os textos intertestamentais de acordo com a *Oxford Annotated Revised Standard Version with Apocrypha*. Uma coleção maior de escritos judaicos intertestamentais pode ser encontrada em *The Old Testament Apocrypha and Pseudepigrapha*, 2 vols., ed. J.H. Charlesworth (Nova York: Doubleday, 1985). Uma tradução inglesa da Septuaginta está facilmente acessível graças à Zondervan Publishing (Grand Rapids, MI: 1970). Quando necessário, ajustei as traduções[1].

Autores antigos[2]

AGOSTINHO. *Confissões*. Petrópolis: 2. ed. Vozes, 2013.

_____. *A Cidade de Deus*. 2 vols. Petrópolis: Vozes, 2012.

_____. *Comentário ao Gênesis*: Comentário literal ao Gênesis. Sobre o Gênesis contra os maniqueus. Inacabado. São Paulo: Paulus 2005 [Patrística 21].

---

1 Nota do tradutor: A tradução em português manteve-se fiel às opções da Autora.

2 Observação do tradutor: Para as obras dos autores antigos, a Autora cita traduções em inglês, mantendo porém as indicações de livro e parágrafo tradicionais e não a indicação de página dessas traduções. Também nestes casos a Autora muitas vezes ajustou a tradução. Mantivemo-nos fiéis às opções de tradução da Autora, mas registramos as traduções dos livros em português quando as encontramos ou remetemos à Patrologia Latina e à Patrologia Graeca de Migne.

_____. *Eighty-three Different Questions*. Trad. por David L. Mosher. Washington: Catholic University of America Press, 1982 [Fathers of the Church 70].

_____. *Contra Faustum manichaeum*. Patrologia Latina, vol. 42.

_____. *Acta seu Disputatio contra Fortunatum manichaeum*. Patrologia Latina, vol. 42.

_____. *De diversis quaestionibus ad Simplicianum*. Patrologia Latina, vol. 40.

CLEMENTE de Alexandria. *Stromata / Excerpta ex Theodoto*. Patrologia Graeca, vols. 8-9.

EPIFÂNIO de Salamina. *Panarion*. Patrologia Graeca, vols. 41-42.

EUSÉBIO. *História eclesiástica*. São Paulo: Paulus, 2000 [Patrística 15].

FÍLON de Alexandria. *Works*. 10 vols., 2 supls. Cambridge, MA: Harvard University Press, 1929-1936 [Loeb Classical Library].

IRENEU. *Contra as heresias*. São Paulo: Paulus, 1997 [Patrística 4].

JOSEFO. *Antiguidades dos judeus contra Apion*. Curitiba: Juruá, 2001.

JUSTINO Mártir. *I e II Apologias / Diálogo com Trifão*. São Paulo: Paulus, 1995 [Patrística 3].

MINÚCIO Félix. "Octavius". Trad. por Gerald H. Rendall. In: *Tertullian*: Apology / De Spectaculis and Minucius Felix: Octavius, 315-337. Cambridge, MA: Harvard University Press,1984 [Loeb Classical Library].

ORÍGENES. *Contra Celso*. São Paulo: Paulus, 2004 [Patrística 20].

_____. *Tratado sobre os princípios*. São Paulo: Paulus, 1995 [Patrística 30].

PTOLOMEU. "Letter to Flora". Trad. por Werner Foerster. In: *Gnosis*: A Selection of Gnostic Texts – Vol. 1: Patristic Evidence. Oxford: Clarendon Press, 1972, p. 154-161.

SALÚSTIO. "On the Gods and the World". Trad. por Gilbert Murray. In: *The Five Stages of Greek Religion*. Londres: C.A. Watts, 1935, p. 211-224.

TERTULIANO. *Adversus Marcionem*. Patrologia Latina, vol. 2.

_____. *Apologeticum adversus gentes*. Patrologia Latina, vol. 1.

_____. *De carne Christi*. Patrologia Latina, vol. 2.

VALENTINO. "O Evangelho da verdade". In: *Tradução completa das escrituras gnósticas*: A biblioteca de Nag Hammadi. São Paulo: Madras, 2006.

Autores modernos

ALLISON Jr. Dale C. *Constructing Jesus*: Memory, Imagination, History. Londres: SPCK, 2010.

ANDERSON, Gary. *Sin*: A History. New Haven, CT: Yale University Press, 2009.

ATHANASSIADI, Polymnia & FREDE, Michael (eds.). *Pagan Monotheism in Late Antiquity*. Oxford: Clarendon Press, 1999.

BRAKKE, David. *The Gnostics*. Cambridge, MA: Harvard University Press, 2010.

BROWN, Peter. "Sexuality and Society in the Fifth Century A.D.: Augustine and Julian of Eclanum". In: GABBA, Emilio (ed.). *Tria Corda* – Scritti in onore di Arnaldo Momigliano. Como, Itália: New Press, 1993, p. 49-70.

_____. *Augustine of Hippo*. Berkeley/Los Angeles: University of California Press, 1967.

CHADWICK, Henry. *The Early Church*. Harmondsworth, Inglaterra: Penguin, 1967.

_____. *Early Christian Thought and the Classical Tradition*. Oxford: Oxford University Press, 1966.

CHANIOTIS, Angelos. "The Jews of Aphrodisias: New Evidence and Old Problems". *Scripta Classica Israelica*, 21 (2002), p. 209-242.

CLARK, Elizabeth A. *The Original Controversy*. Princeton, NJ: Princeton University Press, 1992.

_____. "Augustine and the Early Christian Debate on Marriage". *Recherches Augustiniennes*, 21 (1986), p. 139-162.

DesJARDINS, Michel R. *Sin in Valentinianism*. Atlanta: Scholars Press, 1990.

DONALDSON, Terrence L. *Judaism and the Gentiles*: Jewish Patterns of Universalism (to 135 CE). Waco, TX: Baylor University Press, 2007.

DUNN, James D.G. *The Theology of the Apostle Paul*. Grand Rapids, MI: Eerdmans, 1998.

ENGBERG-PEDERSEN, Troels. *Cosmology and Self in the Apostle Paul*. Oxford: Oxford University Press, 2010.

FITZGERALD, Allan (ed.). *Augustine through the Ages*: An Encyclopedia. Grand Rapids, MI: Eerdmans, 1999.

FOERSTER, Werner. *Gnosis*: A Selection of Gnostic Texts. Vol. 2: Coptic and Mandean Sources. Oxford: Clarendon Press, 1974.

_____. *Gnosis*: A Selection of Gnostic Texts. Vol. 1: Patristic Evidence. Oxford: Clarendon Press, 1972.

FRANKFURTER, David. "Where the Spirits Dwell: Possession, Christianization and Saints' Shrines in Late Antiquity". *Harvard Theological Review*, 103, n. 1 (2010), p. 27-46.

_____ "Jews or Not? Reconstructing the 'Other' in Revelation 2:9 and 3:9". *Harvard Theological Review*, 94, n. 4 (2001), p. 403-425.

FREDRIKSEN, Paula. *Augustine and the Jews*: A Christian Defense of Jews and Judaism. New Haven, CT: Yale University Press, 2010.

_____. "Judaizing the Nations: The Ritual Demands of Paul's Gospel". *New Testament Studies*, 56 (2010), p. 232-252.

_____. "Markan Chronology, the Scene at the Temple, and the Death of Jesus". In: CHANCEY, Mark; HESCHEL, Susannah & UDOH, Fabian E. (eds.). *New Views of First-Century Jewish and Christian Self-Definition*: Essays in Honor of E.P. Sanders. Notre Dame, IN: University of Notre Dame Press, 2008, p. 246-282.

_____. "Mandatory Retirement: Ideas in the Study of Christian Origins Whose Time to Go Has Come". *Studies in Religion/Sciences Religieuses*, 35 (2006), p. 231-246.

_____. *From Jesus to Christ*: The Origins of the New Testament Images of Jesus. 2. ed. New Haven, CT: Yale University Press, 2000.

_____. *Jesus of Nazareth, King of the Jews*. Nova York: Vintage, 2000.

_____. "Did Jesus Oppose the Purity Laws?" *Bible Review*, 11, n. 3 (1995), p. 18-25, 42-47.

_____. "What You See Is What You Get: Context and Content in Current Research on the Historical Jesus". *Theology Today*, 52, n. 1 (1995), p. 75-97.

_____. "Judaism, the Circumcision of Gentiles, and Apocalyptic Hope: Another Look at Galatians 1 and 2". *Journal of Theological Studies*, 42 (1991), p. 532-564.

_____. "Beyond the Body-Soul Dichotomy: Augustine on Paul against the Manichees and Pelagians". *Recherches Augustiniennes*, 23 (1988), p. 87-114.

_____. "Paul and Augustine: Conversion Narratives, Orthodox Traditions, and the Retrospective Self". *Journal of Theological Studies*, 37 (1986), p. 3-34.

_____. "Hysteria and the Gnostic Myths of Creation". *Vigiliae Christianae*, 33 (1979), p. 287-290.

GOODMAN, Martin. *Mission or Conversion?* – Proselytizing in the Religious History of the Roman Empire. Nova York: Oxford University Press, 1994.

HARNACK, Adolf von. *Marcion: The Gospel of the Alien God*. Eugene, OR: Wipf and Stock, 2007 [Publicado originalmente em 1924].

HIRSCHMAN, Marc. *A Rivalry of Genius*: Jewish and Christian Biblical Interpretation. Albânia, NY: State University of New York Press, 1996.

HODGE, Caroline Johnson. *If Sons, Then Heirs*: A Study of Kinship and Ethnicity in the Letters of Paul. Nova York: Columbia University Press, 2005.

ISAAC, Benjamin. *The Invention of Racism in Classical Antiquity*. Princeton, NJ: Princeton University Press, 2004.

JONAS, Hans. *The Gnostic Religion*. Boston: Beacon Press, 1958.

KLAWANS, Jonathan. *Purity, Sacrifice, and the Temple*. Nova York: Oxford University Press, 2006.

_____. *Impurity and Sin in Ancient Judaism*. Nova York: Oxford University Press, 2000.

KING, Karen. *What is Gnosticism?* Cambridge, MA: Harvard University Press, 2003.

KNUST, Jennifer. *Abandoned to Lust*: Sexual Slander and Ancient Christianity. Nova York: Columbia University Press, 2006.

LANE FOX, Robin. *Pagans and Christians*. Nova York: Knopf, 1987.

LAYTON, Bentley. *The Gnostic Scriptures*: A New Translation with Annotations and Introduction. Garden City, NY: Doubleday, 1987.

LEVINE, Lee I. *The Ancient Synagogue*: The First Thousand Years. New Haven, CT: Yale University Press, 2000.

LIEU, Judith. "'As Much My Apostle as Christ Is Mine': The Dispute over Paul between Tertullian and Marcion". *Early Christianity*, 1 (2010), p. 41-59.

_____. *Image and Reality*: The Jews in the World of the Christians in the Second Century. Edimburgo: T & T Clark, 1996.

MARSHALL, John. "Misunderstanding the New Paul: Marcion's Transformation of the *Zonderzeit* Paul". *Journal of Early Christian Studies*, 20.1 (2012), p. 1-29.

MARTIN, Dale B. *The Corinthian Body*. New Haven, CT: Yale University Press, 1995.

MEIER, John P. *A Marginal Jew*. 4 vols. Nova York: Doubleday, 1991-2009.

MILES, Jack. *GOD: A Biography*. Nova York: Vintage, 1996.

MILGROM, Jacob. *Leviticus 1-16*. Nova York: Doubleday, 1991.

MITCHELL, Margaret M. "Patristic Rhetoric on Allegory: Origen and Eustathius Put 1 Samuel 28 on Trial". *Journal of Religion*, 85 (2005), p. 414-445.

MITCHELL, Stephen. "The Cult of Theos Hypsistos between Pagans, Jews, and Christians". In: ATHANASSIADI, Polymnia & FREDE, Michael (eds.). *Pagan Monotheism in Late Antiquity*. Oxford: Clarendon Press, 1999, p. 81-148.

MITCHELL, Stephen & NUFFLEN, Peter van (eds.). *One God*: Pagan Monotheism in the Roman Empire. Cambridge: Cambridge University Press, 2010.

MOLL, Sebastian. *The Arch-Heretic Marcion*. Tübingen, Alemanha: Mohr Siebeck, 2010 [Wissenschaftliche Untersuchungen zum Neuen Testament, 250].

O'DONNELL, James J. *Augustine*: A New Biography. Nova York: HarperCollins, 2005.

PÉTREMENT, Simone. *A Separate God*: The Origins and Teachings of Gnosticism. São Francisco: HarperSanFrancisco, 1990.

QUASTEN, Johannes. *Patrology*, 4 vols. Allen, TX: Christian Classics, 1995 [Publicado originalmente em 1950-1978].

RAMELLI, Ilaria. "The Philosophical Stance of Allegory in Stoicism and Its Reception in Platonism, Pagan and Christian: Origen in Dialogue with the Stoics and Plato". *International Journal of the Classical Tradition*, 18 (2011), p. 335-371.

REED, Annette Yoshiko. "The Trickery of the Fallen Angels and the Demonic Mimesis of the Divine". *Journal of Early Christian Studies*, 12 (2004), p. 141-171.

ROBINSON, James M. (ed.). *The Nag Hammadi Library*. São Francisco: Harper and Row, 1977.

RUDOLPH, Kurt. *The Nature and History of Gnosticism*. São Francisco: HarperSanFrancisco, 1987.

SANDERS, E.P. *The Historical Figure of Jesus*. Londres: Penguin, 1993.

_____. *Judaism*: Practice and Belief, 63 B.C.E.-66 C.E. Filadélfia: Trinity Press International, 1992.

_____. *Jesus and Judaism*. Filadélfia: Fortress, 1985.

SCOTT, Alan. *Origen and the Life of the Stars*. Oxford: Clarendon Press, 1991.

SEGAL, Alan. *Paul the Convert*: The Apostolate and Apostasy of Saul the Pharisee. New Haven, CT: Yale University Press, 1990.

_____. *Two Powers in Heaven*. Leiden, Holanda: Brill, 1977.

STAPLES, Jason. "What Do the Gentiles Have to Do with 'All Israel'?" *Journal of Biblical Literature*, 130, n. 2 (2011), p. 371-390.

STENDAHL, Krister. *Final Account*: Paul's Letter to the Romans. Mineápolis: Fortress, 1995.

_____. "Paul and the Introspective Conscience of the West". *Harvard Theological Review*, 56 (1963), p. 199-215.

STOWERS, Stanley. *A Rereading of Romans*: Justice, Jews, and Gentiles. New Haven, CT: Yale University Press, 1994.

TAYLOR, Joan. *The Immerser*: John the Baptist within Second Temple Judaism. Grand Rapids, MI: Eerdsman, 1997.

Índice das passagens

Antigo Testamento

Gênesis
1,2 177n. 2
1,26-27 128
3,7 132
4,4 144
6,1-4 90
12,3 50
25,21-23 117

Êxodo
10 117
32 93
32,6 36, 96

Levítico
14 30
16,6-22 46
16,21 46
19,18 24, 56
23,27-31 28

Números
9,6 30
15,37-40 25

19,9 30
19,11-12 30

Deuteronômio
6,4-5 24

1Samuel
15,11 120

Salmos
25,10 137
91,13 148
96,5 32, 63, 90

Isaías
2,2-3 22
2,2-4 105
11,11-16 105
25,6 37, 105
29,16 117
45,7 120
45,9 117
64,8 117
65 100
66,1-2 94

Jeremias
18,6 117

Amós
5,25-27 94

Miqueias
1,12 120
4,1-2 37

Zacarias
8,23 37

Novo Testamento

Mateus
3,2 16
3,8 24
3,10 24
3,12 16
5,8 181n. 19
5,21-22 25, 30
5,21-48 171n. 10
5,24 22
5,27-30 25
5,31-37 25
7,11 27
7,21-23 32
8,12 122
10,5-6 32
10,7-8 32
10,15 26
11,18-19 26
11,21 26
12,28 28
12,36-37 26

12,41   26
13,24-50   26s.
18,22   27
18,35   27
19,12   185n. 12
21,31   27
23,21   22, 48
24,2   19
28,19-20   187n. 1

Marcos
1,4-5   15
1,13   32
1,15   15, 103
1,40-44   21, 30
1,44   17
1,45   28s.
6,56   25
7,1-23   26
9, 42-48   27
10,19   25
10,31   27
11,15-18   19
11,30   28
12,29-31   24
13,1-2   19
13,26-27   41
14,24   31

Lucas
2,38   182n. 27
3,17   16
7,33-34   26

10,12 26
10,13-15 26
11,4 28
11,20 28
11,32 26
15,8-32 27
21,6 19
22,3 32
22,67 172n. 12
24,26 40
24,53 21

João
1,1-3 62
1,29 19
2,13-22 170n. 4
2,21-22 19
3,22.26 26
6,14 172n. 4
7,26 172n. 4
7,40-41 172n. 4
7,52 172n. 4
9,17 172n. 12
14,6 148
19,11 182n. 27

Atos
1,6 105
1,8 187n. 1
2,9-11 182n. 27
2,23 182n. 27
2,36 182n. 27
2,46 21

3,14-15   182n. 27
5,30-31   182n. 27
7,35   93
7,39   93
7,39-41   93
7,51-53   94
8,27-28   92
10,1-2   92
11,20   187n. 1
13,16   92
15,29   92
16,14   92
17,4   92
17,16   92
18,7   92
19,26   92
29–31   92

Romanos
1,3   69
1,5-6   170n. 5
1,7   46
1,18   49
1,18-32   35, 43
1,29-32   39
3,2   36
3,5-6   83
3,9   42, 44
3,25   45
3,31   51
4,23-24   36
5,9   42
5,12   41

5,18-19 42
5,20 42
6 *passim* 84
6,1-2 84
6,2 42
6,6 42
6,11 42
6,15 84
6,22-23 42
7 65
7,7 44
7,7-8 42
7,12 44
7,13-14 44
7,14-25 43
7,15-20 122
7,21-25 51
7,21-31 51
7,23-25 135
7,24 45, 69
7,25 41
8 *passim* 150
8,3 44s., 69
8,9-15 42
8,15 40
8,20-22 44
8,21 106
8,22 41
8,23 45
8,30 48
8,31-39 58
8,38 41
9 135

9,2 53
9,4 17, 44, 48
9,4-5 21, 52
9,10-24 117
9,11 52
9,14 53
9,17 53s.
9,19-25 53
9,20 137, 158
9,21 119, 136
9,21-23 134
9,27 53
10,1-21 53
11,1 53, 84
11,5 48, 54
11,7 54
11,7-10 54
11,11 54
11,12 54
11,15 54
11,16 54
11,17-24 54
11,25-26 56, 158
11,25-27 55, 57
11,25-36 40
11,26 9, 54
11,28 49, 55
11,30-32 56
11,33-36 55
12 55
13,8-10 52
13,11-12 38, 40, 49
13,13 56

14 56
15,3 100
15,4 36, 56
15,8-9 56
15,12 56
15,15-16 175n. 26
15,16 47
15,17-20 49
15,20 51
15,23 49
15,31 49

1Coríntios
1,2 46
2,6–3,3 87
2,6-7 67
2,8 32, 60
2,14 87
3,16-17 47
5,7 45
5,9-11 33, 35
6,9 170n. 5
6,9-11 35
6,11 47
6,19 47
7,29 38
7,31 38
8,5 60
8,5-6 33
8,6 62
10 93
10,6-14 36
10,14 170n. 5

10,18-21 173n. 19
10,20-21 32
10,21 60
10,25-29 173n. 19
11,23-25 31
11,26 31
12,6-10 32
14,20 174n. 19
15 31
15,3 20, 42
15,3-8 38
15,3-8.12 105
15,12-24 39
15,20-22 41
15,23-28 106
15,24 41
15,24-28 48
15,26 150
15,28 122, 145
15,39-44 176n. 2
15,44 45, 100, 106, 113, 140
15,50 45
15,51 38

2Coríntios
4,4 32, 60
5,21 45
6,16 47
10–11 51
11,22-23 51
12,20-21 35
15,24 60s.

Gálatas
1,18 21
2,1 21
2,15 39
3,8 50
3,17 50
3,18 50
4,3 61
4,4 69
4,8 43, 170n. 5
4,8-9 32
5,19-21 35
6,16 50

Efésios
6,12 172n. 16

Filipenses
2,6-8 68
2,9-11 69
2,10 32
2,10-11 33, 48, 61
3,2 170n. 5
3,6 44

1Tessalonicenses
1,9 170n. 5
1,9-10 37
1,10 49, 106
4,4-5 46
4,7 46
4,15 38
4,16 49

4,16-17 41
4,17 100, 150
5,2 57

2Pedro
3,4 178n. 7
3,16 70

1João
4,1-2 68
5,6 68

2João
7 68

Apocalipse
2,9 189n. 23
3,9 189n. 23
20,4-5 98

Apócrifos e pseudepígrafos

Enoc
91,14 37

1Macabeus
12,21 172n. 16

2Macabeus
5,9 172n. 16

Salmos de Salomão
7,31-41 37

Tobias
14,6 37

Sabedoria de Salomão
13,10 35
14,23-28 35

Antigos escritos cristãos

Agostinho de Hipona
Contra Fausto
6.5 143
12.9 143
12.44 187n. 3
13.11 187n. 3
14.6 143
18.6 143
20.4 179n. 9
20.18 143
22.17 144
22.21 143

Contra Fortunato
21 186n. 22

Cidade de Deus
12.21 134
12.27 137
13.3 186n. 18

13.13 132
13.18 144
13.20 140
13.22 141
14.10-13 154
14.17 132
14.26 132
15.1 134
15.7 187n. 3
15.10 141
15.27 141
18.43 141
18.46 140, 144
18.49 134
19.7-17 134
20.6-9 139
21.2 138
21.3 133, 138
21.9 138
21.12 134, 138, 145
21.13 138
21.17 138
21.18 138
21.20 138
21.25 138
22.30 144s.
22.3 139
22.4 144
22.11 144
22.14 140
22.15 140
22.17 140
22.19 140

22.20 140
22.21 140
22.24 140, 144
22.30 144s.

Confissões
1.1,1 126, 128
3.6,11 128
8.7,17 129
11.6,8–11.11,3 130
11.7,9 129
11.14,17 129
11.15,20 130
11.27,36 129
11.29,39 128
13.34,49 128
13.36,51 131

Oitenta e três diferentes questões
66.1-2,6 186n. 17

Gênesis contra os maniqueus
1.19,30 125

Interpretação literal do Gênesis
3.21,33 186n. 20
9.3,5-11,19 186n. 20
9.10,16-18 186n. 20

Resposta a Simpliciano
1.2,15-18 136s.
1.2,16 136
1.2,18 187n. 3

Clemente de Alexandria
Miscelâneas (incluindo *Excertos de Teódoto*)
2.20 181n. 19
LIX,3 78
LXVII,4 82
XXV,1 64, 176n. 1

Epifânio
Panarion
64.3, 11-12 185n. 12

Eusébio
História eclesiástica
6.8 185n. 12

Ireneu
Contra as heresias
I.1, 1–I.2, 2 81
I.2, 4 82
I.5, 1-4 82

Justino Mártir
1 Apologia
10 99
26 91
28 91
53 153
58 91
59 99
63 88
66 99, 182n. 28

2 Apologia
2, 9   182n. 24
5   91, 182n. 25
6   91
7   90s.
10   90, 99
13   90

Diálogo com Trifão
1   89, 98, 181n. 24
3   88
13   95, 101, 142
15-16   95, 142
16-17   97
19   142
19-23   96
20   96
27   96s., 142
29   95
35   90
38   89
43   96
56   88, 177n. 3
56-62   89
59   177n. 3
60   88
63   99
79   182n. 25
80   91, 98s., 152
80-81   139
81   98, 100
88   99

108 97
123 100
141 89, 181n. 23

Marcião
Antíteses 179n. 13

Minúcio Félix
Otávio
10.4 178n. 8

Orígenes de Alexandria
Sobre os primeiros princípios
I, pref., 1 111
I, pref., 3 111
I, pref., 4 112
I, pref., 4-10 111
I, pref., 8 111, 183n. 3
I, i,1 111
I, i, 6 112
I, ii 112
I, iii, 41 112
I, iv, 4 113
I, v, 1-5 115
I, v, 2 153s.
I, v, 3 112, 115
I, vi, 2 117
I, vi, 3 117
I, vii, 1-4 115
I, vii, 4 116, 185n. 10
II, i, 1-4 115
II, i, 4 177n. 2
II, ii, 2 112s.

II, iii, 7 184n. 8
II, vi, 3 115
II, vii, 3 114
II, x, 3 122
II, x, 4 122
II, xi, 7 122
III, i, 6 117
III, i, 7 117
III, i, 8-9 184n. 9
III, i, 9-10 118
III, i, 13 118
III, i, 14 118
III, i, 22 119
III, v, 5-6 117
III, v, 5-9 117
III, vi, 9 123
IV, i, 2 121
IV, i, 6 120s.
IV, ii, 1 120
IV, ii, 4 67, 121
IV, ii, 8 121
IV, ii, 9 183n. 3
IV, iii, 2 183n. 3
IV, iii, 4 121
IV, iii, 5 121
IV, iii, 8 121
IV, iv, 4 122
IV, iv, 8 184n. 5
IV, iv, 9 114

Ptolomeu
Carta a Flora
III, 2 78
V, 1 78

VII, 3 78
VII, 4 78
VII, 7-8 179n. 9

Tertuliano
1 Apologia
26 178n. 8

Adversus Marcionem
1.19 83
1.26 83
1.27 83
3.9 78
4.6 86

Valentino
Evangelho da Verdade
XVI, 1-XXVIII, 1 81
XVII, 5-10 79
XVII, 20-25 79
XVII, 30 79
XVIII, 20 79
XVIII, 25-35 80
XXV, 1-XXVIII, 1 81
XXXII, 35 79

Outros escritos antigos

Josefo
Antiguidades dos judeus
1.240-241 172n. 16
12.226 172n. 16

18.63 172n. 13
18.116-119 23

Fílon de Alexandria
Vida de Moisés
2.267 177n. 2

Sobre a criação do mundo
2.8 125
7.27 60s.
56.157 67

Salústio
Sobre os deuses e o cosmos
I 177n. 2
III 67
VII 177n. 2
XIII 177n. 3

Autores modernos

Allison Jr., Dale C. 169n. 1, 171n. 7, 172n. 12, 172n. 16
Brakke, David 179n. 10, 179n. 12, 180n. 14, 180n. 16
Chadwick, Henry 177n. 2, 179n. 11, 185n. 12
Desjardins, Michel 179n. 11, 180n. 16
Donaldson, Terry 174n. 21
Dunn, James 176n. 1
Engberg-Pedersen, Troels 176n. 2
Fitzgerald, Allan 183n. 29
Foerster, Werner 179n. 11, 180n. 16
Fredriksen, Paula 169n. 1, 170n. 3, 170n. 4, 171n. 5, 171n. 7, 171n. 8, 171n. 11, 172n. 16, 173n. 17, 174n. 21, 175n. 26, 175n. 27, 182n. 27, 186n. 17, 186n. 18, 186n. 19, 187n. 22, 187n. 24

Goodman, Martin 175n. 27
Harnack, Adolf von 179n. 13
Hodge, Caroline Johnson 170n. 5
Isaac, Benjamin 173n. 18
Jonas, Hans 179n. 11
King, Karen 179n. 11
Klawans, Jonathan 172n. 11, 175n. 25
Knust, Jenny 173n. 18, 180n. 15, 182n. 28
Lane Fox, Robin 174n. 20
Layton, Bentley 179n. 12, 180n. 16
Levine, Lee I. 173n. 17
Lieu, Judith 179n. 9, 179n. 13
Marshall, John 179n. 12, 181n. 21, 181n. 22
Martin, Dale B. 172n. 13, 174n. 22, 175n. 24, 176n. 2. 178n. 5
Meier, John P. 169n. 1, 169n. 2, 171n. 11, 172n. 13
Miles, Jack 188n. 7
Milgrom, Jacob 175n. 25
Mitchell, Margaret M. 178n. 6
Mitchell, Stephen 177n. 3
Moll, Sebastian 179n. 13
O'Donnell, James J. 183n. 1, 185n. 14
Pétrement, Simone 180n. 17
Quasten, Johannes 183n. 1
Ramelli, Ilaria 183n. 3
Reed, Anette 182n. 25
Robinson, James M. 179n. 12
Rudolph, Kurt 179n. 11
Sanders, E.P. 170n. 2, 171n. 7, 171n. 8, 171n. 9, 171n. 10, 172n. 14, 172n. 15
Segal, Alan 177n. 3
Stendahl, Krister 174n. 23, 176n. 4
Stowers, Stanley 175n. 23, 175n. 25
Taylor, Joan 169n. 2

Índice geral

Adão: tradição alegórica e A. 125-126; como antítipo de Cristo 41, 43-45; Agostinho e a figura de A. 124-127, 133-136, 185n. 16, 186n. 17; livre vontade e A. 126-127, 132-133, 136, 144, 155; pecado original e A. 125-127, 133-136, 155, 158; Paulo e o elo entre pecado e A. 41-45.

Agostinho de Hipona 11, 104; Adão como figura e A. 124-127, 132-133, 185n. 16, 186n. 17; e leitura (histórica) *ad litteram* 141-143, 154, 185n. 16, 186n. 20; informação biográfica 108, 122-124, 158-160, 185n. 13, 185n. 14, 186n. 19; sobre o sacrifício de sangue 141-144; conversão de A. 186n. 19; defesa dos judeus ou do judaísmo 187n. 24; justiça e misericórdia divinas interpretadas por A. 109-110, 135-138, 145, 185n. 16, 187n. 3; condenação eterna em A. 137-139; A. e a eucaristia 141-143; A. e livre vontade/"vontade dividida" 126-129, 132-133, 144; sobre a linguagem 124, 130-131, 140-141; barreiras de linguagem e acesso aos textos 123; maniqueísmo e A. 108, 123, 124-125, 135-136, 179n. 9, 185n. 13, 185n. 16, 187n. 24; pecado original, doutrina do 125-127, 133-134, 185n. 15; ortodoxia e A. 124-125; sobre Paulo 43, 128; A. e Paulo como fonte ortodoxa 109; platonismo como influência 11, 108, 125-129, 145, 153-155, 186n. 19; A. e o corpo ressuscitado 139-140; redenção interpretada por A. 107, 137-141, 144-145, 187n. 24; sobre a relação entre corpo e alma 131-132, 139-140; A. e a ressurreição 138-140, 143-144, 183n. 29; sobre sexo e reprodução sexual 131-133, 186n. 20; o pecado interpretado por A. 107-108, 123-125, 128, 135, 137-140, 144 (*cf. tb.* pecado original *neste verbete*); e dimensão social do pecado, 124, 134; sobre o tempo 129-131, 140-141.

Alimentação, leis sobre a a. 56.

Alma: Agostinho sobre a relação do corpo com a a. 131-132, 139-140; preexistência da a. 124-125, 184n. 10; *psychê* (alma) 74, 86-88, 114, 151, 181n. 23; oposição espírito/carne (*pneuma/sarx*) 174n. 22, 175n. 24. *Cf. tb.* corpo "espiritual".

Anjos: decaídos 90-91, 112, 137, 182n. 25; livre vontade dos a. 137, 181n. 23 ; no panteão grego 177n. 3; no judaísmo helenístico 177n. 3; como deuses inferiores ou mensageiros (*angeloi*) 63, 177n. 3.

Ascetismo 26, 123; ascetas e libertinos 82-83; gnosticismo e a. 72, 179n. 11.

Batismo 15, 28, 84, 87, 169n. 2, 174n. 22, 181n. 23; vida eterna e b. 42; b. e liberdade do pecado 42, 182n. 27; b. dos gentios 42, 46-48, 106, 138, 174n. 22; b. múltiplo 169n. 2; pecado original e b. de crianças 133-134.

Bíblia: e criação do Novo Testamento 67; como autoridade 24-25, 51-52, 56, 67, 75-77, 120-121, 141-143, 162; formas cristãs da B. 12, 49-51, 73, 75-76, 77, 85, 88-89, 120-121, 151-152, 170n. 3, 170n. 5; em grego (Septuaginta) 20, 46-48, 73, 75, 106, 140-141, 152-153, 170n. 3; no judaísmo 12, 24-25, 51-53, 75, 103, 143 (*cf. tb.* Septuaginta *neste verbete*).

Binômio mente/corpo: Adão e Eva e o b. m./c. 125.

Carne: atuação da c. 44; Agostinho sobre a c. 131-132, 137-141; como código para "mal" 65, 152; como código para "judeu" 152, 187n. 24; purificação judaica da c. 24, 29; Justino sobre a redenção da c. 98-101; como meio de redenção 187n. 24; como não essencial 116; interpretação de Orígenes 114-116; binômio *pneuma* (espírito)/*sarx* (carne) de Paulo 174n. 22, 175n. 24; interpretações positivas da c. 116; ressurreição do corpo "espiritual" vs c. 44-45, 78, 90, 98, 100, 123-125, 139-140, 152, 176n. 2, 182n. 29, 187n. 24; pecado ou morte ligados à c. 41-46, 48, 69, 106, 125-127, 137-140, 150, 152; relação espírito/carne 87, 131-132, 174n. 22, 175n. 24.

Celibato 74, 83, 123, 128, 131.

Cesareia, rebelião em 173n. 18.

Céu, arquitetura e população do c. 63, 80-81, 90, 121, 129, 134, 144-145, 149-150.

Christus militans 148.

Circuncisão: os gentios e a c. 36, 39-41, 49-51, 70-71, 170n. 5, 174n. 21; Justino Mártir sobre a c. 94-95, 152.

Clemente de Alexandria 64.

Confissão: discurso moderno sobre a c. 159-160.

Constantino 71.

Contra Fausto (Agostinho) 185n. 13.

Contra Fortunato (Agostinho) 185n. 16.

Contra Marcião (Tertuliano) 179n. 9.

Controvérsia pelagiana 124, 185n. 15.

Conversão: como mudança de etnicidade 174n. 20, 175n. 27; circuncisão e c. 36, 39-41, 50-51, 70-71, 170n. 5, 174n. 21; missões aos gentios 187n. 1.

Corpo: como analogia do cosmos 65-66; teoria de Agostinho sobre a corporificação 131-132, 154, 186n. 20; incorporeidade de Deus 111-112; ressurreição corporal 98, 106-108, 122, 124-125, 138-140, 144, 150, 176n. 2, 183n. 29; c. de Cristo 78; corporificação como disciplinar 126; carne como não essencial 116; c. e livre-escolha do indivíduo 113, 116; encarnação 117, 122, 125-126; Jesus como sem um corpo carnal (docetismo) 67-70, 74-75, 78, 82-83; binômio corpo/alma 126; pensamento dualista polarizado e c. 65-66; como sacrifício santificado 47, 78.

Corpo: como lugar da guerra cósmica 174n. 22.

Corpo: corpo "espiritual" 106, 113, 116-117, 175n. 24; c. e *status* da matéria no cosmos 61, 80, 109, 115-116; como templo 19, 46-48. *Cf. tb.* carne.

Corpo "espiritual" 44-46, 78, 90, 99-100, 106, 111, 113, 116-117, 123-124, 139-140, 152, 175n. 24, 176n. 2, 183n. 29, 187n. 24.

Cosmos: Agostinho e o c. 144, 153; o corpo como analogia do c. 65-66; criação ou origem do c. 179n. 9, 184n. 4; criação *ex nihilo* do c. 154, 177n. 2; c. geocêntrico 61, 176n. 1; interpretações greco-romanas do c. 60-63, 67, 176-177n. 2; c. heliocêntrico 64; ilustração do cosmos ptolomaico 61; em Marcião 83-84, 87, 99; criação material e c. 72-75; Orígenes e o c. 109, 118,

145, 153; Paulo e o pecado em todo o c. 41-42, 48-49; 53-55 visão de Paulo sobre o c. 59-60, 174n. 22; intemporal e espiritual 112-114, 153, 176n. 2, 184n. 4; em Valentino 78, 83-84, 87, 99, 152.

Criação: do cosmos 72-75, 179n. 9, 184n. 4; demiurgo e c. material 77-78, 82; c. *ex nihilo* 154, 177n. 2; o deus dos judeus como demiurgo 75, 120; deus supremo como agente da c. 72-74; c. a partir da *hylê* (gr. "matéria informe") 62, 99, 176-177n. 2, 184n. 7; Logos e c. material 184n. 4; c. material 72-75; em Orígenes 114-116.

Cristo: Adão como antítipo de C. 41, 44-45; o corpo de C. 9, 78, 184n. 8 (*cf. tb.* cristologia docética *neste verbete*); como demiurgo 62, 68, 88-89, 106-107, 156-157; divindade de C 68-70; cristologia docética 9, 67-70, 74-75, 78-79, 83; C. e fim dos tempos 38-40, 57-58; C. como encarnado 89, 98-99, 119-121, 133, 140, 143, 182n. 29, 184n. 6, 184n. 8, 187n. 24; C. como conhecimento 79-81; C. como logos 62, 68-69, 90, 119, 153, 182n. 28; em Paulo 62, 67-70; preexistência de C. 62, 68; C. e a ressurreição 22, 38-42, 78, 105, 182-183n. 29; como sacrifício 142-143; como "sacrifício pelo pecado" 45, 142. *Cf. tb.* Jesus de Nazaré.

Cronologia 165-166.

Crucificação 32, 78-81, 148, 178n. 8, 180n. 16, 182n. 27.

Culto: como designação ética 62-63, 85, 174n. 20; visão paulina do templo e c. , 20-21, 45-49, 141-142; visão de Jesus sobre o c. 19, 21-22.

Cura e exorcismo 28, 32, 172n. 12, 172n. 13.

Demiurgo: Cristo como d. 65, 68, 88-90, 98-99, 100-101, 107; o deus dos judeus como d. 85; d. e criação material 77-78, 82.

Demônios 177n. 3, 182n. 25; como adversários 91-92; influência demoníaca ligada ao pecado por Justino 89-91; Jesus e os exorcismos 28, 32, 172n. 13; João Batista e o exorcismo 28; d. como deuses inferiores 63.

Desjudaização da escritura 11, 72-73, 76, 85-86, 106-107, 152, 178n. 8, 180n. 13.

Deus: conceitualização de D. de Agostinho 109-110, 124-129, 131-140, 157-158; e Deus supremo da Paideia 62-64, 89-90; como agente principal nas escrituras judaicas 74-75, 85, 120-121; Cristo como criador 62, 65, 68, 88-90, 98, 100, 106, 157; conceitualização de D. de Marcião 75-77, 88; conceitualização de D. de Valentino 88-89.

Deus dos judeus: como Cristo antes da encarnação 88-90, 106; como demiurgo/criador material 75, 85, 106-107, 120; como demônio 74-75, 190; como divindade étnica inferior 63, 72-74, 85, 106-107, 178n. 8; Orígenes e o d. dos j. 112-114.

Dez Mandamentos (Duas Tábuas) 23-25, 52, 77, 84, 103, 121, 147, 151, 162, 171n. 8.

Docetismo 67-70, 74, 77-78, 82-83.

Dualismo: binômios nas formas gentias de cristianismo 70-71; binômios de gênero 81; nas formas gentias de cristianismo 70-71; gnosticismo e d. 73-74; oposição imaterial/material 175n. 24; d. e interpretações maniqueias do pecado 135; d. mente/corpo 125; o Outro 187n. 23; em Paulo 70-71, 174n. 22, 175n. 24; d. espírito/corpo 176n. 2.

Escatologia apocalíptica 16; adiada ou "fim dos tempos" futuro e e.a. 70, 100 (*cf. tb.* milenarismo e e.a. *neste verbete*); gnosticismo e e.a. 73; "fim dos tempos" iminente e e.a. 15-16, 23, 28, 56-57, 100, 103-105, 178n. 7; Jesus de Nazaré e e.a. 15, 23, 27, 103-105, 147-149, 160, 187n. 1; tradição judaica e e.a. 22-24, 29, 57, 59, 106, 149; Justino Mártir e e.a. 99; milenarismo e e.a. 98, 139, 144, 159, 182n. 29; Paulo e e.a. 12, 57-58, 59-61, 69-70, 174n. 22; e purificação ou expectativa 15-16, 24-25, 103-105, 171n. 9; no material Q 26, 170n. 3; teologia da restauração e e.a. 22-23, 104-105; ressurreição e e.a. 22, 38-39, 98, 105, 139-141; e segunda vinda messiânica 57, 178n. 7; temas de restauração e redenção na e.a. 22-23. *Cf. tb.* Reino de Deus.

Estoicismo 12, 176n. 2, 178n. 5.

Etnicidade: conversão como mudança na e. 174n. 20; culto como designação étnica 62-63, 85-86, 174n. 20; desjudaização da escritura 76, 85-86, 106-107, 152, 178n. 8; seres divinos como "étnicos" ("deuses das nações") 62-63, 85, 106-107, 178n. 8; idolatria e e. 92-95; e transformação em "outro" 77-78; preservada por Paulo 37, 57; preservada na teologia judaica da redenção 37; religião e e. 175n. 27, 178n. 8 (*cf. tb.* culto como designação étnica *neste verbete*); nos ataques retóricos 77; e salvação universal 116-117.

Eucaristia 46-47, 48, 80-81, 99, 106, 141-142.

Evangelho da Verdade (Valentino) 79-80, 180n. 16.

Evangelhos sinóticos 19, 24, 28, 30-32, 59, 92, 170n. 4.

Expiação 16, 24, 27-31, 103, 107, 142, 144, 169n. 2; e redenção 49-51, 103-105.

Fílon de Alexandria 60, 67.

Fim dos tempos. *Cf.* escatologia apocalíptica; Reino de Deus.

Fornicação 91; como é interpretada por Agostinho 161; e estigmas étnicos 34-37, 77, 90, 92, 149; idolatria ligada à f. 34-37, 47, 92, 105-106, 149.

Gentios: batismo dos g. 42, 47-49, 105, 138, 174n. 22; circuncisão dos g. 36, 39-40, 50-51, 70-71, 170n. 5, 174n. 21; nas ideias judaicas sobre o Reino de Deus 149-150; missões aos g. 20, 147, 187n. 1; preservação da etnicidade após o batismo 37, 56, 85-86; pecado enquanto pertence aos g. 103-106.

Gnosticismo 73-74, 76, 86, 179n. 10, 179n. 11, 179n. 12, 180n. 14; platonismo como influência sobre o g. 74.

Henoteísmo 177n. 4

Herodes o Grande 16-17, 165.

Hexapla (Orígenes de Alexandria) 108.

Hipólito 73.

Hylê (gr. "matéria informe") 62, 99, 176-177n. 2, 184n. 7.

Identidade: elaborações da i. cristã 85-90, 100-101; e etnicidade 89, 92-93, 106.

Idolatria: e etnicidade 93-95; fornicação ligada à i. 34-36, 47, 92, 105-106, 149; Bezerro de Ouro 35-36, 93-96, 142; judeus e i. 35-36, 92-97, 107.

Incorporeidade (*asômaton*) 111-112.

Interpretação: leituras alegóricas e i. 141; analogia e i. 64-66, 65-68; Agostinho e a leitura (histórica) *ad litteram* 141-143; i. gnóstica 73-75; Orígenes e a ambiguidade interpretativa 122-123, 183n. 3; i. das cartas paulinas 43, 70, 99-100, 109; argumento retórico e i. 178n. 6.

Ireneu 73, 81-82.

Jacó e Esaú 52, 117, 119, 135-136, 156, 158, 184n. 10.

Jerusalém 22; escatologia apocalíptica e J. 22-23, 37, 57, 72, 75-77, 97-98, 100, 105; destruição de J. 16, 71-72, 97-98; Jesus de Nazaré e J. 26-27; restauração de J. 107; como lugar de sacrifício e expiação 17, 21; como cidade celestial espiritual 121, 139, 148, 152.

Jesus de Nazaré 10, 24; escatologia apocalíptica e J. de N. 26-28; e purificação do templo 19; morte de J. de N. 19, 71, 99; evangelistas e conhecimento indireto de J. de N. 20; cura por J. de N. 28-30, 172n. 12, 172n. 13; os judeus como público de J. de N. 20, 28, 31, 147-150; João Batista como influência sobre J. de N. 23-27; como profeta *vs.* Messias 172n. 12; reconstrução do J. de N. histórico 19-20, 170n. 3; arrependimento e perdão na interpretação de J. de N. 24, 27-29; pecado na interpretação de J. de N. 20, 23-25, 27-29, 147; J. de N. e o templo 29-30; culto do templo e J. de N. 19, 21-22; como judeu observante da Torá 24-25. *Cf. tb.* Cristo.

Jesus histórico. *Cf.* Jesus de Nazaré.

João Batista 15-16, 23-24, 26; e administração do batismo 28; escatologia apocalíptica e J.B. 16, 26-27; ascetismo de J.B. 26; como autoridade profética 28; purificação e J.B. 16, 23, 26.

Josefo 23-24, 169n. 2, 172n. 13.

Judaísmo: anjos no j. helenístico 177n. 3; escatologia apocalíptica e j. 15-16, 26, 103-105, 169n. 2; defesa de Agostinho do j. 187n. 24; gnosticismo e depreciação do j. 73-75; idolatria e j. 92-95, 107; antijudaísmo de Justino 94-98, 152; logos no j. helenístico 177n. 3.

Judeus: como público para Jesus de Nazaré 157, 187n. 1; defesa feita por Agostinho do judaísmo e dos j. 187n. 24; e crucificação de Jesus 182n. 27; como "escolhidos" de Deus 48, 53-57, 85-87, 156-157; como o "outro" na elaboração da identidade cristã 86-88; Paulo e a distinção entre "Israel" e "israelitas" 52-53; Paulo sobre a salvação dos j. 52-56; revoltas contra Roma 16, 71, 76-77, 97, 173n. 18, 178n. 8.

Juízo/julgamento: ira de Deus e j. 27, 42, 49, 83-84. *Cf. tb.* Justiça divina.

Júlia Severa 172n. 17.

Juliano de Eclano 124, 186n. 21.

Justiça divina 184n. 9, 185n. 10; em Agostinho 185n. 16, 187n. 3; e preferência de Jacó a Esaú 52, 117, 119, 135-136, 156, 158, 184n. 10; e "eleição" como arbitrária 184n. 9; livre vontade e j.d. 118-120; interpretação de Orígenes da j.d. 109-110, 116-118, 184n. 9.

Justino Mártir 10-11; e antijudaísmo 94-98, 152; escatologia apocalíptica e J.M. 100-101; e blasfêmia ou heresia como pecado 90-91; sacrifício de sangue rejeitado por J.M. 96-98; e Cristo como demiurgo na LXX, portanto verdadeiro deus dos judeus 88-90, 98, 100; identidade cristã interpretada por J.M. 90-91, 100-101; sobre a circuncisão 94-95, 152; influência demoníaca ligada ao pecado por J.M. 89-92; e idolatria como pecado 89-97, 101; logos em J.M. 152-153, 177n. 3; Paulo como influência sobre J.M. 100-101; salvação (redenção da carne) por J.M. 98-101; e pecado como erro 89-90, 100, 152-153.

Livre vontade 65, 114, 181n. 23, 185n. 15; Agostinho e a vontade dividida 128-129; doutrina de Agostinho sobre o pecado original e a l.v. 109, 136, 185n. 15; como escolha do bem 144; como defeito 126; a Queda e a l.v. 126-129, 131-133, 154-155; rejeição gnóstica da l.v. 74; na filosofia moral grega 181n. 23; "endurecimento" e l.v. 53-54, 56-57, 117-118, 135-136, 156-158; individuação e l.v. 113; em Justino 41, 151-152, 181n. 23; em Orígenes 109-110, 113-115, 117, 121-122, 184n. 5, 184n. 6; pecado e l.v. 135; em Valentino 151, 181n. 23.

Logos: Cristo como L. 62, 68, 90, 119, 152-153, 182n. 28; como éon cósmico 81; em Justino 152-153, 177n. 3; como divindade demiúrgica inferior 62, 68, 156-157, 184n. 4; e a criação material 184n. 4; em Orígenes 113, 115, 119, 157, 184n. 4, 184n. 6.

Mal. *Cf.* Satanás.

Maniqueísmo 108, 123-124, 179n. 9, 185n. 13, 187n. 24; e Agostinho 135-136.

Manuscritos do Mar Morto 171n. 9.

Marcião 10-11, 73; e escatologia apocalíptica 85, 106; oposições binárias e dualismo em M. 75, 187n. 2; identidade cristã interpretada por M. 85-88; contrastado com os gnósticos 75, 179n. 12; cosmos em M. 83-84, 87, 99; e desjudaização da escritura 75-77, 85-86, 179n. 13; e o deus dos judeus como demiurgo ou deus inferior 85, 88-89, 106-107; e a ideia do Novo Testamento cristão 75-76; e a tradição judaica 84; perda e reconstrução dos escritos 77, 85, 179n. 12, 187n. 2; Paulo como influência sobre M. 75, 83-88, 151; rejeição pelos teólogos cristãos posteriores 76-79, 82-85, 106, 116, 120, 179n. 9, 179n. 12, 180n. 15, 184n. 9; salvação interpretada por M. 88, 99; pecado interpretado por M. 82-84, 87.

Matéria: mal e m. 63-65, 78; interpretações gnósticas da m. 74; *hylê* (matéria informe) 62, 99, 176-177n. 2, 184n. 7; binômio imaterial/material 65, 175n. 24; logos e criação material 184n. 4; criação material 73-75, 78, 82, 184n. 4; teoria de Orígenes sobre a função redentora da m. 114-116, 119, 184n. 4; na hierarquia cósmica de Paulo 176-177n. 2. *Cf. tb.* carne.

Mil/1000 (como símbolo) 139, 182n. 29.

Milenarismo 98, 139, 144, 159, 182n. 29.

Mônica, mãe de Agostinho 161.

Monoteísmo: e acomodação de divindades múltiplas 63-64, 172n. 16; interpretações antigas *vs.* modernas do m. 177n. 4; evolução do deus supremo cristão 73-74.

Morte: atuação da m. 45; m. de Cristo 18, 69, 99; como consequência da Queda 99, 126-127, 131-133; carne e pecado ligados à m. 41-48, 69, 106, 126-127, 150, 152; Orígenes e sentido metafórico da m. 121-122; sacrifício e m. 175n. 25.

Mulheres: os corpos como lugares de guerra cósmica 174n. 22; disciplinados pelo cristianismo 181-182n. 24; Eva e a queda 125, 154; acasalando-se com anjos decaídos 91, 182n. 25; "útero vagante" e histeria ligados ao celibato feminino 180n. 18.

Nag Hammadi, biblioteca 75, 86, 181n. 23.

Natureza compósita dos evangelhos 170n. 3.

Orígenes de Alexandria 11, 104; informação biográfica 108, 122, 185n. 12; cosmos e O. 109, 118, 145, 153; morte, interpretação metafórica de O. 121-122; e justiça divina ligada à misericórdia 109-110, 116-118, 184n. 9; a Queda interpretada por O. 113; e carne ou matéria como instrumento redentor 114-116, 119, 184n. 4; livre vontade (livre escolha) em O. 113-115, 117, 121-122, 184n. 5, 184n. 6; deus supremo interpretado por O. 111-115; e a interpretação da escritura 110-111, 119-122, 183n. 3; Logos (Cristo) em O. 113, 115, 119, 121-122, 157, 184n. 4, 184n. 6; e Paulo como fonte ortodoxa 109; platonismo como influência 11, 108-109, 113-114, 145, 153, 157, 184n. 4; e o problema do mal 109, 119; redenção interpretada por O. 107-110, 114-115, 118-120, 144-145; rejeitado como herético 110, 124; Satanás em O. 109-110, 115-117, 184n. 6; pecado interpretado por O. 107-109, 112, 114-115, 117-118, 121-122; e o divino triúno 111-112, 120-121.

Ortodoxia, como construto cristão 11; e destruição dos escritos de Marcião 187n. 2; diversidade do cristianismo primitivo 77-78; surgimento da o. 180n. 14; Paulo como fonte da o. 104, 108-109; crescimento da o. 71-72, 104, 123-124.

Outro, o 77, 173n. 18, 187n. 2; os judeus como o O. 86-88.

Pagãos: como público para as cartas de Paulo 104, 170n. 5; culto judaico no templo e aceitação dos p. 33-34; como monoteístas 177-178n. 4; como são tratados nos evangelhos sinóticos 92-93. *Cf. tb.* gentios.

Paideia: como componente da teologia 65, 72, 106, 112, 156.

Paulo 10, 24; sobre Adão e o pecado 41-45; escatologia apocalíptica e P. 12, 36-37, 56-58; afirmação da justiça por P. 42-44; Agostinho sobre P. 43; opostos binários em P. 70-71; chamado a ser apóstolo 39-40; e Cristo como Logos 62, 68-70; o cosmos visto por P. 59-60, 62-63, 174n. 22; narração em primeira pessoa em P. 42-43; gentios ou pagãos como público de P. 20, 32, 104, 147, 149, 170n. 5; hostilidade para com outros missionários 50-52; e idolatria como pecado 33-37; sobre a natureza de Cristo 67-70; ortodoxia e interpretação de P. 104, 109; divindades pagãs ou demônios como adversários de P. 32-35; oposição *pneuma* (espírito)/*sarx* (carne) em P. 174n. 22, 175n. 24; e preservação da etnicidade gentia e judaica 85; retrato de P. em Ravena 104; redenção interpretada por P. 38-42, 44-47, 55-57, 149-150, 154, 176n. 29; e o pecado como universal 41, 48, 53-55, 149-150; e a Torá 43, 50-53; visões do templo e do culto em P. 20-21, 45-49, 52, 141-142.

Pecado: Adão e o p. 41-45; p. como agente 44; batismo e p. 133-134; noções contemporâneas de p. 11, 161-163; como construto cultural 9-10, 12, 162; e influência demoníaca 90-91; doutrina do p. original 125-127, 133-136, 185n. 15; como *hamartia* (afastar-se de Deus) 114; como ignorância ou erro 79-81, 104, 121-122, 151, 153, 180n. 16; como inato 114; interpretações maniqueias do p. 135; Dez Mandamentos e definição de p. 23-25, 52, 77, 84, 103, 121, 147, 151, 162, 171n. 8; como condição universal 41, 42, 44, 48, 53-54, 104, 150. *Cf. tb. teólogos específicos.*

Platonismo 11, 176n. 2, 181n. 18; Agostinho e o p. 11, 108, 125-129, 145, 153-155, 186n. 19; e o conceito de deus supremo 62; gnosticismo e p. 73; Justino e o p. 97, 152-153, 177n. 3; Orígenes e o p. 11, 108-109, 113-114, 145, 153-154, 157, 184n. 4; Valentino e o p. 78-81, 180n. 17.

Pleroma (gr. *plêrôma*) 54, 57-58, 78-82, 176n. 29, 181n. 18.

Pneuma (espírito): batismo e recepção do p. 47, 149, 174n. 22; imortalidade do p. 44-45, 87, 100, 176n. 2; incorporação do p. 87, 175n. 24; conhecimento contingente sobre o p. 74, 86-88, 151; como "corpo espiritual" material 175n. 24, 176n. 2; interpretações platônicas *vs.* estoicas do p. 176n. 2.

Psychê (alma) 74, 86-88, 114, 151, 181n. 23.

Ptolomeu 77, 151, 179n. 9, 180n. 14, 189.

Purificação: escatologia apocalíptica e p. 15-16, 24-26; expiação e p. 16, 24, 27-31, 103, 107, 142-143, 169-170n. 2; batismo como p. 42, 124n. 22; sacrifício de sangue e p. 142-143; purificação do templo 19; Jesus e as normas de pureza 30; na tradição judaica 16; e tradição judaica da expiação 24, 28-30; normas de pureza 171n. 11; oferendas pelo pecado 29, 45; rituais de p. do templo 29-31.

Purificação do templo 19, 29.

Q, material da 26, 170n. 3.

Queda: interpretação de Agostinho 124-129, 131-133, 139-140; a morte como consequência da Q. 99, 125-126, 131-133; queda dos anjos 90-92, 111, 137, 182n. 25; livre vontade e Q. 126-128, 131-133, 153-154; interpretação de Orígenes 115; em Paulo 41; q. de Sofia 81-82; interpretação de Valentino 79-80.

Reino de Deus: e milenarismo cristão 139; sobre a terra 100, 107, 139, 148; como conceito escatológico no cristianismo 15, 23, 28, 33, 35, 38-41, 103, 107, 150, 183n. 29; no céu 150, 182n. 29; na tradição judaica 15-16, 40, 57, 149-150.

Redenção: escatologia apocalíptica e temas da r. 22-23, 38, 85, 150, 187n. 1; expiação ou arrependimento e salvação 49-51, 103-105; interpretação de Agostinho da r. 107, 137-141, 143-145, 187n. 24; enquanto corporal, a carne como meio de r. 107, 140-141, 187n. 24; enquanto pública 99; noções contemporâneas de r. 160-162; eleição e r. 138-139, 151-157; r. *em relação* à carne 87; graça e r. 127, 134-135; a humanidade como foco da r. 144-145, 157; como acontecimento individual 99, 150; Israel como foco da r. 9, 13, 22-24, 106-107, 150-151; papel de Jesus na r. 42, 44-52, 56, 78-81, 84, 119-120, 143-145; interpretação de Orígenes da r. 107-110, 114-116, 118-121, 144-145; interpretação de Paulo da r. 39-42, 44-47, 55-57, 149-150, 154, 175-176n. 29; salvação e r. corporal 11; de Satanás 109-110, 117, 124, 157; como universal 44-45, 55-57, 86, 109-110, 114-117, 119, 144-145, 148-151, 155, 187n. 1; interpretações valentinianas ou marcionitas 78-79, 81-82, 84-85, 87-89, 99, 107, 151.

Ressurreição: escatologia apocalíptica e r. 22, 38-39, 98, 105, 139-140; de Cristo 22, 38-39, 41-43, 78, 105, 183n. 29; reconstrução do templo ligada à r. 19; do corpo "espiritual"*vs.* carne 44-46, 78, 90, 98, 100, 124-125, 139-141, 152, 176n. 2, 183n. 29, 187n. 24.

Revoltas judaicas 16, 71, 75-76, 97, 173n. 18, 178n. 8.

Retórica e estratagemas retóricos 114, 175n. 23, 178n. 6; polêmica anti-herética 76-78, 180n. 15; e transformar a oposição em "outro" 77, 180n. 15; difamação sexual como estratagema na r. 77, 180n. 15.

Roma 16; "queda" diante dos visigodos 159; revolta judaica contra R. 16, 71, 75, 97, 173n. 18.

Sacrifício: expiação e s. 16, 24, 28-31, 103, 107, 142-144, 169-170n. 2; sacrifício de Cristo prefigurado no sangue 142-144; Cristo como sacrifício de sangue e expiação pelo pecado 45; idolatria ligada ao sangue 95, 97, 107, 141-142; Jerusalém como lugar de s. 16, 21; Jesus de Nazaré e a tradição judaica do s. 107; oferendas pascais 45; purificação e s. 107, 142-143, 175n. 25; bodes expiatórios como s. 46; "sacrifício pelo pecado" 45, 142; o templo como lugar de s. 17-18; taxa do templo 172n. 14.

Sacrifício de sangue: idolatria ligado ao s. de s. 95, 98, 107, 141-143; Justino e a rejeição do s. de s. 96-97; como erro literal 152; como prefiguração do sacrifício de Cristo 142-143; purificação e s. de s. 30, 45, 107, 142-143.

Satanás: como oponente cósmico 111, 124; em Orígenes 109-110, 115-117, 184n. 6; redenção ou salvação de S. 109-110, 116-117, 124.

Segunda vinda de Cristo 37-41, 56-58, 61, 149, 178n. 7.

Sermão da Montanha 25, 84, 147, 171n. 10.

Sexo: antigas teorias da reprodução 133, 186n. 21; interpretação de Agostinho do s. 132-133, 186n. 20; celibato 75, 83, 123, 128, 131, 179n. 11; evolução da doutrina cristã sobre s. 9; gnosticismo e s. 74, 185n. 12; histeria 180n. 18; idolatria ligada à fornicação 105-106; acusações sexuais como estratagema retórico 180n. 15; difamação sexual e transformar em outro 77, 173n. 18; e transmissão do pecado original 133; "útero vagante" e histeria ligados ao celibato feminino 180n. 18.

Shemá 24-25.

Sofia 81-82, 177n. 3, 180n. 18.

Templo: corpo como t. 19, 46-48; "purificação" do t. 19, 29; e contexto para os Evangelhos sinóticos 19-20; morte/ressurreição ligadas à destruição/reconstrução do t. 19; destruição do t. 16-20, 71; ilustração representando o Segundo Templo 17-18; Jesus de Nazaré e o culto no templo 19, 21-22; pagãos e culto no t. 33-35; visão de Paulo sobre o culto e o t. 20-21, 45-48, 52, 141-142; rituais de purificação no t. 16-17, 29-31; como lugar de sacrifício e expiação 16-18.

Tempo: Agostinho sobre o t. 128-131, 140-142; cronologia dos acontecimentos 165-166. *Cf. tb.* escatologia apocalíptica.

Teódoto 82.

Tertuliano 73, 78, 82-85.

Trindade 102.

Valentino 10-11, 180n. 14, 180n. 17, 181n. 19, 192; e escatologia apocalíptica 85, 106; e Cristo como conhecimento 79-80; identidade cristã interpretada por V. 85-88; e desjudaização da escritura 85; e o Cristo docético 78; dualismo em V. 81; gnosticismo e V. 73-74, 190; e o deus dos judeus como demiurgo ou deus inferior 85, 88, 106-107; e a tradição judaica 84; influências platônicas em V. 79-81, 180n. 17; rejeição pelos teólogos cristãos posteriores 73, 76-78; a salvação interpretada por V. 78-79, 82, 87, 99, 151; o pecado interpretado por V. 77-79, 84, 87; e os Dez Mandamentos 77.

Vidas dos profetas 97.

Zodíaco: e a sinagoga de Beit Alpha 64; e estrutura do cosmos 193; como símbolo religioso ecumênico 64, 176n. 1; como símbolo dos 12 discípulos 176n. 1.

EDITORA VOZES
Editorial

CULTURAL
- Administração
- Antropologia
- Biografias
- Comunicação
- Dinâmicas e Jogos
- Ecologia e Meio Ambiente
- Educação e Pedagogia
- Filosofia
- História
- Letras e Literatura
- Obras de referência
- Política
- Psicologia
- Saúde e Nutrição
- Serviço Social e Trabalho
- Sociologia

CATEQUÉTICO PASTORAL

Catequese
- Geral
- Crisma
- Primeira Eucaristia

Pastoral
- Geral
- Sacramental
- Familiar
- Social
- Ensino Religioso Escolar

TEOLÓGICO ESPIRITUAL
- Biografias
- Devocionários
- Espiritualidade e Mística
- Espiritualidade Mariana
- Franciscanismo
- Autoconhecimento
- Liturgia
- Obras de referência
- Sagrada Escritura e Livros Apócrifos

Teologia
- Bíblica
- Histórica
- Prática
- Sistemática

REVISTAS
- Concilium
- Estudos Bíblicos
- Grande Sinal
- REB (Revista Eclesiástica Brasileira)
- SEDOC (Serviço de Documentação)

VOZES NOBILIS
Uma linha editorial especial, com importantes autores, alto valor agregado e qualidade superior.

VOZES DE BOLSO
Obras clássicas de Ciências Humanas em formato de bolso.

PRODUTOS SAZONAIS
- Folhinha do Sagrado Coração de Jesus
- Calendário de Mesa do Sagrado Coração de Jesus
- Agenda do Sagrado Coração de Jesus
- Almanaque Santo Antônio
- Agendinha
- Diário Vozes
- Meditações para o dia a dia
- Guia Litúrgico

CADASTRE-SE
www.vozes.com.br

EDITORA VOZES LTDA.
Rua Frei Luís, 100 – Centro – Cep 25689-900 – Petrópolis, RJ
Tel.: (24) 2233-9000 – Fax: (24) 2231-4676 – E-mail: vendas@vozes.com.br

UNIDADES NO BRASIL: Belo Horizonte, MG – Brasília, DF – Campinas, SP – Cuiabá, MT
Curitiba, PR – Florianópolis, SC – Fortaleza, CE – Goiânia, GO – Juiz de Fora, MG
Manaus, AM – Petrópolis, RJ – Porto Alegre, RS – Recife, PE – Rio de Janeiro, RJ
Salvador, BA – São Paulo, SP